La Gestion de l'eau
au Moyen-Orient

© L'Harmattan, 2010
5-7, rue de l'École-polytechnique ; 75005 Paris

http://www.librairieharmattan.com
diffusion.harmattan@wanadoo.fr
harmattan1@wanadoo.fr

ISBN : 978-2-296-12767-8
EAN : 9782296127678

Mohamed El Battiui

La Gestion de l'eau
au Moyen-Orient

Comprendre le Moyen-Orient
Collection dirigée par Jean-Paul Chagnollaud

François SARINDAR, *Lawrence d'Arabie. Thomas Edward, cet inconnu*, 2010.
Marie-Thérèse OLIVER-SAIDI, *Le Liban et la Syrie au miroir français (1946-1991)*, 2010.
André POUPART, *Adaptation et immutabilité en droit musulman*, 2010.
Mohammed GUENAD, *Sayyid Qutb. Itinéraire d'un théoricien de l'islamisme politique*, 2010.
Alireza MANAFZADEH, *La construction identitaire en Iran*, 2009.
Firouzeh NAHAVANDI (dir.), *Mouvements islamistes et Politique*, 2009.
Kazem Khalifé, *Le Liban, phœnix à l'épreuve de l'échiquier géopolitique international (1950-2008)*, 2009.
Barah Mikaïl, *La Syrie en cinquante mots clés*, 2009.
Jean-Jacques LUTHI, *Lire la presse d'expression française en Égypte, 1798-2008*, 2009.
Aurélien TURC, *Islamisme et Jeunesse palestinienne*, 2009.
Christine MILLIMONO, *La Secte des Assassins, XIe - XIIIe siècles*, 2009.
Jérémy SEBBANE, *Pierre Mendès France et la question du Proche-Orient (1940-1982)*, 2009.
Rita CHEMALY, *Le Printemps 2005 au Liban*, 2009.
Anne-Lucie CHAIGNE-OUDIN, *La France dans les jeux d'influence en Syrie et au Liban, (1940-1946)*, 2009.
May MAALOUF MONNEAU, *Les Palestiniens de Jérusalem. L'action de Fayçal Husseini*, 2009.
Mohamed ABDEL AZIM, *Israël et ses deux murs. Les guerres ratées de Tsahal*, 2008.
Michel CARLIER, *Irak. Le mensonge*, 2008.
Nejatbakhshe Nasrollah, *Devenir Ayatollah. Guide spirituel chiite,* 2008.
Mehdi DADSETAN et Dimitri JAGENEAU, *Le Chant des Mollahs : la République islamique et la société iranienne*, 2008.

A la mémoire de ma mère Fadma et à celle de mon frère Hakim
A la sagesse de mon père Laarbi
A ma femme Rhimou et mes enfants Massine et Anoual
Aux professeurs Nahavandi Firouzeh, Mareschal Bertrand et Petit Olivier.
A Bodinaux François alias ibn bobo

« Afin de garder, en science politique, la même liberté d'esprit que celle dont nous avons l'habitude en mathématique, j'ai pris soins de ne pas tourner en ridicule les agissements humains, de ne pas les déplorer ni les maudire, mais de les comprendre. »

SPINOZA B., Traité politique, I, 4.

INTRODUCTION GENERALE

« Plutôt que d'être nécessaire à la vie, l'eau est la vie elle-même », écrivait Saint-Exupéry dans *Terre des hommes*. L'eau est présente à tous les niveaux de la société humaine, de l'écologie à l'industrie, en passant par l'agriculture et on ne lui connaît pas de substitut.

L'eau est la ressource la plus abondante de la planète. Elle couvrirait 70 % de la superficie terrestre (SHIKLOMANOV, I. A. et RODDA J. C., 2003). Mais 97,5 % de cette ressource est enfermée dans les océans et possède une teneur en sel trop élevée. La majeure partie, soit 98,8 % des réserves en eau douce, 2,5 % du total de l'eau[1], est localisée dans les calottes glacières des pôles, les glaciers, l'atmosphère, le sol ou dans les aquifères très profonds. Seulement 2,8 % de cette ressource, 0,4 % du total de l'eau dont 0,26 % sous forme de lacs et de rivières, est mobilisable pour les usages des sociétés humaines. Théoriquement cela laisse suffisamment d'eau pour tous. En 1999, chaque habitant de la planète disposait de 6 700 m³ d'eau douce et devrait disposer de 4 800 m³ en 2025.

Dans le même temps, il est indispensable de montrer les limites et difficultés auxquelles beaucoup d'Etats continuent à être confrontés aujourd'hui. Derrière les chiffres peuvent se cacher de très grandes disparités en termes de qualité et de quantité.

Sur les 6,67 milliards d'habitants actuels de la planète (PNUD, 2007), 26 % n'accèdent pas à une eau de qualité suffisante, et 50 % ne disposent pas d'un système adéquat d'assainissement (PNUD, 2006). Résultat : chaque jour, 20 000 personnes, des enfants surtout, meurent de maladies liées à l'eau, l'équivalent d'un Nagasaki ou d'un Hiroshima tous les trois jours. En 2003, Frédéric LASSERRE écrivait que sans mesures particulières, 135 millions de personnes mourront de maladies transmises par l'eau entre 2002 et 2020. Il ajoutait que, même en mettant en œuvre les objectifs du millénaire[2] préconisés

---

[1] SHIKLOMANOV, I. A. et RODDA, J. C. (2003) ont estimé le volume global de l'eau douce à 35,2 millions de km³ soit 35,2 10^{15} m³.

[2] «Ces objectifs assortis de délais définis par la Communauté internationale, soit 2015, visent à réduire l'extrême pauvreté et la faim dans le monde, à faire baisser la mortalité infantile, à garantir aux enfants l'accès à l'éducation et à vaincre les inégalités du genre. Le progrès en la matière dépendra de la réponse des gouvernements à la crise de l'eau. Les objectifs du millénaire pour le développement procurent une référence pour mesurer le progrès réalisé vers la concrétisation du droit de l'Homme à l'eau. C'est pourquoi, réduire de moitié la population mondiale qui ne dispose pas d'un accès durable à l'eau potable et aux infrastructures élémentaires d'assainissement constitue une cible fondamentale en soi. Atteindre ce but est crucial pour la réalisation d'autres objectifs. Une eau salubre et un assainissement décent permettraient de sauver la vie d'innombrables enfants, de soutenir les efforts entrepris en matière d'éducation et de libérer les populations des maladies qui les maintiennent dans la pauvreté. Il est impératif de ne pas sous estimer l'urgence d'atteindre l'objectif du millénaire pour le développement en matière d'eau et d'assainissement. Même si les objectifs sont atteints, l'année 2015 verra toujours plus de 800

par les Nations-Unies, on devra déplorer environ 45 millions de décès dus à ces maladies.

Pour Mikail BARAH (2007) les défis contemporains relatifs à l'eau sont en effet une question de moyens plus que de ressources nationales disponibles. Pour preuve, il rappelle que les « conditions d'accès des citoyens européens à une eau courante de qualité ne souffrent qu'exceptionnellement de failles, alors que les dotations en eau sont très disparates : l'Allemagne dispose de 1 870 m³/an/habitant, l'Irlande de 13 000 m³/an/habitant. Il ajoute qu'il n'en va pas toujours de même dans des pays tels que le Vietnam (10 810 m³/an/habitant), le Brésil (45 570 m³/an/habitant), voire le Congo (217 920 m³/an/habitant) ». Donc la quantité d'eau disponible par habitant n'est qu'un indicateur qui est très loin de pouvoir expliquer à lui seul la situation hydraulique d'un pays. On ne peut pas ignorer le fait que dans certains pays, où l'eau est abondante, des populations entières n'ont pas accès à l'eau.

Il n'y a pas moins d'eau aujourd'hui qu'hier. Cependant, nous sommes bien plus nombreux et nous consommons beaucoup plus d'eau. De plus, la pollution et le réchauffement climatique réduisent considérablement les réserves d'eau disponibles.

L'eau partagée est un aspect de plus en plus important du paysage politique et de la géographie humaine. Les bassins hydrographiques internationaux couvrent près de la moitié de la surface de la planète. Actuellement, 40 % de la population mondiale vit dans ces bassins regroupant 60 % des cours d'eau. Le nombre de bassins partagés a augmenté pour atteindre aujourd'hui 263 en raison du démembrement de l'Union soviétique et de l'ex-Yougoslavie (PNUD, 2006). Ce qui implique, pour ces populations, l'obligation de partager leurs ressources en eau.

Un certain nombre de ces bassins est situé au Moyen-Orient[3] (Voir la carte 1), une région politiquement instable et où la ressource hydraulique est rare et chargée de symbole, de culture et de spiritualité : *l'eau est un don de Dieu*.

Cette région constitue avant tout une vaste zone aride ou semi-aride caractérisée par des précipitations faibles et irrégulières, combinées à une forte

---

millions d'êtres humains privés d'eau et 1,8 milliards de personnes privées de structures d'assainissement» (PNUD, 2006).

[3] Le terme Moyen-Orient a un contour ambigu. Pour souligner une proximité géographique, l'Administration française parle plutôt du Proche-Orient. Cependant, la plupart parlent du Moyen-Orient, que ce soit «Middle East» pour les Anglo-Saxones ou «SredniVostok» pour les Soviétiques. Mais un certain nombre de contradictions subsistent, surtout en ce qui concerne la détermination de la région concernée par cette dénomination. L'Institut du Moyen-Orient à Washington définit le Moyen-Orient de telle façon que celui-ci coïncide avec le monde musulman. L'Institut Royal Britannique pour les relations internationales estime que le Moyen-Orient comprend l'Iran, la Turquie, la Péninsule arabique, le Croissant fertile, l'Egypte, le Soudan et Chypre. Nous adopterons la définition de l'Institut Royal Britannique pour notre étude tout en écartant Chypre que nous estimons appartenir à l'Europe.

évaporation. Dans le même ordre d'idée Elisabeth PICARD (Octobre-décembre 1992) signale que : « la rareté de l'eau est inhérente à l'histoire de la région, qu'elle a donné naissance à une culture ingénieuse et raffinée, liée à sa préservation tant en milieu désertique que dans les oasis et dans les villes ».

1. Objet de l'étude

De nombreux ouvrages, articles et rapports relatifs à la question de l'eau au Moyen-Orient ont été publiés ces dernières années. Cette thématique fait même l'objet d'un grand intérêt, tout particulièrement, dans les cercles universitaires anglosaxons, au sein des institutions internationales mais aussi dans les médias.

Au-delà d'un simple effet de mode, cet enthousiasme reflète l'importance du sujet et la complexité de la carte politique du Moyen-Orient. Pour Habib AYEB (1998) : « C'est cette même complexité qui a amené certains observateurs à émettre des hypothèses sans véritable fondement, comme celle de l'inéluctabilité d'une guerre de l'eau au Proche-Orient ».

Lorsque l'on connaît la masse de documents déjà publiée sur la question de l'eau au Moyen-Orient, on pourrait s'interroger sur l'opportunité d'une étude traitant de cette question. La réponse à cette interrogation réside dans notre souhait de proposer une lecture différente se situant aux antipodes des thèses dominantes. En effet notre démarche consiste à remettre en question le postulat de départ et son corollaire à savoir l'état de rareté de la ressource et de pénurie généralisée entraînant inéluctablement un conflit autour de l'eau au Moyen-Orient.

L'analyse de la question de l'eau au Moyen-Orient ne peut pas être enfermée dans des données purement économiques et techniques, dans des simples analyses de quantités et de débits. Au Moyen-Orient, plus qu'ailleurs, l'eau est le reflet de la société. Les facteurs sociaux et politiques ont leur importance. Tout modèle de gestion qui se construit sans intégrer ces facteurs est voué à l'échec.

Cette étude constitue la trame de fonds pour analyser, comprendre et essayer d'améliorer les relations entre les différents Etats riverains *des fleuves de la discorde* au Moyen-Orient.

La thèse que nous développerons ci-après est que la rareté de l'eau dans la région n'est pas une question de quantité mais plutôt un problème institutionnel. D'où la question : comment institutionnaliser la coopération dans cette région du monde ? Notre objectif est d'expliquer comment et sous quelles conditions la coopération dans le domaine hydraulique peut survenir au Moyen-Orient.

Nous ne nous sommes pas limités à démontrer dans cette étude que la question de l'eau ne peut être à l'origine d'une guerre au Moyen-Orient. Nous avons, aussi, essayé de répondre à la question fondamentale, de savoir comment arriver à mettre en place un modèle viable de répartition de la ressource hydraulique eu égard aux spécificités politiques, sociologiques et culturelles des

Etats du Moyen-Orient et comment promouvoir des projets coopératifs permettant une répartition équitable de la ressource. Pour nous, si la question de l'eau ne peut être à l'origine d'un affrontement militaire au Moyen-Orient, elle n'en présente pas moins l'une des clés de la paix dans la région. Toute la problématique repose dessus, mais il convient de la préciser.

2. Problématique

Après la période des indépendances, au Moyen-Orient tous les efforts ont été dirigés vers l'augmentation de l'offre de la ressource hydraulique. Cette politique avait pour objectif de louer les avantages attendus de l'agriculture irriguée (l'autosuffisance alimentaire), de la production d'électricité (l'indépendance énergétique) et de l'extension des réseaux de distribution d'eau et d'électricité dans les villes et dans les campagnes. C'est aussi l'époque des grands ouvrages qui contribuent à la réalisation d'un rêve ou la légitimation des régimes en place : le National Water Carrier en Israël, le haut barrage d'Assouan en Egypte, le barrage Tabqa en Syrie et le GAP en Turquie. Sous les effets de la sécheresse, de la croissance de la population, de l'urbanisation et des pollutions, l'eau que l'on croyait inépuisable devient un bien rare au Moyen-Orient. Le discours des spécialistes, des observateurs et des hommes politiques change radicalement : rareté, pénurie et affrontement sont devenus les mots-clefs d'une problématique nouvelle.

L'eau est devenue depuis le début des années 1970 un sujet de préoccupation au Moyen-Orient (ALLAN, T., 2001). Sur la carte des disponibilités mondiales le Moyen-Orient apparaît comme la région la plus menacée. Un constat s'impose d'emblée : le Moyen-Orient qui représente 3 % de la population mondiale contient moins de 0,5 % des ressources en eau douce renouvelable. De plus, les ressources en eau dans cette région sont inégalement réparties dans l'espace et entre les populations. 5 052 m³ par habitant et par an en Turquie contre 105 en Cisjordanie et Gaza.

Actuellement la rareté de cet *or bleu* pose un grand problème du fait qu'il est géré en fonction de stratégies politiques et non en fonction des réalités hydrologiques régionales. Pour Mikail BARAH, (2007) : « Avec le risque de tensions latentes, de conflits plus ou moins concrets, les pays où se trouvent les sources pouvant être tentés de jouer de leur position avantageuse. Moins liée à la notion de l'eau en tant qu'élément vital, cette approche est pourtant loin d'être déconnectée des enjeux géopolitiques puisant dans les ressources hydrauliques ».

Beaucoup d'experts et d'observateurs tirent la sonnette d'alarme en signalant que le Moyen-Orient risque de devenir le champ d'une guerre de l'eau, si rien n'est fait politiquement pour l'empêcher. Ils font remarquer que le manque d'eau n'est pas un problème spécifiquement moyen-oriental, mais que c'est dans cette région que le problème est plus dangereux. Pour eux, ce danger est lié au fait que les pays de la zone possèdent de vastes réserves financières, un large éventail d'armements, une force aérienne, des missiles et, dans certains cas, la capacité nucléaire. Ils ont aussi une tradition historique qui les prédispose à régler les disputes par les moyens militaires. Ils concluent que l'eau a déjà eu une influence cruciale dans les deux des plus importantes guerres : le conflit israélo-arabe de 1967, et l'invasion du Liban en 1979, 1982 ainsi que la guerre des 33 jours de juillet 2006 qui a opposé les soldats du Tsahal aux forces armées du Hizb Allah.

Les hommes politiques ne sont pas restés indifférents à la menace qui pèse sur la rareté de cette ressource. Boutros Boutros-Ghali, l'ex-secrétaire général des Nations-Unies, déclare que la prochaine guerre au Moyen-Orient pourrait avoir l'eau pour enjeu. Feu le roi Hussein de Jordanie déclarait à son tour qu'il ne pouvait imaginer que son pays puisse encore affronter militairement Israël, excepté pour l'eau. Shimon Pérès, actuel président d'Israël, soutient qu'il est probable que la prochaine guerre dans la région sera déclenchée, non point à cause du problème des frontières, mais à cause de la lutte pour le partage des eaux régionales.

C'est bien à cette problématique centrale que nous proposons d'apporter des réponses tout au long de nos analyses. Nous essayerons d'apporter des éléments objectifs sur le contexte polémique régional. Nous proposons une lecture de la carte du Moyen-Orient comprenant l'ensemble des éléments qui ont participé ou qui participent encore à son édification. Ainsi, cette lecture se fera en plusieurs étapes où seront analysées : l'histoire, la géographie de l'eau, la sociologie, la géopolitique et l'hydropolitique du Moyen-Orient.

Au terme de ce travail, nous tenterons de proposer des modèles de gestion qui constitueront des appoints nécessaires à l'édification et au renforcement de la paix et de la coopération au Moyen-Orient.

Il va sans dire que toutes les propositions qui découlent de cette étude entendent un préalable de taille pour la réussite de ces modèles à savoir : l'existence d'une vraie volonté de paix au Moyen-Orient qui passe par la mise en avant des droits reconnus internationalement des uns et des autres.

Au terme de cette étude pluridisciplinaire, Nous espérons avoir démontré la nécessité d'une hydrogestion de la paix.

3. Méthodologie

Pour mener à bien cette étude, nous avons adopté une approche pluridisciplinaire : mobilisant l'histoire, l'hydrologie, la géographie, l'hydropolitique, la géopolitique, la sociologie, le droit international, la théorie des négociations, l'économie et la gestion. Grâce à cette posture, nous avons tenté de dresser un tableau, d'élaborer une synthèse aussi claire et précise que possible d'une situation complexe, aux multiples facettes.

Nous avons visé à la neutralité axiologique, tout en gardant en tête qu'il s'agit là d'un idéal. S'agissant d'une problématique politique et contemporaine, nous avons été très vigilants quant à l'ingérence des opinions politiques du chercheur. « La personnalité et les opinions politiques du chercheur (étant) inévitablement mises en jeu. Idéalement, il conviendrait de se dépouiller de soi, d'atteindre un ascétisme intellectuel, un anéantissement d'opinions.» (JAVEAU, C., 2005).

Les sources sont constituées par les nombreuses publications spécialisées de chercheurs arabes, israéliens, francophones et anglosaxons. Les informations sur le sujet sont fort dispersées, parfois contradictoires ou peu fiables car elles peuvent refléter l'opinion politique du chercheur. Aussi avons-nous, souvent, privilégié les données provenant d'organismes internationaux : ONU, FAO, World Ressource et, avec beaucoup de prudence, ceux de la Banque mondiale.

Au niveau empirique, la collecte des données relatives à Israël s'est effectuée grâce aux différents sites officiels israéliens et à quelques rencontres avec des spécialistes israéliens à l'occasion de colloques internationaux. Quant aux données relatives aux Etats arabes, la collecte a eu lieu au cours de séjours de terrain, notamment lors d'entretiens et de discussions à l'occasion des recherches effectuées dans les bureaux officiels et des ingénieurs des différents ministères de l'irrigation et de l'agriculture à Amman, Damas et au Caire ainsi que dans la Fondation des études palestiniennes, le Centre d'études et de recherche sur le Moyen-Orient contemporaine (CERMOC) à Beyrouth.

La démarche est fondamentalement pluridisciplinaire. Les divers aspects du problème de l'eau sont par nature étroitement liés. Nous avons pourtant tenté de les traiter séparément.

Au niveau méthodologique, nous avons divisé la géopolitique fluviale du Moyen-Orient en trois zones interdépendantes.

- L'axe nilotique qui s'articule autour du Nil et se compose de l'Egypte, du Soudan, de l'Ethiopie et se prolonge par les autres Etats africains de la vallée du Nil ;
- le levant qui s'articule autour du Jourdain et comprend la Jordanie, le Liban, la Syrie, Israël et les Territoires occupés palestiniens ;
- la Mésopotamie située entre le bassin du Tigre et l'Euphrate et la Méditerranée et contient la Turquie, la Syrie et l'Irak.

Une quatrième zone, la Péninsule arabique, démunie de grands fleuves ne fera pas l'objet de recherche dans cette étude.

4. Plan de l'étude

Cette étude se décline en cinq chapitres :

- Le premier chapitre est intitulé « **L'eau instrument de paix ou de guerre au Moyen-Orient ?** » Il constitue l'exposé de notre étude. Nous expliquerons que, contrairement aux défenseurs de la guerre de l'eau, le Moyen-Orient ne souffre pas de la rareté de l'eau mais, plutôt, d'une mauvaise répartition de cette ressource dans l'espace et dans le temps entre les différents Etats de la région et d'une désinformation concernant les données hydrologiques. Nous expliquerons, aussi, à l'aide de la Matrice de FREY et NAFF que les tensions autour des bassins et des fleuves au Moyen-Orient n'aboutiront pas à des conflits armés mais à une situation de non guerre et de non paix, très peu propice à la coopération. Enfin, nous passerons en revue la Convention de New York de 1997 relative aux cours d'eau à d'autres usages que la navigation. Et nous expliquerons que cette Convention est loin d'être floue et pauvre comme le signalent les partisans de la thèse de la guerre de l'eau et que les vraies menaces résident dans la difficile application du droit international de l'eau entre des pays politiquement hostiles qui résulte en grande partie du déséquilibre des rapports de force entre les Etats riverains des cours d'eau internationaux.

Les chapitres suivants portent sur l'étude des bassins qui nous permettent d'étayer notre thèse.

- « **Le bassin nilotique vers une coopération autour du Nil** » porte sur le Nil. Il s'agit, successivement, de présenter les caractéristiques géographiques et hydrologiques, le statut juridique du fleuve et d'évaluer l'évolution de l'hydropolitique dans le bassin nilotique depuis la construction du barrage d'Assouan. Il est aussi question de faire ressortir les faiblesses ainsi que les principaux obstacles structurels aux différentes tentatives de coopération bilatérale et multilatérale dans la région. Le chapitre présentera ensuite un modèle de répartition des eaux entre les différents riverains du Nil. Ce modèle de répartition repose sur la méthodologie multicritère PROMETHEE. Cette dernière permet d'évaluer et de classer un certain nombre d'actions (dans notre cas les pays) sur base d'une série de critères (selon l'article 6 de la Convention de New York), en tenant compte de leurs échelles respectives et d'une pondération en fonction de leurs importances relatives.

    Après avoir passé en revue les différentes caractéristiques et les différents aspects du bassin du Nil, nous suggérons deux objectifs indispensables pour assurer la participation de tous les pays nilotiques à des programmes de développement des eaux du Nil et préparer le terrain pour un accord portant sur l'ensemble du bassin et relatif à tous les Etats riverains : restaurer la confiance et instaurer un cadre institutionnel. Seule la réussite de l'Initiative du Bassin du Nil (NBI) assurerait aux Etats situés en aval la sécurité d'un approvisionnement durable en eau, donnant aux pays situés en amont une chance de développement et permettrait de doter les Etats riverains du Nil d'un partenariat institutionnel. Comme le signale Khaled DAWOUD (2001), le dialogue peut-il être un don du Nil ?

- Le troisième chapitre : « **Le bassin du Jourdain entre guerre et paix** » discute des origines du projet hydraulique sioniste, des eaux de la discorde, de leur statut juridique et de la diplomatie hydraulique dans le bassin du Jourdain. Il se focalise comme dans le cas du bassin nilotique sur la conception d'un modèle de gestion pour la répartition des eaux du Jourdain et des aquifères montagneux. Il met en avant, contrairement aux thèses dominantes, la fin de l'idéologie hydraulique israélienne et la présente comme un espoir pour un partage équitable et raisonnable des eaux du Jourdain et des aquifères montagneux.

- « **Les eaux du Tigre et de l'Euphrate entre mauvaise répartition et instrumentalisation d'une ressource** » est le titre du quatrième chapitre qui passe en revue la géographie et l'hydrologie ainsi que les différents traités historiques relatifs au Tigre et à l'Euphrate. Il définit le statut juridique de ces deux fleuves sur la base de la Convention de New York. Ce chapitre analyse les caractéristiques de la négociation entre les différents riverains du Tigre et de l'Euphrate. Il évalue l'évolution de l'hydropolitique en fonction des différents aménagements hydrauliques sur les différents territoires des Etats riverains du bassin. Il explique que la question du partage des eaux du Tigre et de l'Euphrate ne peut pas être dissociée des autres dimensions de la politique régionale. Il propose la signature d'un accord définitif entre les différents riverains du Tigre et de l'Euphrate, la Turquie, la Syrie, l'Irak, l'Iran et l'Arabie saoudite, qui permettrait l'émergence d'une coopération bidimensionnelle (eau, pétrole) et qui installerait les fondations d'une Communauté de l'eau et de l'énergie au Moyen-Orient (CEEMO).

- Enfin le cinquième chapitre intitulé «**Les options techniques et politiques pour une gestion efficace de l'eau au Moyen-Orient** » clôt la recherche en commençant par une évaluation des modèles de gestion unilatérale : réduction de la demande ou l'augmentation de l'offre, pour ensuite déboucher sur la proposition d'un modèle coopératif, projets de transfert inter-bassin, pour faire face à la mauvaise répartition de cette ressource au Moyen-Orient. Nous nous appuyons sur la méthodologie multicritère d'aide à la décision pour pouvoir comparer les différents projets. Le commentaire des résultats fournis par ce logiciel nous a permit de tirer l'enseignement suivant : seuls les projets qui présentent une faisabilité politique élevée arrivent en tête de classement. Ce qui nous permet d'affirmer que la question de l'eau au Moyen-Orient est, avant tout, une question politique.

Carte 1 : Le Moyen-Orient

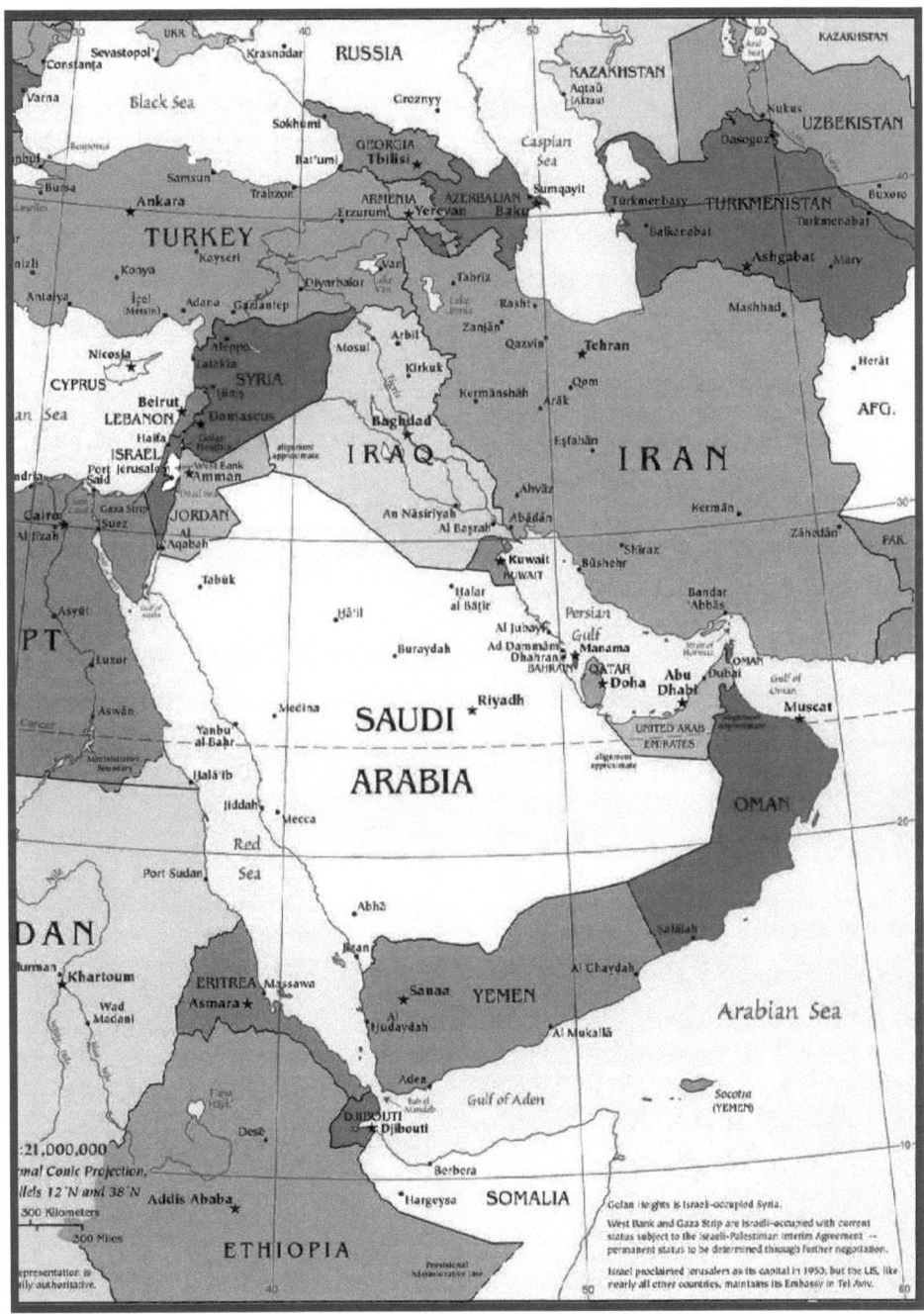

Source : http://www.godweb.org/maps/img/middle_east_pol_2003.jpg

REVUE DE LITTERATURE

L'enjeu du contrôle des ressources hydrauliques n'est pas nouveau au Moyen-Orient. Cependant, le problème de l'eau ne s'est pourtant pas toujours trouvé sous les feux des projecteurs de l'actualité. Dans les années 1970, on parlait plus volontiers de la crise du pétrole que celle de l'eau.

La question du partage de l'eau est un thème très récent. En 1982, un livre important sur la question de la faim dans le monde sous la direction de William BYRON *The Causes of World Hunger*, n'a fait que mentionner brièvement l'eau. Dans un rapport, publié en 1987, de la Commission mondiale sur l'environnement et le développement, présidée par l'ancienne première ministre norvégienne Gro Harlem BRUNDTLAND, seule une demi-page sur à peu près 400 a été consacrée à la question de l'eau. Depuis vingt ans environ, un certain nombre de politologues et d'experts ont avancé la possibilité de guerres pour le contrôle des ressources en eau au Moyen-Orient. Avec la publication de l'ouvrage de Joyce STARR et Daniel STOLL (1987), *US Foreign Policy on Water Resources in the Middle East*, le Centre for Stratégique and International Studies (CSIS) de Washington a beaucoup contribué, à donner du crédit à cette idée de guerre de l'eau.

A quelques rares et récentes exceptions, Habib AYEB (1998) et Aaron WOLF (2001), une bonne partie des publications des vingt huit dernières années sur le sujet ont conforté l'idée de la guerre de l'eau. Il suffit pour s'en convaincre de voir les titres des ouvrages et articles sur la question, en général assez alarmistes. Ils comportent souvent, selon la langue, les termes de *guerre*, *bataille*, *conflit*, etc. Citons en guise d'illustration *Hydropolitics in the Nile Valley*, de John WATERBURY (1979); *Water in the Middle East: Conflict and Cooperation*, de NAFF, T., et MATSON, R., (1984); *The Politics of Scarcity: Water in the Middle East*, de STARR, J., et STOLL, D., (1988); *Harb al miyah fi Charq al Awsat* (La guerre de l'eau au Moyen-Orient), de AL MAWAAD, H., S., (1990), *Water Wars*, de STARR, J., (1991); *Water Wars, Coming Conflicts in the Middle East*; de BULLOCH, J., et DARWISH, A., (1993); *La bataille de l'eau au Moyen-Orient*, de CHESNOT, C., (1993); ou *Hydropolitics*, de OHLSOON, L., (1995).

Cette hypothèse a peu à peu dépassé les cercles des académiciens et des experts. Une littérature et une presse de vulgarisation l'ont reprise et lui ont donné une audience importante. Tous les titres de journaux et de magazines mettent en avant les prédictions de certains hommes politiques de la région. Boutros Boutros-Ghali, Shimon Peres et feu roi Hussein de Jordanie ont tous déclaré que la prochaine guerre au Moyen-Orient aurait lieu pour l'eau et non pas pour la terre. Et l'on pourrait multiplier ainsi les déclarations et les citations. Le caractère quasi inéluctable d'une prochaine guerre de l'eau s'est ainsi imposé à l'opinion publique comme un fait acquis de la géopolitique régionale, faisant d'une question importante « un sujet à la mode » (BOËDE, F., 2003).

Chez les auteurs de cette hypothèse, les liens entre gestion de l'eau et pouvoir politique sont mis en avant, notamment par l'expression hydropolitique. L'expression, traduite de l'anglais *hydropolitics*, a été introduite par John WATERBURY en 1979, dans un ouvrage sur la vallée du Nil. L'hydropolitique fait référence à cette capacité des institutions politiques à gérer des ressources en eau partagées entre plusieurs entités, de préférence en limitant les tensions et en prévenant les conflits potentiels entre les entités. Pour eux, les risques hydropolitiques sont donc bien présents au Moyen-Orient. Ils affirment que l'absence d'un partage équitable de la ressource en eau, son accaparement par un pays puissant sont autant d'étincelles susceptibles de s'embraser.

Avec la fin de la guerre froide, l'idée de la guerre de l'eau est revenue avec force au-devant de la scène internationale. C'est en effet vers 1992 qu'émerge le concept de *sécurité environnementale*, nouveau domaine de recherche des études stratégiques qui justifie la reconversion des activités des services de renseignement et les travaux militaires.

Le concept de *sécurité environnementale* définit l'existence des liens entre l'environnement et la sécurité nationale (KLARE, M., T., (novembre 1996) et HOMER-DIXON, T., F., (novembre 1996)). Les spécialistes de ce concept estiment que la rareté croissante des ressources, dans un contexte de déstabilisation des Etats du Moyen-Orient et de « clash de civilisations » (KAPLAN, R., (1994) et HUNTIGTON, S., (1996)) allait déboucher sur une scène régionale fort conflictuelle.

A notre connaissance, aucune étude publiée à ce jour n'a pu expliquer l'éventualité d'une guerre de l'eau au Moyen-Orient sur des bases empiriques sérieuses. Plusieurs auteurs mettent l'accent sur le potentiel conflictuel de l'eau (GLEICK, P., (1993), et SAMSON, P., et CHARRIER, B., (2005)), mais pas de là à prédire une guerre de l'eau sur base d'éléments empiriques solides.

La guerre des Six Jours est souvent présentée par certains auteurs comme la première guerre de l'eau contemporaine. Même si les projets de détournement des eaux du Jourdain vers le reste du territoire israélien avaient considérablement augmenté la tension entre Israël et deux voisins arabes de l'Est, Syrie et Jordanie, le front principal se situait contre l'Egypte.

Aaron WOLF (1998), Tony ALLAN (1999) et Anthony TURTON, (2000), même s'ils reconnaissent que des enjeux hydrauliques peut naître la violence, affirment qu'il n'y a jamais eu de guerre de l'eau depuis 4 500 ans.

Pour Aaron WOLF (2001) la principale faiblesse de l'hypothèse du potentiel guerrier est de nature historique. En examinant des cas de violence hydrique entre Etats avancés par divers auteurs pour justifier des futures guerres de l'eau, il relève un manque de rigueur dans la classification qui en a été faite. Ainsi parmi les dix-huit exemples de conflits avancés par Paul SAMSSON et Bertrand CHARIER (2005), un seul est décrit comme armé. De plus, selon Aaron WOLF ce cas particulier de la rivière Cenapa concerne le partage d'une frontière qui coïncide avec une ligne du partage d'eau.

Beaucoup d'études au cours des dernières années montrent qu'historiquement peu de tensions et disputes autour de l'eau ont débouché sur des guerres de l'eau (POSTEL, S. L., et WOLF, A., (2001), TURTON, A., (2000), WOLF, A., (2001), WOLF, A., et al (2003).

Pour apporter leur contribution au processus de résolution des conflits relatifs à l'eau, Aaron WOLF et son équipe du département de géosciences de l'Université d'Etat de l'Oregon ont mis sur pied : « The Transboundary Freshwater Dispute Database (TFDD) ». Cette base de données, achevée en 2001, porte sur 263 lignes de partage d'eau internationales (international watersheds) et recense 1831 interactions, conflictuelles et coopératives, entre deux ou plusieurs Etats durant les cinquante dernières années. En examinant l'ensemble des interactions sur la période 1948-1999, dans le but de vérifier si les ressources hydriques ont réellement un quelconque rôle dans les conflits entre les Etats, Aaron WOLF constate que la vaste majorité de ces interactions sont de nature coopératives plutôt que conflictuelles. Ainsi, en utilisant la TFDD comme source principale, l'équipe d'Aaron WOLF identifie 1228 cas coopératifs, 507 cas conflictuels et 96 cas présentés comme neutre ou insignifiants. Elle ajoute que la vraisemblance d'un conflit augmente de façon significative quand deux facteurs entrent en jeu. Le premier est qu'un certain changement, grand ou rapide, survient au niveau physique ou politique du bassin : construction d'un barrage, détournement d'une rivière, ou la mise en oeuvre d'un grand projet d'irrigation. Le second est que les institutions existantes sont incapables d'absorber voire gérer ce changement.

Si dans le passé peu de guerres ont éclaté à cause de l'eau, ce n'est certainement pas gage du futur. Pour Frédéric LASSERRE (2007) : « La problématique de l'avènement possible de conflits pour l'eau prend donc racine, non pas dans l'aridité ancienne de certaines régions, mais dans la dynamique d'une demande en explosion face à une ressource limitée. C'est ce caractère dynamique qui interdit de s'appuyer sur des raisonnements historiques pour rendre compte de possibles conflits sur l'eau.»

Un élément très important, le contexte géopolitique régional, vient conforter la thèse des adversaires de la rhétorique belliqueuse. Frederick W. FREY et Thomas NAFF (1985) expliquent que le déséquilibre des forces militaires entre les différents pays, à lui seul, n'est pas suffisant pour justifier le déclenchement d'une guerre. D'autres facteurs, tels que l'intérêt ou le besoin en eau et la position des pays riverains vis-à-vis des fleuves et des bassins hydrologiques, doivent être pris en compte.

Grâce à l'amélioration et l'adaptation de la « Power Matrix Model » de FREY, F., W., et NAFF, T., (1985) au contexte géopolitique régional, nous tenterons d'expliquer la faible probabilité d'une future guerre au Moyen-Orient autour de l'eau.

La construction de la « Power Matrix Model » par FREY et NAFF s'est faite à partir de valeurs qualitatives sans aucune explication relative à leur construction. Nous avons construit cette Matrice à partir de valeur qualitative et quantitative. Tout en respectant l'esprit du modèle, nous avons adapté l'échelle de la force militaire pour tenir compte du nouveau contexte géopolitique régional, à savoir les deux guerres du Golfe ainsi que la disparition de l'Union soviétique et son soutien militaire à quelques Etats de la région, plus particulièrement la Syrie. La valeur qualitative attribuée à la force militaire est déterminée en tenant compte de la qualité de la force armée, la compétence du leadership et la force des alliances (THOMPSON, W., S., 1978). Concernant la position du pays riverain, nous tiendrons compte de la position géographique de ce pays ainsi que sa contribution au débit moyen annuel du bassin.

Enfin, pour le troisième facteur, le besoin ou l'intérêt en eau, nous attribuerons des valeurs qualitatives à chaque pays en fonction de son degré de dépendance vis-à-vis du bassin ou du fleuve concerné.

La rareté de l'eau est un phénomène relatif en ce sens qu'il n'induit pas les mêmes effets sur toutes les sociétés. En examinant la situation hydrique des Etats au Moyen-Orient pays par pays, on constate qu'à ressources comparables, certains pays parviennent à assurer les besoins des différents secteurs économiques. Ainsi, la Jordanie, qui bénéficie de 213 m³/an/habitant est confrontée à une situation de pénurie structurelle, l'Egypte qui dispose de 1 005 m³/an/habitant craint de manquer d'eau à court terme, alors qu'Israël a pu assurer le développement d'une société industrielle avec une disponibilité de 375 m³ /an/habitant.

Leif OHLSSON (1998) distingue la ressource en eau elle-même de la ressource sociale. Pour lui, une société confrontée à un niveau croissant de rareté de la ressource en eau pourra y faire face sans nécessairement compromettre son développement, en mobilisant sa « capacité d'adaptation sociale ».

Leif OHLSSON et Anthony TURTON (2000) proposent de multiplier la disponibilité brute d'eau par habitant par l'Indicateur du développement humain (IDH)[4] et définir *de nouveaux seuils pertinents*.[5] D'une part, nous constatons qu'un pays comme Israël, initialement classé pays souffrant de pénurie structurelle, peut être considéré, selon *l'indice de la rareté sociale* (OHLSSON, L., TURTON, A., R., 1998) comme disposant d'une ressource suffisante compte tenu de sa structure de consommation et de son développement. D'autre part, des Etats comme la Jordanie, l'Egypte et la Syrie seraient aux prises avec

---

[4] IDH, un indice du PNUD largement utilisé et reconnu, mesure en effet certains des aspects critiques de la capacité d'adaptation des sociétés, à savoir l'espérance de vie comme indicateur du niveau général de la santé, du bien-être et du développement d'une société; la scolarisation comme indicateur des capacités institutionnelles d'une société, et le PIB par habitant (en parité du pouvoir d'achat) comme indicateur de la performance économique d'une société (OHLSSON, L.,1 998).

[5] On peut ainsi proposer pour le Moyen-Orient les seuils de 200 (rareté absolue), 350 (rareté relative) et 750 (seuil d'alerte).

une *rareté induite* par l'absence des ressources financières et sociales à la base de la capacité d'adaptation (JULIEN, F., 2006).

Face à une raréfaction de l'eau, les pouvoirs publics répondront par un encouragement en faveur des investissements dans des technologies moins consommatrices de la ressource et des campagnes de sensibilisation : développement d'un système de récupération et de recyclage, méthodes d'irrigation plus performantes, usines de dessalement plus efficaces, tarification de l'eau, commerce de l'eau virtuelle. Les défenseurs de ces solutions technicistes, particulièrement celle relative à la tarification de l'eau, parviennent à publier leurs travaux dans des revues académiques prestigieuses.

Sans verser dans un pessimisme excessif, force est de reconnaître que l'eau au Moyen-Orient est un enjeu politique dont la gestion est multiscalaire et dont la complexité ne se laisse pas réduire à des options unilatérales, présentées comme définitives par leurs auteurs (ABU QDAIS, H., A., et AL NASSAY, H., I., (2001), AHMED, M., (2000), ALLAN, T., (1998), ANDERSON, T., (1982), DINAR, A., et SUBRAMANIAN, A., (1998), ROGERS, P., et al., (2002)).

Pour mettre en évidence cette gestion multiscalaire, nous avons proposé un modèle de gestion coopératif et multicritère : le transfert interbassin. Les attitudes de chaque Etat riverain à l'égard des projets de transfert interbassin dépendent des relations individuelles à l'égard des autres Etats riverains et de la perception du projet. Pour calculer la faisabilité politique de chaque projet nous avons utilisé la méthode de *Political Accounting System* (PAS) tel que décrite par COPLIN, D., W., et O'LEARY, M., K., (1972) tout en l'adaptant à l'hydropolitique grâce au modèle de FREY et NAFF (1985).

La mauvaise répartition de l'eau au Moyen-Orient fait de cette ressource une question centrale du développement régional. Cette répartition joue aussi un rôle central dans les discutions relatives à la coopération régionale.

Hisham ZAROUR et Jad ISAAC (1992) étaient les premiers à proposer une formule mathématique pour la répartition des eaux du Jourdain. Se basant sur le principe de la souveraineté territoriale limitée en matière d'utilisation des ressources en eau et sur le bassin de drainage des eaux de surface et souterraine comme facteur pertinent pour l'analyse tel que préconisé par les règles d'Helsinki de 1966, ils ont développé une équation qui accorde des droits sur la base d'un poids égal pour la contribution à l'offre et à la somme des retraits humains et les pertes naturelles de la ressource.

Bien que le manque de données disponibles ait empêché Hisham ZAROUR et Jad ISAAK d'appliquer leur formule de répartition au bassin du Jourdain et à l'aquifère montagneux de Cisjordanie, cela appaît clairement parce que le modèle se focalise principalement sur des données géographiques, hydrologiques et hydrographiques et ignore les aspects économiques et sociaux préconisés par les règles d'Helsinki.

De leur côté, John WATERBURY, Dale WHITTINGTON et Elizabeth MCCLELLAND étaient les premiers à avoir proposé, en 1992, une clé de répartition des eaux du Nil entre l'Egypte, le Soudan et l'Ethiopie.

Un certain nombre de formules de convenance a été proposé par différents auteurs (MIMI Z., A., et SWALHI B., I., (2003) et ABDELGALIL E., A., (20-22 novembre 2002)). Ces derniers comparent les résultats obtenus par le modèle à ceux escomptés. Si les deux résultats convergent le modèle est retenu.

Pour palier ce manque de modèle sérieux, nous proposons une clé de répartition qui s'inspire de l'article 6 de la Convention de New York de 1997. Notre modèle de répartition repose sur la méthodologie multicritère PROMETHEE (BRANS J., P., et MARESCHAL B., 2002). Cette dernière permet d'évaluer et de classer un certain nombre d'actions (dans notre cas les pays) sur base d'une série de critères, en tenant compte de leurs échelles respectives et d'une pondération en fonction de leurs importances relatives. Le classement PROMETHEE est établit sur base d'un score, Φ, calculé pour chaque action en la comparant à l'ensemble des autres. Les meilleures actions ont un score Φ positif, les moins bonnes ont un score négatif.

Dans notre cas nous voulons évaluer les besoins de chaque pays, à partir des critères retenus. Le score Φ peut servir à comparer ces besoins et à classer ainsi les pays. L'objectif étant néanmoins d'obtenir une répartition des ressources entre les pays, le calcul doit être adapté.

« Les dieux avaient condamné Sisyphe à rouler sans cesse un rocher jusqu'au sommet d'une montagne d'où la pierre retombait par son propre poids. Ils avaient pensé avec quelque raison qu'il n'est pas de punition plus terrible que le travail inutile et sans espoir. »

Albert CAMUS, « Le mythe de Sisyphe ».

CHAPITRE 1

L'EAU INSTRUMENT DE GUERRE OU DE PAIX AU MOYEN-ORIENT?

Introduction

Aujourd'hui, toutes les prémisses d'un conflit violent pour l'eau au Moyen-Orient sont présentes : un climat aride, le fait que les riverains des fleuves et des bassins sont déjà engagés dans une confrontation politique et que la demande en eau de la population approche ou dépasse l'offre annuelle (WOLF A., 1996).

Beaucoup d'experts et d'observateurs tirent la sonnette d'alarme en signalant que le Moyen-Orient risque d'être le champ d'une *bataille pour l'eau*, si rien n'est fait politiquement pour l'empêcher (CHESNOT C., 1993). Ces craintes d'un conflit généralisé avec le risque d'embrasement dans toute la région sont aussi exprimées par John Bulloch et Adil Darwich (1993). Ces derniers font remarquer que le manque d'eau n'est pas un problème spécifiquement moyen oriental, mais que c'est dans cette région que le problème est le plus dangereux. Ce danger est lié au fait que les pays de la zone possèdent des vastes réserves financières, un large éventail d'armements, une force aérienne, des missiles et, dans certains cas, la capacité nucléaire. Ils ont aussi une tradition historique qui les prédispose à régler les disputes par des moyens militaires.

Feu le roi Hussein de Jordanie, qui se distinguait par son habileté de négociateur, déclara à son tour qu'il ne pouvait imaginer que son pays puisse encore affronter militairement Israël, excepté pour l'eau. Les hommes politiques ne sont pas restés indifférents à la menace qui pèse sur la rareté de cette ressource. Boutros Boutros-Ghali, l'ex-secrétaire général des Nations-Unies et le négociateur des accords de paix israélo-égyptiens, n'est pas connu pour son alarmisme ni pour sa rhétorique extrême. Il déclare pourtant que la prochaine guerre au Moyen-Orient pourrait avoir l'eau pour enjeu.

Les Israéliens, de leur côté, brandissent la menace d'attaquer les pays en amont du lac de Tibériade si le moindre barrage réduisant le flux de ce lac était érigé.

Ainsi, l'ancien ministre de l'agriculture israélien, Eitan Rafael, déclare « qu'abandonner le contrôle de la Rive occidentale pourrait avoir un effet préjudiciable immédiat et significatif sur l'approvisionnement en eau d'Israël ». Il ajoute que « rendre l'eau aux Palestiniens pourrait constituer un danger mortel pour Israël et pourrait de manière tangible menacer son existence » (CASA, 1991).

Shimon Pérès (1993), ancien ministre des affaires étrangères israéliennes, soutient qu'il est probable que la prochaine guerre dans la région soit déclenchée, non à cause du problème des frontières, mais à cause de la lutte pour le partage des eaux régionales.

Les adversaires de ce scénario alarmiste sont convaincus que la guerre de l'eau au Moyen-Orient n'aura pas lieu si une vraie volonté de coopération et de paix se manifeste. Ils estiment que les partisans de ce scénario utilisent des données hydrologiques sélectives pour étayer leurs thèses et ne tiennent pas compte de l'asymétrie du pouvoir militaire et politique entre les différents Etats riverains des cours d'eau au Moyen-Orient. Ils ajoutent que la question de l'eau au Moyen-Orient n'est pas une question de rareté mais plutôt un problème de répartition.

1.1 Un bilan hydraulique plutôt rassurant au Moyen-Orient

Le Moyen-Orient contient trois cours d'eau internationaux : le Nil, le Jourdain et le Tigre-Euphrate qui fournissent entre 160 à 200 milliards de m³ d'eau par an selon que les calculs sont effectués par les pays en amont ou en aval.

Les ressources en eau dans cette zone sont inégalement réparties dans l'espace et entre les populations (voir la figure 1.1). 5 052 m³ par habitant et par an en Turquie contre 105 en Cisjordanie et à Gaza où *l'indice d'exploitation*[6] dépasse 100 %.

La figure 1.1, outre le fait qu'elle représente une synthèse des inégalités hydrologiques dans la région, montre le paradoxe hydrologique du Moyen-Orient. Alors que la Turquie bénéficie de 5 052 m³ par habitant et par an et l'Iraq de 4 952, l'Egypte, la Syrie et le Liban sont tout juste au-dessus de 1 000 m³ par an et par habitant. En ce qui concerne Israël, la Jordanie, la Cisjordanie et Gaza, ils sont en dessous de la moitié du niveau moyen fixé par l'OMS.[7]

Si on prend la disponibilité hydraulique totale de ces huit pays et qu'on la divise ensuite par l'ensemble de la population, on arrive à une disponibilité hydraulique moyenne de 2 787 m³ par habitant et par an. Ce chiffre est largement supérieur à celui considéré par l'OMS comme nécessaire pour un développement stable et durable.

---

[6] « L'indice d'exploitation exprime les quantités d'eau prélevées en pourcentage du total théorique des ressources en eau renouvelables moyennes. Il est généralement admis qu'un indice d'exploitation égal ou supérieur à 25 % est révélateur de tensions locales et conjoncturelles. Au-dessus de 50 %, il annonce des pénuries conjoncturelles plus fréquentes et plus régionales. Aux approches de 100 %, et a fortiori au-dessus, il indique des pénuries d'eau structurelles généralisées. » (BENBLIDA et al, août 1998)

[7] L'organisation mondiale de la santé (OMS) fixe la disponibilité moyenne nécessaire à 1 000 m³ par habitant et par an. Le Bureau français de recherches géologiques et minières (BRGM) établi la consommation moyenne à 1 000 m³ d'eau par habitant et par an.

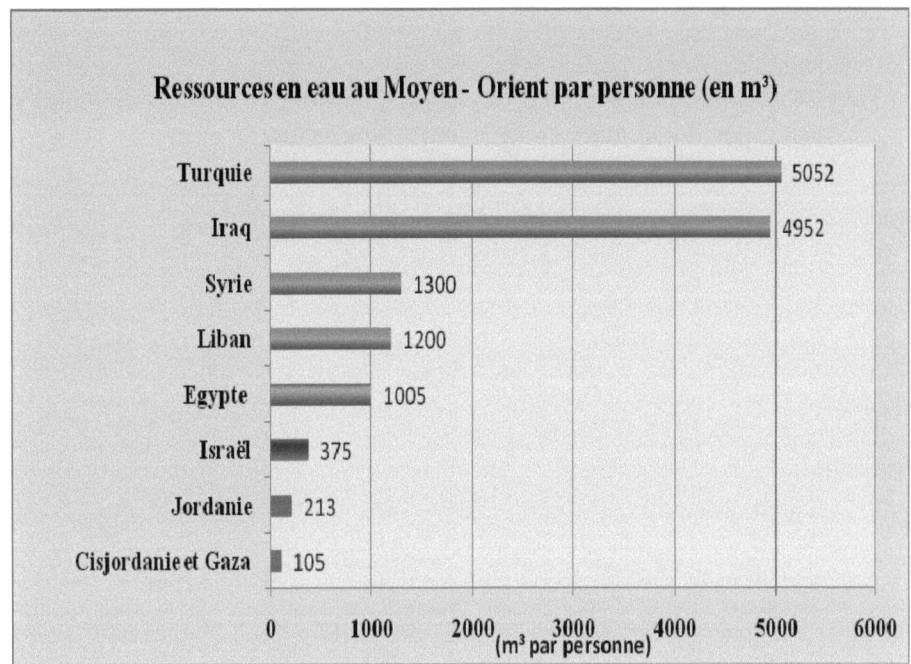

Source: World Resources Institute (2007)

1.2 Le Enhanced Power Matrix Model ou l'improbable guerre de l'eau au Moyen-Orient

Un autre élément, le contexte géopolitique régional, vient conforter la thèse des adversaires de la thèse alarmiste.

Grâce à l'amélioration et l'adaptation du *Power Matrix Model* de FREY et NAFF, (1985) au contexte géopolitique régional, nous tenterons d'expliquer la faible probabilité d'une future guerre au Moyen-Orient autour de l'eau.

Frederick W. Frey et Thomas Naff (1985) expliquent que le déséquilibre des forces militaires entre les différents pays, à lui seul, n'est pas suffisant pour justifier le déclenchement d'une guerre. D'autres facteurs, tels que l'intérêt ou le besoin en eau et la position des pays riverains vis-à-vis des fleuves et des bassins hydrologiques, doivent être pris en compte.

- Le premier facteur, le besoin en eau, reflète la motivation ou la perception des Etats riverains et les dirige soit vers une coopération, soit vers un conflit.
- Le deuxième facteur, la position des pays riverains, accorde des avantages particuliers aux Etats situés en amont du fleuve par rapport à ceux situés en aval du fleuve. Les Etats situés en amont sont en position

de déterminer la quantité et la qualité de l'eau qui passera vers les pays situés en aval.
- Le troisième facteur, qui est le plus important, la force militaire des Etats, peut avoir aussi une influence significative.

La classification en termes de pouvoir global des riverains des différents bassins est déterminée par la somme des trois facteurs : le besoin en eau, la force militaire et la position des pays. Plus le total est grand, plus la force relative individuelle est grande. En calculant les rapports de force des Etats du bassin qui doivent partager la même ressource, nous pouvons prédire approximativement les menaces de conflit autour de l'eau sous différentes conditions.

De l'analyse de Frederick W. Frey et Thomas Naff (1985) découlent trois propositions :
- Une menace de conflit existe quand le pays de l'aval du bassin est plus doté militairement que les autres riverains et s'aperçoit que ses besoins en eau vont être délibérément frustrés. Ce fut le cas pour le bassin du Jourdain avant 1967 quand Israël, se trouvant dans une position désavantageuse, possédait la plus importante force militaire et un grand besoin en eau. Selon les Israéliens, les menaces qui pesaient sur eux ne leur auraient laissé d'autre choix que celui d'aller en guerre. Certes, l'eau n'était pas le seul facteur déclencheur de la guerre des Six Jours, mais l'un des plus importants.
- Quand le pays de l'amont du bassin international est le plus armé par rapport aux autres riverains, cette disparité des forces peut éviter un conflit.

  Aucun conflit n'a eu lieu autour du Jourdain depuis la fin de la guerre de 1967. Israël, la plus importante puissance militaire du Moyen-Orient, contrôle depuis cette date une grande partie des affluents du Jourdain suite à l'occupation et à l'annexion du plateau du Golan.

  La Turquie, qui contrôle 96 % des sources de l'Euphrate, jouit d'un avantage militaire absolu depuis le démantèlement de l'armée irakienne et le retrait de l'armée syrienne du Liban. Cet avantage militaire, combiné à un faible besoin en eau de l'Etat turc a écarté toute possibilité de conflit autour de l'Euphrate.
- Et, enfin, quand les Etats riverains du bassin international possèdent le même potentiel militaire et une légère asymétrie concernant le besoin en eau et leurs positions par rapport au bassin. Cette situation est caractérisée par un niveau très faible de risque de conflit et souvent distinguée par une coopération tacite ou formelle. C'était approximativement cette situation dans laquelle se trouvaient les Etats riverains du Jourdain entre 1950 et 1960.

Nous essayerons de tester ces trois propositions.

1.2.1 Méthodologie

Contrairement à Frederick W. Frey et Thomas Naff qui ont construit leur matrice à partir de valeurs purement qualitatives, nous avons construit notre Enhanced Power Matrix Model à partir de valeurs quantitatives et qualitatives.

Notre calcul de la valeur qualitative attribuée à la force militaire est déterminé en tenant compte de la qualité de la force armée telle que définie par Kenneth W. THOMPSON, (1978) dans ses travaux sur la guerre froide, la force des alliances sur base des travaux de William I. ZARTMAN sur la théorie et la pratique de la négociation et la compétence du leadership. Nous avons défini cette valeur sur une échelle allant de 1 à 10. Pour le choix de cette échelle, nous avons tenu compte du nouveau contexte géopolitique régional, à savoir les trois guerres du Golfe ainsi que la disparition de l'Union soviétique et son soutien militaire à quelques Etats de la région, plus particulièrement la Syrie.

Le tableau 1.1 représente les différentes valeurs de la qualité de la force armée attribuées à chaque armée. Ces valeurs sont déterminées en tenant compte de l'effectif de l'armée, de son équipement et des dépenses consacrées à son fonctionnement.

Tableau 1.1 : La qualité de la force armée[8]

	Dépenses militaires			Effectif	Les équipements militaires				La valeur attribuée à la qualité de la force armée
	Dépenses totales (en millions de $)	Dépenses en % du PIB	Dépenses par soldat (en $)		Armée de terre	Marine	Force aérienne	Forces stratégiques	
Israël	10 375	9,5	63 456	175 000	4300 CH 9000 VB 1650 AR 2740 M.	58 Bat 3 SM	430 AC 47 Tr 278 Hél	+/- 100 têtes nucléaires	10
Turquie	7 219	5,0	14 015	639 000	4200 CH 3540 VB 4274 AR	111 Bat 16 FR 15 SM	460 AC 78 Tr 210 Hél	non	9
Egypte	4 318	4,7	9 747	450 000	3700 CH 4000 VB 1500 AR+M	87 Bat 8 SM	500 AC 30 Tr 204 Hél	non	8
Syrie	1 884	10,9	5 869	320 000	4600 CH 4500 VB 3200 AR	40 Bat 4 FR	480 AC 29 Tr 106 Hél	non	5
Jordanie	740	8,5	7 385	104 050	800 CH 1300 VB 520 AR 800 M	8 Bat	95 AC 15 Tr 80 Hél	non	2
Soudan	588	4,3	5 026	79 000	280 CH 738 VB 1100 AR	14 Bat	44 AC 22 Tr 40 Hél	non	1,5
Irak	1 372	9,3	3 236	-	-	-	-	non	1,5
Ethiopie	580	9,8	2 297	120 000	350 CH 200 VB		85 AC 40 Hél	non	1
Liban	579	3,5	8 064	55 000	315 CH 1000 VB 180 AR 280 M	16 Bat	3 AC 32 Hél	non	0,5

Source : IISS, The Military Balance 2002 – 2003, 2003, SIPRI, SIPRI Yearbook 2002, 2002, RAMSES, IFRI 2005 et l'année stratégique, IRIS 2006

---

[8] CH = chars, VB = véhicules blindés, AR = artilleries, M = mortiers, Bat = bâtiments, SM = sous-marins, FR = frégates, AC = avions de combats, T r= transports et Hél = hélicoptères. Les dépenses militaires sont en millions de dollars constant 2000, en 2001, les dépenses militaires en % du PIB, en2001 et les dépenses par soldat en dollars constant 2000, en 2001.

Le tableau 1.2, quant à lui, représente les différentes valeurs attribuées à la compétence du leadership de chaque armée. Nous avons construit ces valeurs en tenant compte de l'indicateur du développement humain (IDH) de chaque population, réservoir potentiel de recrutement pour l'armée, et du degré de probité de la population face à la corruption que nous adapterons aux attitudes des hommes politiques et de l'armée de chaque pays.[9]

Tableau 1. 2: La compétence du leadership

	IPC	IDH	La valeur attribuée à la compétence du leadership
Israël	6,4	0,908	10
Turquie	5,3	0,751	7
Jordanie	3,2	0,750	6
Syrie	3,4	0,710	4
Egypte	3,2	0,653	3
Liban	2,7	0,758	1,5
Soudan	2,2	0,505	1
Irak	2,1	0,583	1
Ethiopie	2,3	0,354	0,5

Sources : Rapport de Transparency International sur la corruption, 2006 et le rapport de la PNUD, 2007.

La valeur attribuée à la force des alliances est la plus subjective des valeurs attribuées aux différents critères qui composent la force militaire. Elle est fonction du rôle géopolitique et géostratégique susceptible d'être joué par le pays concerné au niveau régional et international, de l'habileté de ses négociateurs, des dynamiques de coalition et du soutien dont jouit ce pays auprès des grandes puissances ainsi qu'auprès des différentes organisations internationales (WITTFOGEL, K., (1957), WALTON, R., E., et Mc KERSIE, R., B., (1965), TOUZARD, H., (1977), ZARTMAN, W., I., (1978),

---

[9] Le degré de probité est déterminé par *l'indice de perception de la corruption* (IPC). Cet indice «fait référence à la perception du degré de corruption tel que le ressente les milieux d'affaires ainsi que les analystes du risque. Il s'étend de 10 (haut niveau de probité) à 0 (haut niveau de corruption.» (Transparency Intenational, 2006)

ZARTMAN, W., I., (1982), WATERBURY, J., (1994), ZARTMAN, W., I., (1995), WALLIHAN, J., (1998), ZARTMAN, W., I., (2000), WOLF, A., et HAMNER, J., (2000).

Le soutien inconditionnel des Etats-Unis à Israël, les différents accords commerciaux et scientifiques qui lient l'Etat d'Israël à l'Union européenne et l'axe Ankara-Tel-Aviv nous amènent à attribuer à Israël une valeur équivalente à 10 en termes de force des alliances.

L'appartenance de la Turquie à l'OTAN, sa future adhésion à l'Union européenne, ses liens privilégiés avec Israël et son nouveau statut dans la région, depuis la déroute de l'armée de Saddam Hussein en avril 2003, nous amènent à lui attribuer en termes de force des alliances une valeur équivalente à 9.

L'accord de paix entre l'Egypte et Israël et le rôle clé qui peut être joué par cet Etat arabe dans l'élaboration d'une *paix juste et durable* au Moyen-Orient nous amènent à lui attribuer une valeur pour sa force des alliances équivalente à 9.

La mort du roi Hussein de Jordanie a sonné le glas du rôle clé joué par son royaume sur le plan diplomatique pour la promotion de la paix entre Arabes et Israéliens. Toutefois, l'accord de paix signé entre la Jordanie et l'Etat hébreu nous amène à attribuer au royaume hachémite une valeur équivalente à 4 en termes de force des alliances.

Nous attribuerons une valeur équivalente à 2 en termes de force des alliances à l'Etat libanais. Cette valeur s'explique par le retour du Liban sur la scène internationale après le retrait syrien de ses territoires et suite aux événements tragiques de ces dernières années qui secouent encore ce pays.

L'état actuel de l'Irak sur le plan politique, économique et social nous amène à lui attribuer une valeur équivalente à 1.

L'absence de tout intérêt de la communauté internationale pour l'Ethiopie depuis la fin de la guerre froide nous amène à lui attribuer la même valeur que celle attribuée à l'Irak.

Enfin, la Syrie et le Soudan, deux pays, enfermés par les Etats-Unis dans *l'axe du mal* (BUSH G., 2002).

Les soupçons qui pèsent sur la Syrie dans le dossier de l'assassinat de Rafic al Hariri, son rôle pas trop clair en Irak selon les Américains et ses relations avec les mollahs iraniens ont enfermé ce pays dans *l'axe du mal*. Toutefois, la Syrie, grâce à un accord d'association avec l'Union européenne, à son retrait du Liban et aux recommandations du rapport BECKER-HAMILTON (2006) qui préconise d'impliquer Damas dans les négociations pour un règlement global au Moyen-Orient nous amènent à lui attribuer une valeur équivalente à 1 en termes de force des alliances.

Le Soudan, quant à lui, est considéré comme le mauvais élève de la communauté internationale. Avec un régime islamiste à la tête de l'Etat et une mauvaise gestion du dossier du Darfour, les Soudanais se retrouvent au banc des nations. Nous attribuerons à cet Etat une valeur équivalente à 0.5 en termes de force des alliances.

Après avoir attribué des valeurs qualitatives aux différents critères, nous essayerons de calculer celles qui correspondent à la force militaire de chaque pays (voir tableau 1.3). Pour ce faire, nous attribuerons un poids à chaque critère qui compose la force militaire. Nous attribuerons un poids de 60% pour la qualité de la force armée, 30% pour la compétence du leadership et 10% pour la force des alliances.

Tableau 1. 3: La force militaire

Poids	La valeur de la qualité de la force armée 60%	La valeur de la compétence du leadership 30%	La force des alliances 10%	La valeur de la force militaire
Israël	10	10	10	10
Turquie	9	7	9	8,4
Egypte	8	3	9	6,6
Syrie	5	4	1	4,3
Jordanie	2	6	4	3,4
Irak	1,5	1	1	1,3
Soudan	1,5	1	0,5	1,25
Liban	0,5	1,5	2	0,95
Ethiopie	1	0,5	1	0,85

Pour refléter avec précision le pouvoir réel autour des trois bassins hydrauliques, Israël, la Turquie et l'Egypte, bénéficient en termes de force militaire de la valeur la plus élevée. Ceci s'explique dans le cas de l'Etat hébreu par la possession d'un large éventail d'armes conventionnelles et nucléaires, ainsi que des missiles capable d'atteindre n'importe quelle capitale au Moyen-Orient. Le statut militaire actuel de la Turquie, quant à lui, s'explique par la déroute de l'armée syrienne au Liban et le souci du régime de Damas de sécuriser ses frontières avec Israël, et la destruction de l'armée irakienne après les deux guerres du Golfe. Enfin, l'Egypte, qui a bénéficié du conflit du Darfour qui ronge le Soudan et des difficultés qui frappent l'économie éthiopienne, a pu se classer comme la première puissance militaire du bassin du Nil.

Après avoir déterminé la valeur de la force armée de chaque pays, nous essayerons de définir celles qui correspondent aux deux autres facteurs, le besoin en eau de chaque pays et la position des pays riverains du bassin, qui constituent le *Power Matrix Model*. Nous avons défini ces valeurs sur une échelle de 1à 5.

Concernant la position du pays riverain, nous tiendrons compte de la position géographique de ce pays ainsi que sa contribution au débit moyen annuel du bassin.

Depuis juin 1967 et jusqu'au retrait israélien du Sud-Liban en juin 2000, l'Etat hébreu contrôlait la majorité des affluents du Haut-Jourdain.

Actuellement, sur le 1,880 milliard de mètres cubes qui représente le débit annuel moyen du Jourdain, 40 % est originaire d'Israël, 31 % de Jordanie, 21 % de Syrie et 8 % du Liban (MAJZOUB T., 1994). Ces pourcentages nous amènent à attribuer aux différents Etats, en termes de position des pays riverains, les valeurs suivantes : 4 pour Israël, 3 pour la Jordanie, 2 pour la Syrie et 1 pour le Liban.

Le Nil débite en moyenne 84 milliards de mètres cubes d'eau par an lorsqu'il arrive en Egypte. La grande majorité de ce débit est fournie par les deux Etats de l'amont, à savoir l'Ethiopie et le Soudan. L'Ethiopie par l'intermédiaire de l'Atbara et du Nil Bleu fournit environ les cinq-septièmes des flots du Nil, les deux-septièmes restants proviennent du Nil Blanc soudanais. La contribution de l'Egypte au débit moyen annuel du Nil est très faible par rapport aux deux autres pays riverains. Nous attribuerons en termes de position des pays riverains du bassin : la valeur 4 à l'Ethiopie, la valeur 3 au Soudan et la valeur 1 à l'Egypte.

Il est généralement estimé que 88 % du débit de l'Euphrate coule sur le territoire turc et que la Syrie contribue à 12 % (BEAUMONT P., 1978). Ces données sont remises en question par d'autres sources qui indiquent la répartition suivante : 98,6 % pour la Turquie, et 1,4 % pour la Syrie (KOLARS J. F. et al, 1991). L'Euphrate s'étend sur 3 000 km, répartis entre la Turquie (1 230 km), la Syrie (710 km) et l'Irak (1 060 km) (ALLAN, T., 2000).

Pour le Tigre, les estimations s'articulent, en général, autour d'une contribution au débit de 51 % pour la Turquie 39 % pour l'Irak et 10 % pour l'Iran (DAOUDY, M., 2005). Le Tigre s'écoule sur 1 850 km, dont 400 km en Turquie, 32 km en Syrie et 1 418 km en Irak.

Le Tigre et l'Euphrate arrivent en Irak seulement après avoir traversé la Turquie et la Syrie. Nous attribuerons à l'Irak la valeur 1 en termes de position des pays riverains. Nous attribuerons la valeur 3 à la Syrie et la valeur 5 sera attribuée à la Turquie en tant que pays de l'amont des deux fleuves.

Pour le troisième facteur, le besoin ou l'intérêt en eau, nous attribuerons des valeurs qualitatives, sur une échelle de 1 à 5, à chaque pays en fonction de son degré de dépendance vis-à-vis du bassin ou du fleuve concerné.

Pour déterminer les besoins en eau des différents pays riverains du Jourdain, nous nous baserons sur la répartition du débit de ce fleuve établie par l'ambassadeur américain Eric Johnston (U.S Department of State 1955, 1956). Le plan Johnston tenait compte : des besoins en eau, de la croissance de la population et de la position de chaque pays riverain du fleuve. Eric Johnston, dans son plan, a réparti le débit du Jourdain entre les différents pays de la manière suivante : 720 millions de mètres cubes pour la Jordanie, 400 millions de mètres cubes pour Israël, 132 millions de mètres cubes pour la Syrie et 35 millions de mètres cubes pour le Liban.

Les deux comités techniques, arabe et israélien, présents aux différentes négociations ont accepté le plan mais ce dernier n'a jamais été ratifié. En fonction de ces répartitions, nous attribuerons en termes de besoin en eau la valeur 5 à la Jordanie, 4 à Israël, 2 à la Syrie et 1 au Liban.

Tableau 1. 4: Part des eaux de l'Euphrate et du Tigre dans le volume d'eau total des riverains

Riverains	Euphrate	Tigre	Euphrate - Tigre
Turquie	14,55%	11,4%	25,9%
Syrie	64,3%	1,4%	65,7%
Irak	14,3%	61,3%	75,6%

Source : DAOUDY, M., Le partage des eaux entre la Syrie, l'Irak et la Turquie : Négociation, sécurité et asymétrie des pouvoirs, Ed. CNRS, Paris, 2005.

Le tableau 1.4 nous indique la part des ressources de l'Euphrate et du Tigre dans le volume hydraulique réel de chacun des riverains. En fonction des valeurs relatives figurants dans ce tableau, nous attribuerons la valeur 4 à la Syrie et à l'Irak et la valeur 3 à la Turquie.

Concernant le bassin du Nil, le degré de dépendance des différents pays riverains se présente de la manière suivante : 95 % pour l'Egypte, 47 % pour l'Ethiopie et 23 % pour le Soudan (WATERBURY, J., 1994). En fonction de ces degrés de dépendance nous attribuerons la valeur 5 pour l'Egypte, la valeur 4 pour l'Ethiopie et la valeur 3 pour le Soudan.

Tableau 1. 5: Modèle pour la détermination du pouvoir relatif et les conflits potentiels autour des importants fleuves du Moyen-Orient

Les bassins	Les Etats riverains des bassins	Besoin / intérêt	La force militaire	La position des pays riverains	Total
Le bassin du Jourdain	Israël	4	10	4	18
	Jordanie	5	3,4	3	11,4
	Syrie	2	4,3	2	8,3
	Liban	1	0,95	1	2,95
Bassin du Tigre - Euphrate	Turquie	3	8,4	5	16,5
	Syrie	4	3	3	10
	Irak	4	1,3	1,5	6,8
Bassin du Nil	Egypte	5	6,6	1	12,6
	Soudan	3	1,3	3	7,3
	Ethiopie	4	0,85	4	8,85

Source: (adaptée de) FREY, F., and NAFF, T., Water: an emerging issue in the Middle East? Annals of the American Academy of Political and Social Science, vol. 18, n° 482, November 1985.

Le tableau 1.5 nous permet de tirer les enseignements suivants :

Quand le pays de l'amont du bassin international est plus armé par rapport aux autres riverains, cette disparité des forces peut éviter un conflit. C'est le cas de l'Etat hébreu pour le bassin du Jourdain et de la Turquie pour le bassin du Tigre-Euphrate.

Toutefois, l'intérêt élevé d'Israël vis-à-vis du Jourdain peut mener difficilement vers une coopération, alors que le faible intérêt de la Turquie vis-à-vis du Tigre et de l'Euphrate peut conduire vers une coopération autour de ces deux fleuves.

Une menace de conflit existe quand le pays de l'aval du bassin est plus doté militairement que les autres riverains et s'aperçoit que ses besoins en eau vont être délibérément frustrés.

L'Egypte aurait pu se trouver dans ce cas de figure si le Soudan et l'Ethiopie n'avaient pas tenu compte de leur situation économique et politique et de la force militaire du régime du Caire.

Enfin, quand les Etats riverains du bassin international possèdent le même potentiel militaire et une légère asymétrie concernant le besoin en eau et leurs positions par rapport au bassin. Cette situation est caractérisée par un niveau très faible de risque de conflit et souvent distinguée par une coopération tacite ou formelle. C'est approximativement la même situation dans laquelle se trouvent la Syrie et la Jordanie.

D'où vient donc cette idée qui fait du Moyen-Orient une région propice aux pénuries d'eau structurelles généralisées et un champ de bataille pour des futures guerres de l'eau ? Pour répondre à cette question, il faut tenir compte des facteurs suivants :

1.3 La « bataille » des chiffres hydrologiques au Moyen-Orient

Une désinformation concernant les données hydrologiques est souvent avancée par les partisans des scénarios alarmistes pour justifier une future guerre au Moyen-Orient. Habib AYEB (1998) intitule ce problème *la bataille des chiffres*. Pour lui, ce terme de « bataille n'est pas choisi pour les effets de style, mais pour mieux rendre compte de la difficulté d'établir un bilan des ressources hydrauliques, surtout au niveau local et de montrer que les renseignements hydropolitiques sont, comme tous les renseignements géographiques, des moyens militaires d'une très forte importance dont il importe de garder le secret. En temps de paix, les chiffres ne perdent pas pour autant leur importance et encore moins pendant la période des négociations de la paix dans la région ».

Elisabeth Picard (1992) mentionne de son côté que « dans un contexte compétitif voire conflictuel, comme celui du Moyen-Orient, la guerre de l'eau dont sont friands les hebdomadaires se déroule d'abord sur le plan de l'information où elle prend les formes les plus sophistiquées. Car il ne s'agit pas seulement de transmission d'informations imprécises ou fantaisistes. Chaque protagoniste cherche à composer un corpus qui conforte ses thèses et appuie ses prétentions ». Elle ajoute encore que « dans ce domaine les chiffres ne coïncident pas et les analyses sont contradictoires ». Dans le cas du Jourdain par exemple, les experts disposent d'au moins trois, voire quatre, versions d'informations hydrologiques différentes : syriennes, jordaniennes, israéliennes voire même libanaises.

Les chercheurs face à ces données, sont appelés à plus de prudence. Ils sont amenés à prendre en considération les politiques hydrauliques, ainsi que les projets de chacun des pays pour rectifier les chiffres disponibles.

1.4 Le flou et la pauvreté du droit international ?

Un dernier élément avancé par les partisans des scénarios alarmistes en matière d'hydrologie est le flou et la pauvreté du droit international. Ils déclarent qu'il n'existe aucune convention internationale précisant les conditions et les modalités de partage des ressources hydrauliques internationales. A ce sujet, Karman Inan, plusieurs fois ministre en Turquie, déclare « qu'aucune réglementation ne s'applique à cette zone (Moyen-Orient) ». L'ancien président turc, Suleyman Demerel, signale que l'Euphrate et le Tigre ne sont pas des fleuves internationaux, et aucune autorité étrangère ne peut revendiquer les ressources situées en territoire turc. Voilà qui annonce clairement la couleur pour les pays situés en aval, à savoir l'Iraq et la Syrie. Ils ajoutent que pour le système Tigre-Euphrate, il n'existe aucun traité de partage des eaux entre la Turquie, l'Iraq et la Syrie. Concernant le Jourdain, le vide juridique est total. Le seul plan de partage des eaux de ce fleuve fut établi, en 1953, par l'ambassadeur américain Eric Johnston. Ce plan est resté lettre morte. Enfin, le seul traité du partage des eaux d'un fleuve international fut signé entre l'Egypte et le Soudan à propos du Nil le 8 novembre 1954.

La réalité historique est toute autre que celle présentée dans la littérature des guerres de l'eau. Dans l'histoire moderne, les questions de partage des eaux n'ont provoqué que sept conflits mineurs. De plus, dans la plupart de ces conflits, l'eau n'était qu'un facteur aggravant et non une cause directe. Contrairement aux scénarios alarmistes, en 1984, l'organisation des Nations-Unies pour l'alimentation et l'agriculture (FAO) a recensé plus de 3 600 traités et déclarations liés aux eaux internationales de l'an 805, date à laquelle l'empereur Charlemagne octroie à un monastère la liberté de naviguer sur le Rhin, à 1984, dont la majorité traite d'un aspect de la navigation. Une part très importante de ces traités et déclarations a été signée aux 19e et 20e siècles compte tenu de la multiplication des entités étatiques suite à la fin des empires coloniaux.

Depuis 1814, les Etats ont négocié environ 300 traités concernant des questions autres que la navigation dont la gestion de l'eau, la prévention des inondations, les projets d'usine d'énergie hydroélectrique ou le partage des eaux à des fins de consommation ou non dans les cours d'eau internationaux. Les plus de 286 traités actuellement en vigueur ne concernent, toutefois, que 61 des 263 cours d'eaux internationaux (PNUD, 2006)).[10]

Traditionnellement, les fleuves internationaux ont été définis comme étant des cours d'eau qui, dans leur cours d'eau naturellement navigable séparent (fleuves contigus) ou traversent (fleuves successifs) des territoires dépendant de deux ou plusieurs Etats (ROUSSEAU CH., 1980). Autrefois, la navigation constituait l'usage premier des cours d'eaux internationaux, elle était leur principale fonction. Même si d'autres utilisations que la navigation ont été connues, c'est la navigation qui sera privilégiée jusqu'à une période récente. C'est sous cet angle que le droit fluvial a été appréhendé, il a été alors dominé par le principe de la liberté de navigation.

A l'époque du Congrès de Vienne du 9 juin 1815, la navigation était la seule fonction économique du fleuve qui pouvait entraîner son internationalisation et lui conférer un régime particulier d'utilisation commune. La lecture des articles 108 et 109 de l'Acte final du Congrès étaye cette thèse. L'article 108 précise

---

[10] Le nombre de bassins partagés a augmenté, notamment en raison du démembrement de l'Union Soviétique et de la Fédération de Yougoslavie. En 1978, on comptait 214 bassins internationaux contre 263 aujourd'hui.

que « les puissances dont les Etats sont séparés ou traversés par une même rivière navigable s'engagent à régler d'un commun accord tout ce qui a un rapport à la navigation sur cette rivière » (FAO, 1998).

Lors de sa session tenue à Madrid le 19 et 20 avril 1911, l'Institut du droit international (IDI) a mis à l'ordre du jour l'étude de la navigation des fleuves internationaux. A la fin de cette session, l'Institut du droit international adopta une résolution où il proclamait la primauté de la navigation.

Toutefois, avec les instruments juridiques signés le 20 avril 1921 à l'issue de la Conférence de Barcelone, la navigation allait perdre son exclusivité en tant que fonction économique *des voies d'eau d'intérêt international*. C'est ainsi que le paragraphe 6 de l'article 10 du statut de la convention de Barcelone préconise qu'un Etat peut désaffecter une voie navigable « si la navigation y est peu développée et si un Etat justifie d'un intérêt économique manifestement supérieure à celui de la navigation » (CAPONERA D. A., 1981).

Le jurisconsulte suisse, Georges SAUSER-HALL (1953) s'est élevé contre l'étroitesse de la définition donnée aux fleuves internationaux et a considéré comme fleuves internationaux tous les « cours d'eau contigus ou limitrophes qui servent directement de frontière entre deux Etats, et les cours successifs qui franchissent transversalement les frontières de plusieurs Etats, sans distinguer s'ils sont navigables ou non ».

Ainsi donc était consacrée une évolution rendue possible par le progrès technique et économique, comme le soulignait d'ailleurs le rapport de la Commission préliminaire à la Conférence de Barcelone. « L'évolution technique et économique depuis le Congrès de Vienne entraîne aussi une autre conséquence. Il y a cent ans, la principale utilisation des voies navigables était la navigation. Toutefois, Certaines d'entre elles sont devenues ou peuvent devenir une source précieuse d'énergie électrique (…). En ce qui la concerne, la priorité absolue de la navigation ne peut plus toujours être admise, des cas doivent être prévus où des travaux seront licites qui cependant portent atteinte à la faculté de navigation », de plus « les progrès techniques travaillent contre cette monopolisation des fleuves internationaux par la navigation, et ceci de deux façons : premièrement, en développant d'autres voies et moyens de transports, qui ont fait perdre aux voies navigables une grande partie de leur importance, deuxièmement, en ouvrant des perspectives sur les nouveaux modes d'utilisation des cours d'eau » (WOLFORM M., 1964).

Il faut attendre 1966, pour voir la réflexion, amorcée sur ce thème par l'Association du droit international, couronnée de succès. C'est à la Conférence d'Helsinki que sont adoptées des règles très précises sur l'ensemble des problèmes hydrauliques, dénommées règles d'Helsinki.

Ces règles apportent un certain nombre de précisions aux notions examinées par l'Institut de droit international depuis la conférence d'Edimbourg (1954), et reprennent plus spécialement les recommandations et principes affirmés à New York (1958). Ces règles ont confirmé la réflexion qui préconisait de considérer les cours d'eau et les lacs qui constituent une aire de drainage, non pas isolément, mais comme un tout intégré (CAPONERA D. A., op. cit.). Dans l'article 2 des règles d'Helsinki le bassin de drainage international est défini comme « une zone géographique s'étendant sur deux ou plusieurs Etats et déterminée par les limites de l'aire d'alimentation du réseau hydrographique, y compris les eaux de surface et les eaux souterraines, aboutissant en un point ». Cette notion repose sur le principe dit de cohérence, en vertu duquel un bassin de drainage international, qu'il appartienne à deux ou plusieurs Etats, est considéré comme un tout dont l'exploitation doit être assurée sur un pied d'égalité par les Etats riverains. Dante CAPONERA (1981) estime que cette notion du bassin de drainage international « semble offrir une base rationnelle pour la planification de la mise en valeur des ressources en eau ». Pour sa part, Michel BELANGER (1977) considère que cette notion n'est pourtant pas entièrement satisfaisante, parce qu'elle est trop technique, et ainsi inadaptée à l'application de la notion de développement intégré ».

Malgré des progrès considérables réalisés en matières du droit international fluvial, les règles internationales existantes s'avèrent insuffisantes et surtout inadaptées aux données nouvelles. C'est pour cette raison que l'Assemblée générale des Nations-Unies dans sa résolution 2669 (XXV) du 8 décembre 1970, recommanda à la Commission du droit international (CDI) d'entreprendre « l'étude du droit relatif aux utilisations des cours d'eau internationaux à des fins autres que la navigation, en vue du développement progressif et de la codification de ce droit » (A/CN.4/274, 24 mars 1974). L'idée principale qui anima cette étude fut l'élaboration des mesures juridiques de base régissant les aspects fondamentaux du sujet sous forme d'un texte de portée générale. Une telle démarche devait correspondre à une codification non contraignante, autorisant toutes les adaptations au plan local ou régional.

L'étude entreprise par la Commission du droit international pose la question de savoir quels sont le sens et la portée donnée à l'expression « voie d'eau internationale », ce qui revient à déterminer le cadre géographique sur lequel portera la réglementation. Ceci recouvre aussi la nécessité de trouver un équilibre entre l'interdépendance des Etats riverains et leur souveraineté sur les ressources naturelles, un équilibre entre les Etats d'amont et ceux de l'aval, mais aussi entre les différentes utilisations de l'eau.

Les règles d'Helsinki sur l'utilisation de l'eau des fleuves internationaux représentent la première codification du principe de l'usage raisonnable et équitable et de celui de l'unité du bassin (FAO, 1998). Il faut attendre le 21 mai 1997 pour que ces principes généraux soient reconnus par les Nations-Unies dans la Convention sur le droit relatif *aux utilisations des cours d'eau internationaux à des fins autres que la navigation* (A/RES/51/229, 8 juillet 1997). Cette lenteur témoigne de la difficulté de concilier les principes du droit et l'hydrologie, de faire accepter la limitation de la souveraineté territoriale impliquée par l'unité hydrologique et de codifier l'application du principe de l'équité (WOLF A. T., 1999).

Ayant pour champs d'application *les utilisations des cours d'eau internationaux et de leurs eaux à des fins autres que la navigation*, cette Convention reconnaît qu'on ne peut pas exclure complètement de ce champ d'application les utilisations à des fins de navigation.

Les besoins de la navigation influent sur le volume et sur la qualité de l'eau disponible pour les autres utilisations. Et certains niveaux d'eau doivent être assurés pour que la navigation soit possible; il faut aussi que les obstacles du cours d'eau puissent être franchis ou contournés (Article 1er paragraphe 2).

La Convention définit la notion de cours d'eau international adoptée au lieu de celle de bassin versant international utilisé dans les règles d'Helsinki. Le cours d'eau est défini comme un « système d'eaux de surface et d'eaux souterraines » (Article 2 alinéa 2), mais n'implique pas le territoire. Dans la version anglaise de la Convention c'est l'expression *groundwater* qui a été retenue. Cette expression est définie comme un « système hydrologique composé d'un certain nombre d'éléments où l'eau s'écoule, que ce soit à la surface ou dans le sous-sol. Ces éléments comprennent les rivières, les lacs, les aquifères, les glaciers, les réservoirs et les canaux. Du moment que ces éléments sont reliés entre eux, ils font partie du cours d'eau ». Le terme cours d'eau (groundwater) international a été préféré par plusieurs Etats parce qu'il n'implique pas de lien entre la législation de l'eau et l'administration du territoire.

Toutefois, le cœur des principes généraux de la Convention du droit international sur les cours d'eau est le principe de l'utilisation équitable et raisonnable, l'obligation de ne pas causer de dommages significatifs et l'obligation générale de coopérer entre les Etats du cours d'eau (FAO, 2003).

La Convention dans son article 5 paragraphe 1 souligne que tout Etat du cours d'eau a droit, sur son territoire, à une part, raisonnable et équitable des utilisations et des avantages du cours d'eau international. Chaque Etat du cours d'eau à donc à la fois le droit d'utiliser le cours d'eau international de manière équitable et raisonnable et l'obligation de ne pas outrepasser son droit d'utilisation équitable, ou, en d'autres termes de ne pas priver les autres Etats du cours d'eau de leur droit d'utilisation équitable. L'élément essentiel de la notion, équitable et raisonnable, est la coopération. L'article 5 dans son paragraphe 2 souligne que les Etats du cours d'eau doivent participer, sur une base raisonnable et équitable, aux mesures, aux travaux et activités visant à assurer finalement l'utilisation optimale du cours d'eau et à garantir qu'elle soit compatible avec les exigences d'une protection adéquate du cours d'eau. Donc, pour parvenir à l'utilisation optimale et aux avantages optimaux, les Etats du cours d'eau international doivent coopérer pour la protection et la mise en valeur du cours d'eau. Cette coopération doit porter sur les mesures de lutte contre les inondations, aux programmes destinés à atténuer la pollution, à la planification de la lutte contre la sécheresse, à la lutte contre l'érosion, à la lutte contre les vecteurs de maladie, à la régularisation du débit des fleuves, à la sauvegarde des ouvrages hydrauliques et à la protection de l'environnement.

Il ne fait pas de doute que tout Etat du cours d'eau a le droit d'utiliser les eaux d'un cours d'eau international sur son territoire. Ce droit est un attribut de la souveraineté, et tout Etat dont le territoire est traversé ou bordé par un cours d'eau international en jouit. En fait le principe de *l'égalité souveraine* des Etats veut que tout Etat du cours d'eau ait, sur l'utilisation du cours d'eau, « des droits qualitativement égaux et corrélativement liés » à ceux des autres Etats du cours d'eau. Ce principe signifie que chaque Etat du cours d'eau a le droit d'utiliser le cours d'eau et d'en tirer des avantages de façon équitable.

Cette évolution apparaît clairement dans la sentence du 16 novembre 1957 rendue par un tribunal arbitral dans l'affaire du lac Lanoux[11]. La France, en se rapportant au principe de *la souveraineté absolue*[12], proposa de détourner l'eau de la rivière du Carol pour la réalisation d'un projet d'aménagement du lac Lanoux, présenté par l'Electricité de France, et de compenser économiquement l'Espagne vers laquelle la rivière s'écoulait naturellement. L'Espagne s'y opposa, en se rapportant, à son tour, au principe de *l'intégrité territoriale absolue*[13] pour défendre ses besoins d'irrigation. La sentence rendue par le tribunal arbitral dans cette affaire, a nié les deux principes absolus et a abouti à un accord qui respecte de façon raisonnable les intérêts des deux parties. L'eau est détournée, mais une quantité égale est restituée avant que la rivière rentre en Espagne.

---

[11] «Le lac Lanoux est situé sur le versant sud des Pyrénées et sur le territoire de la République française, dans le département des Pyrénées orientales. Il est alimenté par des ruisseaux qui tous prennent naissance sur le territoire français et ne traversent que celui-ci. Ses eaux ne s'écoulent que par le ruisseau de Font-Vive, qui constitue une des origines de la rivière du Carol. Cette rivière, après avoir coulé sur environ 25 Kilomètres, comptés du lac Lanoux sur le territoire français, traverse à Puigcerda la frontière espagnole et continue à couler en Espagne sur environ 6 Kilomètres avant de se joindre à la rivière du Sègre, laquelle finit par se jeter dans l'Ebre. Avant d'entrer en Espagne, les eaux du Carol alimentent le canal de Puigcerda, lequel appartient à cette ville espagnole à titre de propriété privée» (Annuaire de la Commission du droit international, 1974).

[12] Le principe de *la souveraineté absolue* est une action unilatérale. Appelée aussi *doctrine Harmon* du nom du juge du Far-West qui a soutenu à partir du conflit de 1895 entre des agriculteurs sur les deux rives du Rio Grande: «les règles, principes et précédents du droit international n'impose aucune responsabilité, ni obligation aux Etats». Bien que ce différend soit à l'origine de la «doctrine Harmon» de la souveraineté absolue, il a été finalement résolu par la Convention de 1906 réglant la répartition équitable des eaux du Rio Grande pour les besoins de l'irrigation.

[13] Le principe de *l'intégrité territoriale absolue* précise que chaque Etat doit permettre aux cours d'eau de poursuivre leur cours afin de préserver la répartition naturelle des eaux et ainsi de garantir la disponibilité en eau de chaque territoire. Aucun pays ne peut en interrompre le flot, ni augmenter ou en réduire le débit. Cette doctrine est favorable aux riverains d'aval, leur reconnaissant un droit imprescriptible à un débit naturel ininterrompu et fixe. Ces derniers sont alors investis de la surveillance des activités des pays d'amont sur les ressources partagées, qui ne peuvent ni interrompre, ni réduire ou accroître le débit sans un accord préalable entre les parties.

Les études sur la manière dont les Etats règlent les différends auxquels donnent lieu les utilisations des cours d'eau internationaux à des fins autres que la navigation montrent une acceptation généralisée du droit de chaque Etat du cours d'eau international à utiliser celui-ci et à en tirer des avantages de façon raisonnable et équitable. Même les Etats qui se réclament parfois de la doctrine de *la souveraineté absolue* (Doctrine Harmon) règlent en général les différends à propos desquels ils invoquent cette doctrine en concluant des accords qui aboutissent en fait à une répartition des eaux ou à la reconnaissance des droits des autres Etats du cours d'eau.

L'article 6 de la Convention a pour objet d'indiquer comment appliquer la règle de l'utilisation équitable et raisonnable posée à l'article 5. Selon les spécialistes cette règle étant nécessairement générale et souple, sa bonne application exige que les Etats du cours d'eau international tiennent compte des facteurs pertinents pour une utilisation équitable et raisonnable énumérés dans l'article 6. Parmi ces facteurs pertinents on trouve : les facteurs géographiques, hydrologiques, hydrographiques, climatiques, écologiques, les besoins économiques et sociaux des Etats du cours d'eau intéressés, la population tributaire du cours d'eau dans chaque Etat du cours d'eau, les effets de l'utilisation ou des utilisations du cours d'eau dans un Etat du cours d'eau sur d'autres Etats du cours d'eau, les utilisations actuelles et potentielles du cours d'eau, la conservation, la protection, la mise en valeur et l'économie dans l'utilisation des ressources en eau du cours d'eau ainsi que les coûts des mesures prises à cet effet et l'existence d'autres options, de valeur correspondante, susceptibles de remplacer une utilisation particulière, actuelle ou envisagée.

Un Etat a le droit souverain d'utiliser les eaux situées dans son territoire, mais ce droit est limité par l' « obligation de ne pas causer de dommages significatifs » (Article 7) à d'autres Etats. Pour préciser la notion de dommage et le principe d'utilisation équitable, il faut évaluer dans ce contexte la portée du terme dommage, qui est employé ici dans son sens juridique et non factuel. Le partage équitable des utilisations des eaux d'un cours d'eau international peut causer à l'un des Etats un dommage factuel dans la mesure où certains besoins ne seront pas satisfaits. Ce dommage étant équitable, il n'acquiert pas de caractère juridique.

Ainsi, en vertu de la souveraineté égale, aucun Etat du cours d'eau international ne possède la primauté sur l'utilisation du cours d'eau et lorsqu'il y a conflit entre les besoins des Etats, il doit être réglé sur la base de l'équité en tenant compte de tous les facteurs pertinents en fonction des circonstances. L'objectif est d'établir un équilibre raisonnable et équitable entre les besoins des Etats, de réduire au minimum les dommages factuels pour chacun afin d'aboutir à une situation dans laquelle aucun des Etats ne subit un préjudice au sens juridique du terme.

L'utilisation raisonnable et équitable du cours d'eau international ne peut être constituée en principe normatif efficace que si elle est relayée par un principe de coopération. Celle-ci est mise en œuvre par diverses procédures, sans lesquelles la notion d'utilisation équitable ne serait pas opératoire. Elles n'ont donc pas un caractère accessoire. Elles sont au cœur même du droit (BUIRETTE P., janvier 1991).

L'article 8 énonce le devoir général qu'ont les Etats du cours d'eau de coopérer afin de s'acquitter des obligations et d'atteindre les objectifs définis dans la Convention. Si des Etats d'un cours d'eau international veulent parvenir à une répartition équitable des utilisations et des avantages du cours d'eau, la coopération, entre eux devient indispensable. L'article 8 indique la base ainsi que les objectifs de la coopération. La base de cette coopération n'est pas fournie par une solidarité objective dans l'utilisation de la ressource, mais par l'égalité souveraine, l'intégrité territoriale et l'avantage mutuel des Etats, principes essentiels auxquels il faut ajouter ceux, implicites, de bonne foi et du bon voisinage. Quant aux objectifs de la coopération, la Commission du droit international est arrivée à la conclusion qu'une formule générale serait préférable, compte tenu de la grande diversité des cours d'eau internationaux, de leurs utilisations et des besoins des Etats du cours d'eau. C'est cette formule qu'exprime une phrase de l'article 8 « en vue de parvenir à l'utilisation optimale et à la protection adéquate du cours d'eau international ».

L'affaire du lac Lanoux est souvent mise en avant puisque la sentence arbitrale rendue dans cette affaire confirme généralement l'obligation faite aux parties de coopérer en matière de cours d'eau.

L'article 9 met en avant l'intérêt que tous les Etats du cours d'eau ont à échanger de manière régulière des données et des informations disponibles au sujet de ce cours d'eau. La fonction de l'information est double : elle vise à assurer la gestion rationnelle de la ressource en eau, et elle fournit une base saine aux parties pour régler leurs désaccords éventuels dans l'utilisation de la ressource. En d'autres termes, une information fiable, constituée en données compatibles régulièrement diffusées entre tous les Etats intéressés, est un des moyens concrets indispensables pour mettre en œuvre le principe de l'utilisation équitable et raisonnable.

Pour que les données et informations aient un intérêt pratique pour les Etats d'un cours d'eau, elles doivent être fournies sous une forme qui permette de les utiliser. On notera, toutefois, que l'obligation d'élaborer l'information est très limitée. Le paragraphe 3 de l'Article 9 signale que « les Etats du cours d'eau s'emploient au mieux de leurs moyens à collecter et, le cas échéant, à élaborer les données et informations d'une manière propre à en faciliter l'utilisation par les autres Etats du cours d'eau auxquels elles sont communiquées ».

Dans le paragraphe 1 de l'article 9, le terme *écologique* a été préféré au terme *environnemental*, car il vise plus précisément les ressources biologiques du cours d'eau lui-même.

Les articles 11 à 19 de la Convention, explicitent les processus de notification, consultation et négociation sur les mesures qui peuvent être dommageables pour d'autres Etats.

Les articles 20 à 26 abordent le problème de la pollution et celui de la protection des écosystèmes aquatiques, ils soulignent la nécessité d'établir des mesures et des méthodes communes et l'importance de coopérer dans la gestion des bassins et des ouvrages de régulation du débit.

Comme l'article 192 de la Convention des Nations-Unies sur le droit de la mer, l'article 20 énonce deux obligations, celle de protéger et celle de préserver *les écosystèmes* des cours d'eau internationaux. C'est l'expression *écosystèmes*[14] qui a été retenue parce qu'elle est plus précise que le terme environnement d'un cours d'eau. De plus, ce terme est considéré comme ayant un sens scientifique et juridique plus précis (MCLNTYRE O., avril 2004).

L'article 21 contient trois paragraphes. Le premier définit le terme pollution d'un cours d'eau international comme «toute modification préjudiciable de la composition ou de la qualité des eaux d'un cours d'eau international résultant directement ou indirectement d'un comportement humain ». Le deuxième énonce l'obligation des Etats du cours d'eau de prévenir, réduire et maîtriser la pollution des cours d'eau internationaux. Et le troisième, après consultation entre les Etats du cours d'eau, arrête une procédure en vue de l'établissement de listes de substances dangereuses appelant des contrôles spéciaux.

L'article 22 énonce l'obligation des Etats des cours d'eau de prendre « toutes les mesures nécessaires » pour prévenir l'introduction d'espèces[15] étrangères ou nouvelles dans le cours d'eau.

L'article 23 traite du problème de plus en plus grave de la pollution véhiculée jusque dans le milieu marin par des cours d'eau internationaux.

L'article 24 montre l'importance qu'ont les Etats du cours d'eau à collaborer à la gestion du cours d'eau internationaux en vue de garantir la protection tout en tirant le plus d'avantages pour tous les Etats du cours d'eau.

L'article 25 est consacré à la régularisation du débit des eaux d'un cours d'eau international par les Etats du cours d'eau. La régularisation du débit est souvent nécessaire, que ce soit pour éviter les inondations et l'érosion, ou pour tirer le plus d'avantages du cours d'eau.

L'article 26 est consacré à la protection des installations (barrages, digues, etc.) contre les dégâts dûs à l'usure, aux forces de la nature ou aux actions de

---

[14] D'une manière générale, le terme *écosystème* désigne une unité écologique composée d'éléments biologiques ou non qui sont interdépendants et fonctionnent comme un ensemble. Toutes les composantes d'un *écosystème* sont interdépendantes et rien ne s'y perd réellement (MCLNTYREO.,op. cit.).
[15] «Le terme espèces vise à la fois la flore et la faune, c'est-à-dire les plantes, les animaux et les autres organismes vivants. Le terme étrangers vise les espèces allogènes, tandis que le terme nouvelles englobe celles qui ont été modifiées génétiquement ou obtenues par les techniques du génie génétique». (Annuaire de la Commission du droit international, 1994)

l'homme, lesquels peuvent être cause de dommages significatifs dans les autres Etats du cours d'eau.

Les articles 27 et 28 définissent les dispositions à suivre en cas d'urgence.

Les articles 29 à 33 indiquent les mesures pour la résolution des conflits. En cas de conflit, les pays doivent négocier un accord, si nécessaire avec l'aide d'un médiateur, ou accepter de se présenter à la Cour internationale de justice de La Haye ou à un tribunal ad hoc (expressément établi).

Enfin, comme spécifié dans la partie VII, la Convention de New York ne s'applique qu'aux Etats qui l'auront ratifiée. Cette Convention n'a pas recueilli à ce jour les 35 ratifications nécessaires à son entrée en vigueur. Toutefois, l'adoption de la Convention de New York s'est faite à une très grande majorité[16] par la Résolution 51/229 de l'Assemblée générale des Nations-Unies. L'adoption de la Convention sur le droit relatif aux utilisations des cours d'eau internationaux à des fins autres que la navigation entérine des avancées majeures en matière de législation internationale pour le partage et la gestion de l'eau. Cette Convention a ouvert la voie à un droit international de l'eau commun à l'humanité (DROBENKO B., 30 janvier 2002). Elle pose, aussi, des principes de gestion des fleuves internationaux, en établissant une gestion écosystémique et une certaine solidarité entre les Etats au détriment de la souveraineté. Il est important de signaler que cette Convention, avant même son entrée en vigueur, avait déjà fait preuve de son utilité pour encadrer des accords de partage des eaux transfrontalières lorsque la volonté étatique est de mise, en donnant naissance à un accord d'application. Ainsi, le protocole sur les cours d'eau partagés dans la Communauté de développement de l'Afrique Australe révisé du 7 août 2000, fut signé par treize Etats de la région. Il ne se limite pas à se référer directement à la Convention de New York dans son préambule, mais il modifie une première version du protocole datant de 1995 en y transposant en grande partie des solutions adoptées par la Convention.

Conclusion

Le Moyen-Orient ne souffre pas de la rareté de l'eau mais, plutôt, d'une mauvaise répartition de cette ressource dans l'espace et dans le temps entre les différents Etats de la région. De plus, la Convention de New York est loin d'être floue et pauvre comme le signalent les partisans de la thèse de la guerre de l'eau. Les vraies menaces résident dans la difficile application du droit international de l'eau entre des pays politiquement hostiles qui résulte en grande partie du déséquilibre des rapports de force entre les Etats riverains des cours d'eau internationaux. En effet une imprégnation très forte entre les notions de

---

[16] La Convention de New York a été adoptée par 103 voix pour, 3 voix contre (Burundi, Chine et Turquie) et 27 abstentions (Andorre, Argentine, Azerbaïdjan, Belgique, Bolivie, Bulgarie, Colombie, Cuba, Egypte, Equateur, Espagne, Ethiopie, France, Ghana, Guatemala, Inde, Israël, Mali, Monaco, Mongolie, Ouzbekestan, Pakistan, Paraguay, Pérou, Rwanda et Tanzanie).

droit et de rapports de force émerge de l'analyse des situations où le droit international peine à être respecté.

Cette subordination du droit aux rapports de force entre les Etats, se retrouve dans les doctrines qui ont inspiré et justifié les règles en matière de répartitions des eaux transfrontalières, avant la Convention de 1997. L'avantage des Etats, riverains des cours d'eau les plus puissants est d'autant plus sensible que le droit international pour le partage des ressources en eau n'est doté d'aucune force obligatoire[17] et qu'aucune juridiction ne contrôle son respect.

Par conséquent, forte de sa position de première puissance militaire du Moyen-Orient, Israël, depuis sa victoire en 1967 a pu imposer, dans le domaine de la gestion de l'eau, les options qui lui semblent les mieux à même de garantir la sécurité de son approvisionnement.

La Turquie, quant à elle, se trouve aussi dans une position à la fois de supériorité géographique (pays de l'amont du Tigre et de l'Euphrate), démographique et de puissance militaire. Le cumul de ces capacités lui a conféré un avantage absolu dans la mise en œuvre de ses choix d'aménagements hydrauliques sur le Tigre et l'Euphrate.

Malgré son désavantage géographique (pays de l'aval du Nil), l'Egypte, grâce à sa supériorité démographique et militaire a su imposer au Soudan et à l'Ethiopie, deux Etats riverains du Nil, la doctrine de *la première appropriation*[18].

D'ailleurs, les doctrines initiales du droit international de l'eau (la souveraineté absolue, l'intégrité territoriale absolue et la première appropriation) ne furent jamais intégrées au droit international relatif aux cours d'eau. Elles n'ont pas non plus été consacrées par la jurisprudence internationale, à l'exception du traité de 1959 entre l'Egypte et le Soudan, qui fait explicitement référence *aux droits historiques* de l'Egypte sur les eaux du Nil. Ces théories restent tout de même pertinentes et défendues, mais plus comme des outils de négociation que comme des principes auxquels les gouvernements ne veulent en aucun cas déroger.

En effet, dans l'absolu le risque d'un conflit armé serait réel face à une telle iniquité dans la répartition des eaux, mais en réalité un tel conflit reste peu

---

[17] «La présente Convention entrera en vigueur le quatre-vingt-dixième jour suivant la date du dépôt du trente-cinquième instrument de ratification, d'acceptation, d'approbation ou d'adhésion auprès du Secrétaire général de l'Organisation des Nations-Unies». (Article 36 paragraphe 1)
A ce jour, la Convention n'a été ratifiée que par 12 Etats (Finlande, Hongrie, Iraq, Jordanie, Liban, Namibie, Pays-Bas, Norvège, Qatar, Afrique du Sud, Suède et Syrie) et signée par 8 Etats (Côte d'Ivoire, Allemagne, Luxembourg, Paraguay, Tunisie, Venezuela et Yémen).
[18] Cette doctrine pose le problème de l'ambiguïté de définir l'expression *première appropriation*. Est-ce plutôt le fait d'utiliser le premier une ressource ou celui d'être le premier à la mettre en valeur au sens contemporain du terme, c'est-à-dire en l'aménageant ? Le principe du droit d'usage reconnaît la primauté des droits d'exploitation au plus ancien utilisateur d'une ressource d'eau, et non à son premier aménageur.

probable, juste une menace, puisque la Turquie, l'Egypte et Israël ont les moyens militaires de faire face à leurs riverains.

Les rapports de force sont donc déterminants dans l'usage qui est fait par les Etats du droit international de l'eau. L'absence d'une véritable législation internationale dans le domaine de l'eau, à d'autres fins que la navigation, vient consacrer la primauté des rapports de forces sur le droit.

« Le monde peut vivre dans l'incroyance mais pas dans l'injustice »
Nizâm Al Mülk

CHAPITRE 2

LE BASSIN NILOTIQUE[19] VERS UNE COOPERATION REGIONALE

Introduction

Depuis des temps immémoriaux, le Nil a su capturer l'imagination d'une population aussi large que variable. Des explorateurs, des géographes, des anthropologues et des hydrologues se sont intéressés et impliqués pour dévoiler les secrets et les mystères de ce fleuve mythique.

Le bassin hydrographique du Nil couvre un dixième des terres africaines et englobe dix Etats riverains. Si l'on prend son parcours depuis la source de l'affluent le plus éloigné, aux frontières du Rwanda, jusqu'à son embouchure, en Méditerranée, la longueur de ce fleuve dépasse celle de l'Amazone de près de 200 km. Toutefois, le débit d'eau qu'il charrie ne représente qu'un quarantième de celui de l'Amazone.

Du confluent du Nil Blanc et du Nil Bleu à Khartoum, le Nil coule vers le Nord, à travers l'Egypte jusqu'à la Méditerranée.

Le Nil Blanc prend naissance dans le plus grand lac intérieur d'Afrique, le lac Victoria. La région des grands lacs équatoriaux fournit uniquement 14 % du débit total du Nil, à cause de la grande quantité d'eau perdue dans les marécages proches de la source, puis l'évaporation, notamment lors du passage dans les régions arides du Soudan.

Le Nil Bleu, quant à lui, prend naissance dans le lac Tana. Il fournit en moyenne 86 % du débit total du Nil, mais son débit est irrégulier et souffre des variations saisonnières.

Le partage des eaux du Nil est encore géré par un seul accord signé entre le Soudan et l'Egypte en 1959. Ce dernier est régulièrement contesté par les autres Etats riverains et une alternative s'impose de façon urgente. En effet, cinq Etats riverains du Nil figurent parmi les dix pays les plus pauvres du monde. Leur pauvreté, associée à une explosion démographique alarmante et à la dégradation de l'environnement, nécessite la participation de tous les Etats nilotiques au développement des ressources du Nil. Dés lors une question s'impose : le Nil qui a, longtemps, été cause de discorde peut-il devenir l'objet d'un partenariat entre les différents Etats riverains ?

---

[19] J'emploierai le terme bassin nilotique pour désigner l'ensemble des régions drainées par le Nil. Ce terme me parait représenter un consensus pour une approche multidisciplinaire de la question des eaux du Nil.

2.2 Description générale du bassin nilotique

Le Nil draine sur ses 6 695 km un immense bassin dont la superficie est estimée à 2,9 10^6 km^2 (IBRAHIM A., M., 1984). Le bassin du Nil représente le dixième de la surface du continent africain et à peu près le tiers de la surface des 10 Etats riverains. Ce bassin couvre l'entièreté de l'Ouganda, toutes les terres cultivables d'Egypte, le tiers du territoire de l'Ethiopie, une part non négligeable du territoire du Soudan et une part du territoire du Kenya, de l'Erythrée, de la Tanzanie, de la République démocratique du Congo, du Rwanda et du Burundi.

Du sud au nord, le Nil traverse successivement trois grands domaines climatiques : la zone équatoriale en Afrique orientale, la zone tropicale avec sa double variante humide et sèche et le désert saharien avant son embouchure finale, la Méditerranée.

Le bassin du Nil peut être divisé en cinq sous-bassins : le Nil Blanc, le Sobat, le Nil Bleu, l'Atbara et le Nil principal. Il prend naissance en Afrique orientale dans la région des Grands Lacs (Voir la carte 2.1).

Le sous-bassin du Nil Blanc possède une aire de captage de 378 000 km^2. Ce sous-bassin contient dans son aire de drainage un certain nombre de lacs équatoriaux dont le lac Victoria, le deuxième plus grand lac d'eau fraîche au monde (69 000 km^2), le lac Tanganyika, le lac Kivu, le lac Edouard, le lac George et le lac Mobutu (ex-Albert) (Voir tableau 2.1) et les monts Ruwenzori, le troisième sommet d'Afrique (4 000 m). La source la plus éloignée du sous-bassin est la rivière Luvironza, un affluent de la rivière Kagera, la première source du Nil selon de nombreux spécialistes et le plus important fournisseur d'eau douce du lac Victoria. A la sortie du lac à Jinja en Ouganda, le Nil Victoria emprunte un chemin de 70 km parsemés de nombreuses chutes et rapides avant de traverser le lac Kyoga d'une profondeur de 7 m. A la sortie du lac Kyoga à Missindi, l'écoulement du Nil Victoria ralentit avant de franchir les impressionnantes chutes Murchison et de parvenir ensuite au lac Mobutu. La deuxième source du Nil, située en Ouganda dans les monts Ruwenzori, est née de la fonte des glaces, du ruissellement des eaux de pluie et des torrents abondants. Cette deuxième source du Nil vient alimenter la rivière Semliki qui, après avoir traversé les lacs Edouard et George, mêle ses eaux au Nil Victoria au sortir du lac Mobutu. A la sortie du lac Victoria émerge le Nil Albert qui continue son chemin vers la cuvette nord jusqu'à Nimulé à la frontière entre l'Ouganda et le Soudan. Dans ce parcours, dans les montagnes d'Afrique orientale partagées entre la Tanzanie, le Burundi, le Rwanda, la République démocratique du Congo, le Kenya et particulièrement l'Ouganda, le Nil Albert est alimenté par d'abondantes pluies de régime équatorial (800 à 1 200 mm/an).

Tableau 2. 1 : superficie de certains des plus grands lacs du monde

Lac	Superficie (km²)	Continent
Supérieur	82 000	Amérique du Nord
Victoria	66 500	Afrique
Huron	59 000	Amérique du Nord
Michigan	57 500	Amérique du Nord
Tanganyika	33 000	Afrique
Baïkal	31 500	Europe
Malawi	30 900	Afrique
Erie	25 680	Amérique du Nord
Winnipeg	24 500	Amérique du Nord
Ontario	19 100	Amérique du Nord
Titicaca	8 000	Amérique du Sud
Albert	5 270	Afrique
Kivu	2 700	Afrique
Edouard	2150	Afrique
Léman	583	Europe

Source : ASSOULINE J., et ASSOULINE S., Géopolitique de l'eau : nature et enjeux, Studyrama perspectives, Levallois-Perret, p. 25.

En pénétrant au Soudan par une gorge très étroite à Nimulé, le Nil devient le Bahr el Jabal (le Nil de la montagne) dont le cours est toujours parsemé de rapides. A 20 km au nord de Nimulé à la frontière kenyane, Bahr el Jabal reçoit la rivière Aswa. Entre Nimulé et Rajaf le Nil tombe de 153 m sur une distance de 156 km. Au nord de Mongalla, le Bahr el Jabal rentre dans une cuvette, la région marécageuse des Sudd soudanais. Cette zone mal drainée est d'une superficie de 300 000 km².

Carte 2. 1: Le bassin du Nil et les Etats riverains

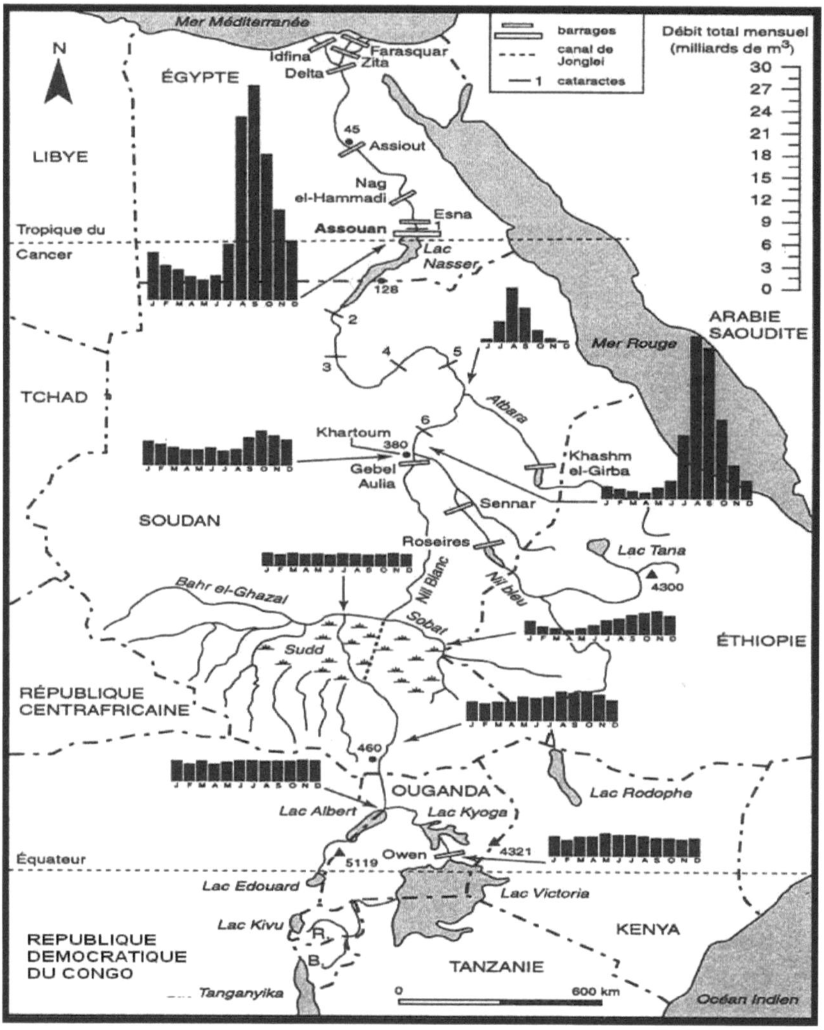

Source : Adapté d'après MUTIN G. (2000).

A cause de l'intensité élevée de l'évaporation et de l'évapotranspiration le fleuve perd plus de 50 % de son débit annuel soit 14 milliards de m^3.

A la sortie des marécages au nord de la cuvette soudanaise, le Bahr al Jabal accueille, sur sa droite, les eaux du Bahr al Ghazal et devient, après le confluent, le Nil Blanc qui pénètre dans une zone tropicale semi-aride et puis aride. Au sud de Malakal le Nil Blanc est rejoint par la rivière de Sobat.

Le sous-bassin de Sobat est situé au Sud-Est de l'Ethiopie et possède une aire de captage de 224 000 km^2. Ce sous-bassin est caractérisé par une topographie montagneuse et une forêt très dense. La rivière de Sobat qui draine les eaux du Sud du plateau éthiopien et des marais du Sud-Est soudanais ne modifie que légèrement le régime du fleuve. Pendant 800 km jusqu'à la capitale soudanaise, le fleuve ne reçoit aucun affluent. A Khartoum le Nil Blanc est rejoint par le Nil Bleu.

Le sous-bassin du Nil Bleu avec une aire de captage de 325 000 km^2 est situé sur le plateau nord-est éthiopien et caractérisé par des gorges vertigineuses et inaccessibles, des énormes apports de sédiments boueux et des impressionnantes crues d'été. Les précipitations sur le sous-bassin du mois d'avril jusqu'en septembre varient de 500 mm dans les régions basses et sèches et à 2 000 mm dans les hauts plateaux.

La source du Nil Bleu est située dans le lac Tana qui possède une superficie de 3 000 km² et une profondeur de 14 m. La contribution de ce lac au débit du Nil Bleu est estimée à 7 %. Le Nil Bleu quitte le lac Tana en passant à travers une série de cataractes au nombre de six (Voir la figure n° 2.1). Sur sa route vers le Soudan, le Nil Bleu reçoit le débit de huit affluents. Les plus importants de ses affluents sont : Didessa, Dabus, Fincha, et Balas. Après avoir parcouru une distance de 800 km, le fleuve rentre dans les plaines soudanaises à Famaka. A l'intérieur du Soudan, la rivière reçoit deux autres affluents : le Dider et le Rahad. Les sources des deux affluents se trouvent à 30 km à l'Ouest du lac Tana et à 60 km de la source de la rivière d'Atbara. Après la rencontre du Nil Bleu et du Nil Blanc à Khartoum le fleuve s'appelle désormais le Nil. Au-delà de la sixième cataracte, le Nil reçoit son dernier affluent l'Atbara.

Le sous-bassin de l'Atbara se trouve en Ethiopie et possède une aire de captage de 100 000 km². Le principal affluent de la rivière l'Atbara est le Sesit qui possède une aire de drainage de 69 000 km².

Après sa rencontre avec la rivière de l'Atbara, le Nil se prolonge par une ultime et longue traversée du désert : 2 700 km dont 1 250 km en territoire égyptien. C'est au niveau de la deuxième cataracte que s'effectue son entrée en Egypte. Entre Assouan et Le Caire, le fleuve coule dans une vallée étroite et fertile, et se jette, à 160 km au nord du Caire, dans la Méditerranée, en un vaste delta marécageux d'une superficie de 23 000 km² et dont les principaux bras sont ceux de Rosette et Damiette.

Figure 2. 1: profil longitudinal du Nil

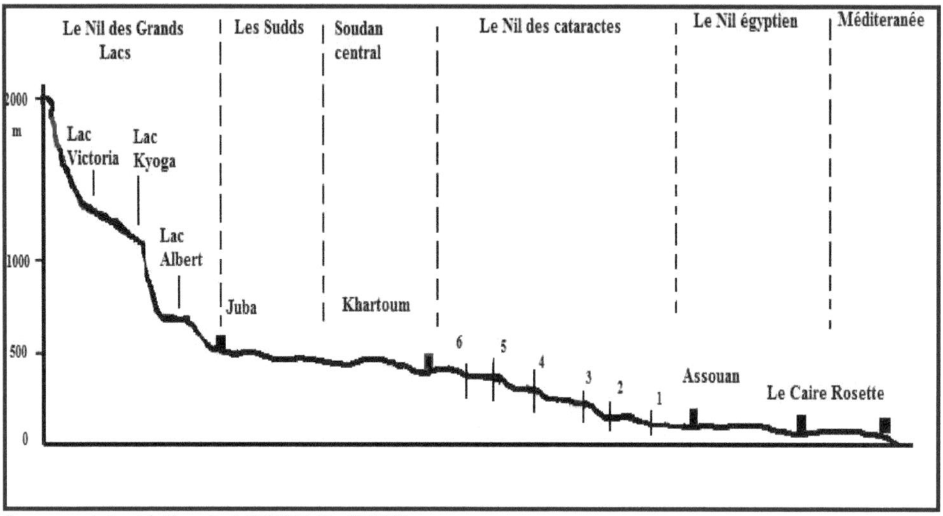

Source : Adapté d'après MUTIN G. (2000).

2.3 L'hydrologie du Nil

Le système de drainage et le régime du débit du Nil sont très compliqués du fait que le fleuve traverse des régions climatiques très variées (équatoriale, tropicale et désertique) et aussi du fait que de grandes quantités d'eau sont perdues par l'évaporation dans les marécages de la région du Sudd et à travers le désert que la rivière traverse au cours de son chemin vers la Méditerranée.

Le Nil est un fleuve complexe, ne fut-ce que par sa longueur et la superficie de son bassin versant. Ces deux données contrastent avec la médiocrité de son débit annuel mesuré à Khartoum, soit 84 milliards de m³ (2 700 m³/s). Ce module moyen annuel est faible si l'on compare aux 5 518 milliards de m³ de l'Amazone aux 1 248 milliards de m³ du Congo aux 740 milliards de m³ du Mékong aux 562 milliards de m³ du Mississipi aux 223 milliards de m³ du Zambèze aux 202 milliards de m³ du Danube et aux 192 milliards de m³ du Niger (MONDER KH, 2001).

Figure 2. 2: Débit du Nil

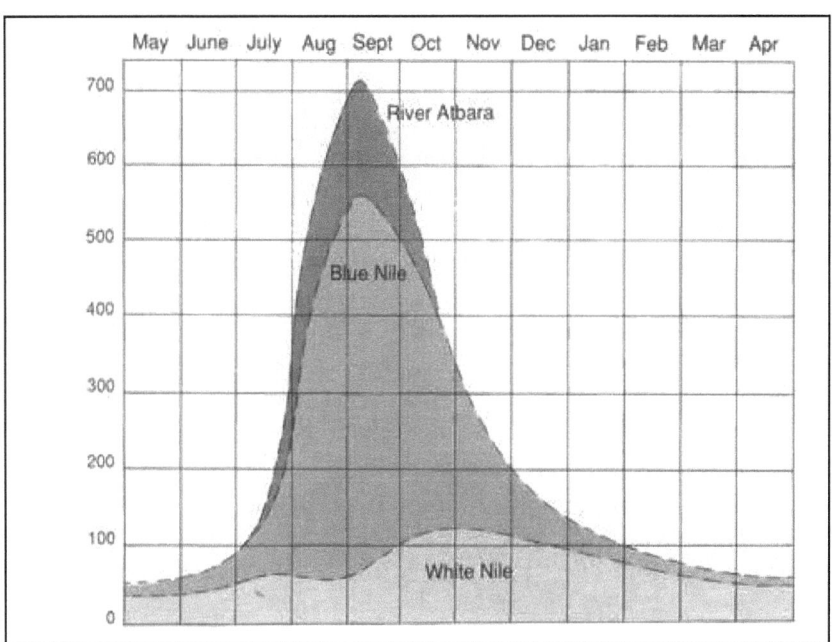

Source : D'après HURST H. E., (1954)

Les irrégularités de l'écoulement d'une année à l'autre peuvent être très importantes. Les extrêmes enregistrés ont été de 151 milliards de m³ en 1878-79 (IBRAHIM A. M., 1984) et 34 milliards de m³ en 1987 (MUTIN G., 2000). Et comme l'essentiel des débits, 80 % du débit total, s'écoule entre août et novembre avec un maximum au mois de septembre (Voir la figure 2.2), ces écarts se traduisent par des étiages et des crues catastrophiques. Ce régime contrasté dont les débits mesurés à l'entrée de la capitale soudanaise varient entre 520 m³/s en mai et 8 500 m³/s en septembre (BETHEMONT J., 2003) tient au fait que l'essentiel des débits se forme sur les hauts plateaux éthiopiens qui sont soumis à un régime tropical et alimentent le Nil Bleu sans subir de déperdition, alors que le Nil Blanc issu de la zone équatoriale dissipe l'essentiel de ses eaux par évaporation dans les vastes marais du Bahr el Ghazal. Du moins, son faible débit joue-t-il un rôle essentiel dans le maintien de l'écoulement entre les mois de février et de juin.

Le Nil égyptien est alimenté par les affluents venus, en rive droite, de l'Ethiopie qui fournissent environ 86 % du débit annuel réparti de la manière suivante : 59 % pour le Nil Bleu, 14 % pour la Sobat et 13 % pour la rivière de l'Atbara. Les 14 % restant proviennent de Bahr el Jabal. Durant la période de la grande crue, les plateaux éthiopiens interviennent à hauteur de 95 % au débit du

Nil réparti comme suit : 68 % au Nil Bleu, 22 % à la rivière de l'Atbara et 5 % pour la Sobat. Seulement 5 % proviennent de Bahr el Jabal. Durant la période basse, 60 % du débit du Nil proviennent d'Ethiopie et 40 % restant proviennent de Bahr el Jabal.

Ces chiffres sont très intéressants pour les travaux de conservation et de commande du débit du Nil. Le Nil Blanc est caractérisé par un débit relativement uniforme comparativement au Nil Bleu et à la rivière de l'Atbara. Sa variation saisonnière moyenne à Malakal pour la période 1912-1962 s'étend de 525 m^3/s à 1 215 m^3/s, tandis que la variation moyenne du Nil Bleu à Roseires pour la même période s'étend de 125 m^3/s à 6 200 m^3/s.

Ces variations saisonnières sont très importantes du point de vue de l'irrigation. La différence marquée des écoulements dans le Nil Bleu entre la période d'inondation et la basse période rend nécessaire le stockage d'eau, tandis que l'écoulement plutôt uniforme du Nil Blanc rend le stockage annuel pour l'irrigation inutile.

Dans un bilan établi à l'échelle du bassin nilotique, le fait le plus important, celui qui prête à de nombreuses spéculations, est les pertes de 53 milliards de m^3 pour un apport théorique annuel de 137 milliards de m^3, ce qui ne laisse au final que 84[20] milliards de m^3 mesurés à l'entrée du territoire égyptien (BETHEMONT J., op. cit.). De plus, la traversée de la zone désertique, bien avant la zone de confluence, se traduit par une constante déperdition de sorte qu'à l'état naturel, on ne mesurerait que 63 milliards de m^3 (OSS-UNESCO, 2001) à l'apex du delta du Nil (Voir tableau n° 2.2).

La vase, charriée annuellement par le Nil, est estimée en Egypte à 110 millions de tonnes. Cette quantité est moins importante par rapport à celle transportée par d'autres rivières : 150 millions de tonnes par le Mississipi, 260 millions de tonnes par le Colorado et 2 milliards de tonnes par le fleuve jaune. La teneur moyenne de la matière en suspension dans les eaux du Nil durant la période des inondations est de l'ordre de 1 600 mg/l et le maximum est évalué à 5 400 mg/l. Le Nil Bleu et la rivière de l'Atbara sont les grands fournisseurs de la vase transportée par le Nil. Le Nil Blanc transporte relativement moins de vase. Cette caractéristique est due au fait que la plupart de cette vase est déposée au cours du voyage du fleuve dans les lacs et les marécages.

La vase a influencé considérablement la conception et le fonctionnement des barrages et des canaux d'irrigation en Egypte et au Soudan. La conception du haut barrage d'Assouan tient compte notamment des nécessités de stockage de 41 milliards de m^3 d'eau durant la période des crues et de l'envasement prévisible de 31 milliards de m^3 de sédiments sur 500 ans soit l'équivalent de

---

[20] En fait, le régime «naturel» du fleuve ne constitue qu'une référence théorique depuis la construction du premier barrage d'Assouan en 1902. Depuis cette date, de multiples ouvrages de stockage ont été réalisés avec, notamment, le réservoir de Sennar à l'amont de la Djézireh soudanaise et le relèvement du seuil à la sortie du lac Victoria. D'autres projets concernent le lac Tana et la quatrième cataracte.

60 millions de m³ par an de vase charriée par le Nil. Le barrage de Sennar, construit en 1925, a à ce jour perdu environ 25% de sa capacité. Quant au barrage de Khashm el Gibra, achevé en 1961, perd sa capacité de stockage à un rythme de 50 millions de m³ par an. De plus, les canaux d'irrigation au Soudan sont nettoyés chaque année pour les débarrasser de la vase. Ces opérations de nettoyage coûtent des millions de dollars par an aux Soudanais.

Tableau 2. 2: Apports, déperditions et écoulements naturels dans les pays du bassin du Nil

Pays	Apports (milliards de m³/an)	Déperdition par évaporation	Ecoulement naturel sortant du territoire (milliards de m³/an)
Kenya, Ouganda, Tanzanie, Burundi, Rwanda, la RDC	91	54	27
Ethiopie, Erythrée	91	1	90
Soudan Bahr - el – Ghazal Autres bassins Affluents des pays d'amont *Total Soudan*	15 5 117 **137**	14 39 **53**	1 83 84 **84**
Egypte affluent de l'amont	**84**	**21**	**63**

Source : OSS-UNESCO, Les ressources en eau des pays de l'Observatoire du Sahara et du Sahel, UNESCO, Paris, 2001.

2.4 Le droit international, le bassin nilotique et les pays riverains

Pendant la colonisation du continent africain, seuls les fleuves Congo et Niger avaient fait l'objet d'un régime d'internationalisation par l'Acte final de la Conférence de Berlin du 26 février 1885. L'internationalisation de ces deux cours d'eau se fit sur la base de l'Acte final du Congrès de Vienne du 9 juin 1815, à savoir la navigabilité du cours d'eau et son caractère successif ou contigu.

La plupart des accords entre les différents Etats riverains du Nil ont été signés durant la période coloniale (fin du 19e jusqu'à la moitié du 20e siècle) à l'initiative ou sous l'influence des Etats coloniaux.

L'objectif recherché par la Grande-Bretagne fut de soustraire le Nil au régime d'internationalisation applicable aux fleuves Congo et Niger et de faire de ce fleuve un cours d'eau entièrement national. La Grande-Bretagne, qui a joué un rôle-clé dans ces accords, protégea tout d'abord les intérêts de l'Egypte, et après l'indépendance de ce dernier, ceux du Soudan.

Cette préoccupation constante des Britanniques vis-à-vis du Nil s'est traduite par la signature d'une série d'accords, entre 1890 et 1929, avec l'Allemagne (1er juillet 1890), l'Italie (15 avril 1891 et 13 décembre 1906), la Belgique (12 mai 1894 et 9 mai 1906), la France (13 décembre 1906), l'Ethiopie (15 mai 1902) et l'Egypte (7 mai 1929), afin que le bassin nilotique demeure sous influence britannique.

Il est significatif que les différents Etats coloniaux, signataires de ces accords, ne se soient pas préoccupés des intérêts des territoires et des populations colonisés. Ils ont été plus concernés par leurs intérêts et problèmes dans les territoires riverains du bassin nilotique que par ce qui se passait à l'intérieur des territoires sous leur administration. Néanmoins, deux accords postcoloniaux ont quand même été signés. Le premier, l'accord de 1959, signé entre l'Egypte et le Soudan, et le deuxième, l'accord de Kagera, signé en 1977 entre les Etats amont du Nil sans l'approbation de l'Egypte.

2.4.1 Les accords entre la Grande-Bretagne et les Etats européens sur le Nil

Ce qui rendait le Nil si important aux yeux des Britanniques, était ses usages possibles à des fins autres que la navigation : l'agriculture et plus particulièrement la culture du coton. Ainsi la Grande-Bretagne avait déployé toute son énergie pour se faire reconnaître un rôle-clé dans la région du Nil par un ensemble d'accords avec les puissances du Nil : l'Allemagne, la France, la Belgique et l'Italie.

2.4.2 L'accord anglo-germanique de 1890

L'accord signé en juillet 1890 entre la Grande-Bretagne et l'Allemagne reconnaît à ce dernier pays la souveraineté sur le Sultanat de Zanzibar en échange de la reconnaissance par l'Allemagne du Nil comme zone d'influence britannique.

L'Allemagne qui « n'avait aucun intérêt dans la vallée du Nil, pouvait sans difficulté reconnaître à l'Angleterre des droits dont l'exercice ne la gênait aucunement » (BLANCHARD G., 1899). Toutefois, cet accord fut vivement critiqué par la France parce qu'il ne tenait pas compte d'une précédente promesse faite par la Grande-Bretagne qui reconnaissait un contrôle franco-britannique sur Zanzibar.

2.4.3 Le protocole anglo-italien de 1891

Lorsque l'Italie fit connaître ses prétentions sur l'Ethiopie, la Grande-Bretagne se mit à craindre qu'elle ne procède à une dérivation des eaux du Nil et ne réduise le débit du fleuve au Soudan et en Egypte. Ces craintes amenèrent à la signature du protocole du 15 avril 1891, pour la démarcation des zones d'influence en Afrique orientale, entre l'Ethiopie et la Grande-Bretagne.

Cet accord confirme l'influence italienne sur l'Ethiopie tout en laissant le bassin du Nil sous influence britannique. De plus, « le Gouvernement italien s'engage à ne pas construire sur l'Atbara, en vue de l'irrigation, aucun ouvrage qui pourrait sensiblement modifier sa défluence dans le Nil » (ST/LEG/SER.B/12, Nations Unies, 1963).

2.4.4 L'accord anglo-belge de 1894 et de 1906

Le 12 mai 1894, le Roi Léopold II, souverain de l'Etat indépendant du Congo, reconnaît le Nil comme zone d'influence britannique et accorde à la Grande-Bretagne un corridor de 25 km de long entre les lacs Tanganyika, Albert et Edouard qui garantissait un contrôle ininterrompu de la Grande-Bretagne sur cette zone. En échange, le Roi Léopold II reçoit sous forme de bail les deux provinces soudanaises de Bahr el Ghazal et Equatorial.

Un tel accord avait été conclu essentiellement pour barrer le chemin à toute avancée française venant de l'ouest du Nil. Les Britanniques avaient, semble-t-il, besoin d'établir entre le Nil et les possessions françaises d'Afrique « un Etat tampon dont la situation aurait été analogue à celle du Siam, placé entre le Tonkin français et la Birmanie anglaise. L'Etat du Congo était tout indiqué pour remplir cette mission » (BLANCHARD G., op. cit.).

Toutefois, les pressions de la France sur le Roi des Belges furent très fortes et il ne fallut pas longtemps pour que ce dernier renonce à sa domination sur les deux provinces soudanaises. Un accord fut signé à cet effet entre la France et la

Belgique le 14 août 1894. Cet accord suscitait de vives protestations de la part des Britanniques. Ces protestations amenèrent l'Etat du Congo à signer le 9 mai 1906 avec les Britanniques le traité de frontière. Dans l'article 3 de ce traité il est stipulé que « le Gouvernement de l'Etat indépendant du Congo s'engage à ne pas construire ou permettre la construction d'ouvrages sur le Semliki ou l'Isango, ou à proximité, ce qui diminuerait le volume d'eau entrant dans le lac Albert, sauf accord avec le Gouvernement soudanais » (Ministère égyptien des Affaires étrangères, 1982).

2.4.5 L'accord de 1906 entre la Grande-Bretagne, la France et l'Italie

Désormais, ces différents accords et protocoles, signés entre la Grande-Bretagne et les autres puissances coloniales d'Afrique, consacrèrent la suprématie britannique sur le Nil. Les menaces belge, française et allemande furent écartées et le rêve éthiopien de l'Italie fut avorté après la défaite d'Adwa en mars 1896. Cette stabilisation, du moins en apparence, fut à l'origine de l'accord du 13 décembre de 1906 entre les trois puissances du Nil : la France, l'Italie et la Grande-Bretagne.

L'article 4 de cet accord stipule que « dans le cas où les événements viendraient à troubler le statu quo prévu par l'article premier, la France, la Grande-Bretagne et l'Italie feront tous leurs efforts pour maintenir l'intégrité de l'Ethiopie (…) elles se concerteront pour sauvegarder les intérêts de la Grande-Bretagne et de l'Egypte dans le bassin du Nil, et plus spécialement en ce qui concerne la réglementation des eaux du fleuve et de ses affluents » (Ministère égyptien des Affaires étrangères, op. cit.). Par cet accord, les signataires s'engagent à ne pas intervenir dans le débit du Nil, ni modifier son cours sans le consentement des riverains de l'aval. « Cet engagement est de fait un point marquant dans l'histoire juridique du Nil, ce n'est plus la liberté de navigation qui va l'emporter, mais c'est le libre écoulement du cours d'eau qui va intéresser les contractants » (MAJZOUB T., 1994).

2.4.6 Les accords entre la Grande-Bretagne et les nouveaux riverains du Nil

La défaite italienne en Ethiopie à Adwa en mars 1896 et l'indépendance officielle[21] égyptienne ramenèrent les Britanniques à signer des nouveaux accords sur le Nil.

---

[21] Nous savons que, dans les faits, l'indépendance réelle de l'Egypte n'est intervenue qu'au début des années cinquante.

2.4.6.1 Le traité anglo-éthiopien de 1902

Dans ce traité signé entre la Grande-Bretagne et l'Ethiopie à Addis Abéba le 15 mai 1902, le Roi des Ethiopiens, Ménélik II, s'engageait « par devant le gouvernement de Sa Majesté Britannique, à ne pas construire et à ne pas autoriser la construction d'ouvrages sur le Nil Bleu, le lac Tana ou le Sobat, qui auraient pour effet d'arrêter l'écoulement de leurs eaux dans le Nil, sauf en accord avec le Gouvernement de Sa Majesté Britannique et le Gouvernement du Soudan » (Ministère égyptien des Affaires étrangères, op. cit.).

Cet accord qui visait à restreindre l'exercice de la *souveraineté absolue* de l'Ethiopie sur le Nil fut sévèrement critiqué par la doctrine juridique internationale. M. Garriston, s'adressant à la Société Américaine de Droit International, a décrit ce traité comme un pacte « dans lequel l'une des parties se réservait les droits et les privilèges, laissant l'autre sans contrepartie, sans engagement réciproque et sans compensation » (Proceedings of the American Society of International Law, 1960). Toutefois, il ne faudrait pas perdre de vue le contexte politique lorsqu'on évalue se traité. Car le principal objectif de l'Ethiopie, à travers cet accord, avait été d'obtenir certains intérêts politiques, à savoir : la délimitation des frontières avec le Soudan et la reconnaissance de l'intégrité territoriale de l'Ethiopie.

2.4.6.2 L'accord anglo-égyptien de 1929

L'accord du 7 mai 1929 (Nile Water Agreement) entre l'Egypte et la Grande-Bretagne qui représentait le Soudan, le Kenya, la Tanzanie et l'Ouganda a permis l'élaboration de règles relatives à la répartition des eaux du Nil entre l'Egypte et le Soudan, en rendant juridique leur quote-part. Il organise l'usage des eaux du Nil avec pour principal souci la satisfaction des besoins en eau de l'Egypte, et en partie ceux du Soudan. L'Egypte obtenait 48 km^3, et le Soudan 4 km^3 des eaux annuelles du fleuve. Il affirme notamment que les eaux du lac Victoria ne pourront être utilisées sans l'accord préalable de l'Egypte et qu'aucun ouvrage susceptible de réduire le débit d'eau en Egypte ne sera entrepris sur le Nil ou ses affluents. L'accord permettait également à l'Egypte d'inspecter et d'enquêter sur toute la longueur du Nil jusqu'aux sources éloignées de ses affluents dans le bassin.

Il est clair que l'accord de 1929 essayait de sauvegarder les intérêts de l'Egypte tout en allant jusqu'à légitimer des ingérences égyptiennes dans le développement agricole des riverains de l'amont, sans que pour cela l'inverse soit vrai. Toutefois, comme pour l'accord anglo-éthiopien, il ne faudrait pas perdre de vue le contexte politique lorsqu'on évalue ce traité. Car les résultats escomptés par la Grande-Bretagne, à travers cet accord, avaient été de sauvegarder des intérêts politiques et économiques, à savoir : la souveraineté égyptienne sur le Soudan, l'évacuation des troupes anglaises de l'Egypte et la révision du régime de capitulation.

Pour atteindre ses objectifs, la Grande-Bretagne n'hésita pas à brader les intérêts d'autres riverains du Nil au profit de l'Egypte, afin d'attirer cette dernière. Cet accord est donc bien le résultat d'un compromis politique.

Dans le même ordre d'idée Friedrich Joseph BERBER (1959) déclare que « l'accord sur les eaux du Nil doit être considéré comme un expédient politique et non comme un précédent de droit international. La Grande-Bretagne dans le contexte politique de l'époque n'avait pas de raison importante pour représenter et défendre les intérêts du Soudan. En effet, dans le cadre de l'accord conclu, le Soudan n'obtint pas le droit d'utiliser les eaux du Nil selon les besoins en irrigation de ses zones arides. Satisfaire ces besoins était beaucoup moins important pour la Grande-Bretagne que les bonnes dispositions d'un gouvernement égyptien prêt à faire des concessions sur le Canal de Suez et sur l'occupation militaire ».

Ainsi donc on peut considérer que l'objectif principal recherché par la Grande-Bretagne était la satisfaction de l'Egypte afin de régler ses propres problèmes vitaux et stratégiques.

2.4.7 L'accord de 1949 entre l'Ouganda et l'Egypte

L'accord de 1949 signé entre l'Egypte et l'Ouganda qui a pris la forme de mémorandum entre le 19 janvier 1949 et le 15 janvier 1953 et en vertu duquel l'Egypte s'est chargé à ses propres frais de construire le barrage Owen. Cet accord est probablement le seul accord historique de coopération sur le Nil qui n'a pas été remis en cause, ni soumis à une forte controverse. Complété en 1954, le barrage, construit par l'Egypte, est large de 831 mètres et haut de 31 mètres. Il utilise les chutes Owen pour fournir de l'électricité à l'Ouganda et à l'Ouest du Kenya. Il permet de stocker de l'eau dans le lac Victoria.

2.4.8 L'accord égypto-soudanais de 1959

Jusqu'à la fin des années quarante, le gouvernement égyptien projetait l'aménagement hydraulique du haut Nil et estimait qu'il était nécessaire d'aménager l'ensemble du bassin du Nil. Les propositions formulées par les techniciens étaient les suivantes :

- sur le Nil Blanc : le réservoir pluriannuel du lac Albert en Ouganda, et au Soudan : le réservoir à capacité saisonnière de Nimulé, le creusement du canal de Jongleï et le barrage de Gambela ;
- sur le Nil Bleu : le réservoir de stockage pluriannuel du lac Tana en Ethiopie et l'élévation du barrage de Rosières au Soudan ;

- sur le Nil en aval de Khartoum : le barrage de Mérowé à l'emplacement de la quatrième cataracte.

Mais à partir de 1953, suite à la décision des Soudanais de créer leur propre Etat, les projets relatifs à l'aménagement du haut Nil furent suspendus au profit du projet de construction du haut barrage d'Assouan. La prise du pouvoir par *les officiers libres*, amena l'Egypte à opter pour une nouvelle stratégie hydraulique vis-à-vis des Etats de la vallée du Nil, la construction du haut barrage.

Les premières réactions à l'annonce du projet du haut barrage vinrent du Soudan. Les nouveaux dirigeants soudanais, soucieux d'atteindre l'autosuffisance alimentaire, réclamèrent la révision de l'accord anglo-égyptien signé en 1929.

De l'avis des spécialistes, c'est la décision de l'Egypte de construire un haut barrage à l'intérieur de ses propres frontières qui fut à l'origine de l'accord de partage des eaux du Nil, dit de 1959 (AYEB H., 1998).

Cet accord, conclu entre l'Egypte et le Soudan le 8 novembre 1959, porte sur un nouveau partage des eaux du Nil, l'aménagement et les travaux de contrôle de ces eaux.

L'accord anglo-égyptien de 1929 fixait les droits acquis à 48 milliards de m^3 et à 4 milliards de m^3 par an mesurés à Assouan, pour les Egyptiens et les Soudanais respectivement.

L'accord du 8 novembre 1959 a tenté de corriger cette forte inégalité de départ en adoptant un système de partage à la suite de la construction du haut barrage d'Assouan. Ainsi, la part des eaux du Nil allouée à l'Egypte est de 55,5 milliards de m^3 contre 18,5 milliards de m^3 pour le Soudan.

Cet accord stipule que les deux parties consentiraient à la construction du haut barrage par l'Egypte « dans le but de régulariser les eaux du fleuve et de contrôler son écoulement dans la mer » (Article 2, paragraphe 1), et la construction par le Soudan « de tout ouvrage » qu'il « jugera nécessaire pour l'utilisation de sa part d'eau » (Article 2, paragraphe 2).

« Sur le fond, l'accord de 1959 n'apporte aucun élément nouveau qui permettrait d'esquisser un régime juridique général de partage des eaux des fleuves internationaux; le règlement du Nil constitue un exemple classique de ce que la Cour Internationale de Justice a pu appeler « des décisions inspirées de considérations de convenance ou de simple opportunité politique » comme le vérifie la mise en œuvre du partage des eaux » (WOLFORM M., 1964).

Dans un cours d'eau qui touche dix Etats, un accord intervenant entre deux de ces Etats ne constitue pas un règlement définitif. Cet accord était une « solution d'attente, car un règlement durable du régime juridique des eaux du Nil exige une confrontation générale de tous les riverains » (WOLFORM M., 1967). La gestion d'un cours d'eau comme le Nil doit tenir compte de la situation d'ensemble de tous les Etats riverains du cours, afin qu' « à l'unité hydrologique pourrait correspondre une certaine unité juridique » (WOLFORM M., op. cit.).

L'accord de 1959 est intéressant dans la mesure où il reconnaît l'existence du droit des autres riverains d'une façon explicite et annonce que chaque fois qu'une revendication est faite par les riverains non signataires, celle-ci doit être prise en considération par l'Egypte et le Soudan. Tout volume d'eau que les deux gouvernements alloueront aux nouveaux demandeurs sera déduit à parts égales des attributions de l'Egypte et du Soudan telle qu'elles seront mesurées à Assouan (Article 3, paragraphe 2).

Comme le constate Tarek MAJZOUB (1994), cette clause est sans doute l'une des plus dignes d'être notées puisqu'elle ouvre la voie à un règlement multilatéral que d'autres traités sur le Nil ignoraient.

Comme expliqué précédemment, plusieurs traités visant l'internationalisation du Nil ont été conclus entre les Etats colonisateurs de la vallée du Nil à la fin du 19e et au début du 20e siècles.

En l'absence d'une convention générale reconnue à l'échelle internationale ou du moins à l'échelle régionale, les traités relatifs au Nil, antérieurs à l'indépendance, sont l'objet de différentes interprétations. Au centre du débat sur la question du Nil, une interrogation d'ordre juridique : les traités des anciennes puissances coloniales sont-ils toujours valables ? Comme le signale Tarek MAJZOUB (1994), la question n'est pas purement académique, car dans cette réponse se joue le partage des eaux du Nil et le destin des peuples du bassin du Nil.

Dans la doctrine et la pratique internationale, il est reconnu que les obligations du prédécesseur ne doivent pas être dévolues automatiquement au successeur, sauf à travers un nouvel accord les modifiant ou les authentifiant.

Certains Etats, nouvellement indépendants, ont commencé par la dénonciation ou l'abrogation de ces traités. Ils estimaient que leur maintien était de nature à limiter leur droit de régler leurs problèmes avec leurs voisins en toute liberté.

Cela dit, une simple dénonciation unilatérale ne suffit pas pour abroger un traité. Aussi la question reste-t-elle posée de savoir sur quels fondements juridiques certains Etats ont annulé le régime juridique de certains cours d'eau dont ils avaient hérité. Trois arguments peuvent être avancés pour tenter d'expliquer l'abrogation de ces traités après l'accès des Etats à l'indépendance : le principe d'indépendance, la souveraineté permanente des Etats sur leurs ressources et richesses naturelles et la clause *les choses étant en l'état* (la clausula rebus sic stantibus).

Selon le principe d'indépendance[22], un Etat nouvellement indépendant ne peut être lié par des traités qu'il n'a pas signés. Toutefois comme le signale Tarek MAJZOUB (1994) « la portée de ce principe n'est pas négatif (...). Mais

---

[22]En politique indépendance veut dire affranchissement des liens du passé.

un tel argument, poussé à son extrême logique, torpille indubitablement les fondements de l'obligation en droit international. Il est par conséquent nécessaire de trouver un juste milieu entre le caractère sacré des obligations internationales et l'efficacité de l'indépendance politique ».

Les Etats nouvellement indépendants s'appuient sur la clause *les choses étant en l'état* pour légitimer l'abrogation unilatérale des traités conclus par les anciennes puissances coloniales en leur nom. Le principe de *la table rase* adopté par la Convention de Vienne de 1978[23] est venu conforter cette clause. Dans l'article 16, la Convention annonce qu' « un Etat nouvellement indépendant n'est pas tenu de maintenir un traité en vigueur ni d'y devenir partie du seul fait qu'à la date de la succession d'Etats le traité était en vigueur à l'égard du territoire auquel se rapporte la succession d'Etats ».

Toutefois, ceux qui reconnaissent la nécessité *d'un Etat de droit* dans la communauté internationale ne devraient pas avoir recours à cette clause déconsidérée. Le professeur Hans KELSEN (1952) affirme que cette clause « est en opposition avec l'un des objectifs les plus importants de l'ordre juridique international, celui de stabiliser les relations internationales ». Dans ce même ordre d'idée, des juristes de la Commission du droit international ont admis qu'il était vital de prévoir une exception au principe de *la table rase*.

Enfin, le principe de la souveraineté permanente des Etats sur leurs richesses et leurs ressources naturelles a été inscrit en 1952 dans les résolutions 523 (VI) et 626 (VI) de l'Assemblée générale des Nations-Unies. Dans ces résolutions il a été question du « droit des peuples d'utiliser et d'exploiter librement leurs richesses et leurs ressources naturelles qui est inhérent à leur souveraineté et conforme aux buts et aux principes de la Charte ».

« En somme, on peut dire qu'il ressort que le droit des peuples à disposer d'eux-mêmes, dans la dimension politique, a été clairement consacré par la pratique et qu'il est effectivement devenu partie intégrante de l'ordre juridique positif. Quant au droit des peuples à disposer de leurs richesses et ressources naturelles, en tant que dimension économique du droit des peuples à disposer d'eux-mêmes, il culmina au début des années 1980. Ce concept implique pour son titulaire le droit de dénoncer en tout temps ses accords en vertu du droit à la libre disposition que l'on veut considérer comme un droit inhérent à l'Etat. Ainsi, en dénonçant les accords antérieurs, les Etats riverains ne font qu'exercer leurs prérogatives d'Etats souverains » (MAJZOUB T., op. cit.).

En l'absence d'un règlement conventionnel spécifique entre les Etats riverains du Nil et leurs prédécesseurs Anglais, Français et Belges, des solutions théoriques ont été prévues par la Convention de Vienne concernant la succession d'Etats en matière de traités.

---

[23] Cette Convention a été faite à Vienne le 23 août 1978 et entrée en vigueur le 6 novembre 1996 (Recueils desTraités, vol.1946, Nations–Unies).

2.5 Aspects internationaux de la gestion du conflit[24] d'eau dans le bassin du Nil

L'eau du Nil n'est pas seulement une ressource pour les Etats du Nord-Est africain. Elle est un enjeu vital pour ces pays.

Selon le rapport du PNUD (2006), 358,9 millions de personnes vivent dans les pays nilotiques et disposent d'un produit intérieur brut moyen par habitant (PIB/hab.) équivalent à 420 dollars. Les estimations signalent que la moitié de cette population dépend des eaux du Nil.

Faute d'un accord entre les différents riverains, la pression sur les eaux du Nil va accroître inévitablement les tensions dans la région. Mis à part le fait que des Etats riverains du Nil Blanc (Rwanda, Burundi, République démocratique du Congo, Tanzanie, Ouganda et Erythrée) ne contribuent pas de façon substantielle au débit du Nil comme le font l'Ethiopie, et le Soudan, ils n'ont pas de problèmes de rareté d'eau grâce à leur situation dans la zone équatoriale. La faible dépendance de ces Etats vis-à-vis du Nil et leur apport hydraulique marginal au débit de ce fleuve nous amènent à nous concentrer sur l'Egypte, le Soudan et l'Ethiopie. Toutefois, dans les domaines de la coopération économique, technique et juridique le rôle de ces Etats est incontournable.

2.5.1 L'Ethiopie et le Nil

Paradoxalement, l'Ethiopie est le pays qui dispose du réseau hydrographique le plus dense d'Afrique, après celui de la République démocratique du Congo, et où la sécheresse et la famine font partie du lot quotidien. Voici un pays où l'irrigation peut changer radicalement la donne. 3 % seulement des 3,7 millions d'ha potentiellement irrigables le sont en définitive. Compte tenu de la position géostratégique de l'Egypte, les bailleurs de fonds internationaux se sont abstenus de tous projets d'aménagement en amont.

2.5.1.1 Géographie, économie et population en Ethiopie

L'Éthiopie, un pays situé dans la Corne de l'Afrique, est limitée au nord-est par l'Érythrée et Djibouti, au sud-est par la Somalie, au sud-ouest par le Kenya, et à l'ouest par le Soudan. L'Éthiopie couvre 1 104 300 km², soit l'équivalent de l'Égypte ou de deux fois la France.

---

[24] Gestion du conflit: terme générique qui se rapporte à toutes les interventions dans un conflit dans le but de résoudre des problèmes, transformer des relations et changer des structures.

L'Ethiopie comptait 75,6 millions d'habitants en 2004 (PNUD, 2006) dont 84 % étaient des ruraux. La croissance démographique est estimée à 2,3 % par an. Seulement 22 % de la population totale de l'Ethiopie ont eu accès à l'eau potable en 2002, dont 81 % dans les milieux urbains et moins de 11 % dans les milieux ruraux. Le produit intérieur brut de l'Ethiopie est estimé en 2004 à 8 milliards de dollars (PNUD, op. cit.) avec une croissance annuelle de 2,7 %. Pour la même année, l'agriculture représentait 42 % du PIB et à peu près 85 % des exportations du pays. Toutefois, la valeur des importations et de loin supérieure à celle des exportations. En 2001, les importations et les exportations alimentaires étaient respectivement de l'ordre de 26 283 millions de tonnes (193,7 millions de $) et 1 584 millions de tonnes (138,7 millions de $). Près de 81 % de la population active travaille dans l'agriculture. La superficie cultivée couvrait environ 10,7 millions d'ha en 2002 dont 10 millions d'ha sous forme de terres arables et 0,7 million d'ha sous forme de cultures permanentes (Voir tableau 2.3).

Tableau 2. 3: Caractéristiques géographiques, économiques et population en Ethiopie

Superficies physiques	
Superficie du pays	110 430 000 ha
Superficie cultivée (terres arables et cultures permanentes)	10 671 000 ha
en % de la superficie du pays	10%
terres arables (cultures temporaires, prairies et jachères temporaires)	190 000 ha
cultures permanentes	50 000 ha
Population	
Population totale	75,6 millions
dont rural	84%
Densité de population	66 hab. / km²
Population active	33,264 millions
en % de la population totale	44%
féminine	42%
Masculine	58%
Population active dans le secteur agricole	26,944 millions
en % de la population active	81%
féminine	40%
masculine	60%
Economie et développement	
Produit intérieur brut	8 milliards de $
Valeur ajoutée du secteur agricole (% du PIB)	6,3%
PIB par habitant	106 $
Accès aux sources améliorées d'eau potable	
Population totale	22%
Population urbaine	81%
Population rurale	11%

Sources : AQUASTAT 2005, FAO et PNUD 2006.

2.5.1.2 L'eau et son utilisation en Ethiopie

L'Ethiopie est dotée d'un réseau hydrographique dense. Le potentiel des ressources en eau de surface est impressionnant, mais très peu développé. Le réseau hydrographique s'organise autour de quatre principaux systèmes de drainage :

- le bassin du Nil qui contient le Nil Bleu, Baro-Akobo, Setit-Tekeze/Atbara et Mereb et couvre 33 % du pays ;
- la vallée du Rift qui contient l'Awash, le Denkali, l'Omo-Gibe et les lacs du centre et couvre 28 % du pays ;
- le bassin de Shebelli-Juba qui contient le Wabi-Shebelle et Genale-Dawa et couvre 33 % du pays ;
- la côte nord-est contient l'Ogaden et le bassin du golfe d'Aden et couvre 6 % de la superficie du pays.

Une étude réalisée par le Ministère éthiopien des ressources hydrauliques (2001) estime que le total des ressources en eau renouvelable interne par an de neuf fleuves du pays est égal à 122 milliards de m³. 76 % de cette eau sont fournis par une zone qui ne représente que 32 % de la superficie totale du pays. La majorité des fleuves en Ethiopie est saisonnière et près de 70 % des écoulements sont obtenus durant la période de juin et août (Voir tableau 2.4).
Les informations sur la répartition de l'eau en Ethiopie entre les différents usagers sont difficiles à obtenir. Toutefois, nous pouvons dire que les prélèvements les plus importants sont effectués pour satisfaire les besoins agricoles. Ces prélèvements sont estimés à 5,2 milliards de m³ pour l'agriculture, 0,33 milliard de m³ pour les usages domestiques et 0,02 milliard de m³ pour le secteur industriel (FAO, 2005).
Près de 62 % des zones équipées pour l'irrigation sont situées dans la vallée du Rift alors que 29 %, seulement, le sont dans le bassin du Nil éthiopien. Les 9 % restants sont situés dans le bassin de Shebelli-Juba. Presque 100% des terres cultivées en Ethiopie sont irriguées par des eaux de surface alors que l'utilisation des eaux souterraines vient à peine de commencer à petite échelle dans l'Est d'Amhara. L'irrigation par aspersion utilisée pour la production de la canne à sucre n'est pratiquée que sur près de 2 % des terres tandis que l'agriculture localisée a été introduite récemment dans les régions de Tigré et d'Amhara.

Tableau 2. 4: ressources en eau et prélèvement

Les ressources en eau renouvelables	
Précipitations moyennes	848 mm/an
	936 milliards de m³/an
Ressources en eau renouvelables internes	122 milliards de m³/ an
Ressources en eau renouvelables réelles totales	122 milliards de m³/an
Indice de dépendance	0 %
Ressources en eau renouvelables réelles totales par habitant	1685 m³ par an
Capacité totale des barrages	3,458 milliards de m³
Prélèvements en eau	
Prélèvement total en eau	5,558 milliards de m³/an
irrigation + élevage	5,204 milliards de m³/an
collectivités	333 millions de m³/an
industrie	21 millions de m³/an
par habitant	81 m³/an
en % des ressources en eau renouvelables réelles totales	4,6 %

Source : AQUASTAT 2005, FAO

Dans l'Etat actuel des choses, même avec des rendements exceptionnels dans le domaine de la production pluviale, l'Ethiopie ne pourra pas faire face à son déficit alimentaire. Avec une pression démographique dans les hauts plateaux éthiopiens, une agriculture pluviale et un rapide déclin des ressources naturelles de base, l'Ethiopie a fait de l'agriculture irriguée son cheval de bataille. Cependant, même si l'Ethiopie dispose de suffisamment de terres et de ressources en eau pour assurer l'irrigation des zones planifiées, elle n'est pas maîtresse de sa richesse hydrologique.

L'Ethiopie a refusé de reconnaître la validité des accords de 1902, dénoncé ceux de 1929 et considéré ceux de 1959 comme nuls et non avenus (WONDIMNEH T., 1979).

Une des questions essentielles de nature juridique qui se pose dans le combat que se livrent l'Ethiopie, le Soudan et l'Egypte pour un nouvel accord sur le partage des eaux du Nil, est celle de savoir si le Nil est un fleuve international ou non. La question n'est pas uniquement d'ordre académique. Du statut juridique de ce fleuve découlera le régime de sa gestion.

En l'absence d'une convention reconnue à l'échelle internationale[25], les règles d'Helsinki sont l'objet de différentes interprétations, qui varient en fonction des intérêts des Etats. C'est ainsi que l'Etat éthiopien invoque le fait que le Nil n'est pas navigable sur toute sa longueur pour lui refuser le statut de fleuve international[26]. A plusieurs reprises, l'Ethiopie a fait savoir qu'elle ne ferait aucune concession à des Etats qui, pourtant situés plus en aval, lui refusaient un droit sur ses eaux. Comme preuve de fermeté, les Ethiopiens refusent d'envisager une politique hydraulique commune avec les autres riverains du Nil.

Les Egyptiens et les Soudanais, quant à eux, considèrent le Nil comme un fleuve international en se basant sur le fait qu'il est navigable sur plusieurs parties de son cours.

Si le Nil est reconnu comme un fleuve international, l'Ethiopie est tenue de respecter *les droits acquis* de chacun des Etats de l'aval du fleuve à savoir le Soudan et l'Egypte ainsi que les accords de 1959. Dans le cas contraire, l'Ethiopie pourrait aménager et exploiter la partie du fleuve qui traverse son territoire sans en référer aux Etats de l'aval.

Comme le signale Habib AYEB (1992), « la tactique éthiopienne est double : tout d'abord, ne jamais reconnaître au Nil le statut de « fleuve international », de manière à se réserver la possibilité d'un aménagement unilatéral du Nil Bleu et d'autres affluents qui prennent leur source, comme lui, dans le territoire éthiopien. Ensuite, et par conséquent, refuser systématiquement les accords de partage des eaux du fleuve, notamment ceux de 1959, et les différentes propositions en vue d'une gestion collective ».

L'objectif des Ethiopiens est clair : se servir du Nil comme un moyen de pression permanente sur le Soudan et l'Egypte pour les amener à ne pas

---

[25] L'Etat éthiopien s'est abstenu au moment du vote à l'Assemblée générale des Nations-Unies de la convention de 1997 sur *les cours d'eau pour d'autres usages que la navigation*.
[26] Le Nil n'est pas navigable que sur une portion interétatique. A son extrémité sud, c'est seulement la partie entre le lac Albert et la Nimulé, entièrement en Ouganda, qui est navigable. De Nimulé jusqu'à Radjaf, le Nil ne se prête pas à la navigation à cause de son lit étroit, et de ses rives élevées et des nombreux rapides qui le traversent. C'est seulement depuis Radjaf jusqu'à Khartoum que le fleuve est utilisable pour la navigation. D'autre part, le Nil Bleu est uniquement navigable sur l'étendue entre Roseires et Sennar. Après Khartoum, le Nil devient impraticable pour la navigation à cause des cataractes qui traversent son cours entre la capitale soudanaise et Wadi Halfa, ville frontalière entre le Soudan et l'Egypte. De Wadi Halfa au Shellal en Egypte, le fleuve est ouvert à la navigation. Au-delà du Shellal et du barrage d'Assouan, le Nil devient l'un des moyens les plus importants pour le transport de la Haute Egypte à la Méditerranée.

s'ingérer dans les affaires éthiopiennes voir à soutenir l'Etat éthiopien dans sa politique locale, régionale, et même internationale.

Cette attitude n'est pas nouvelle. La grande partie des ouvrages historiques mentionnent que les Ethiopiens ont souvent utilisé le Nil comme une arme pour faire pression sur l'Egypte. A chaque fois que l'Egypte menaçait de lancer une campagne punitive en Abyssinie, l'Empereur répliquait qu'il ferait détourner les eaux du Nil.

De l'autre côté, historiquement, l'Eglise éthiopienne appartient sur le plan théologique et liturgique à l'Eglise copte d'Alexandrie[27]. Politiquement, cette appartenance à l'Eglise d'Alexandrie a été ressentie dans l'histoire éthiopienne comme une dépendance. C'est le patriarche d'Alexandrie qui désignait et envoyait, jusqu'en 1959, le métropolite d'Ethiopie. Cette désignation était une arme dans la main du Calife d'Egypte annulant la dépendance des Egyptiens vis-à-vis du Nil par rapport aux Ethiopiens. Même si la désignation du métropolite d'Ethiopie par l'Eglise d'Alexandrie a pris fin, la relation des autorités de l'Eglise copte égyptienne, même symbolique, continue à avoir une influence non négligeable sur les hommes politiques éthiopiens.

Dans le contexte actuel, les Coptes égyptiens peuvent jouer le rôle de catalyseur dans les négociations entre l'Egypte et l'Ethiopie. En retour, les Egyptiens feront en sorte que la situation et le statut des Coptes s'améliorent débouchant ainsi sur la sécularisation de l'Etat égyptien. Pourrons-nous dire un jour que la sécularisation de l'Egypte est un don du Nil ?

Le pays qui comptait 75,6 millions d'habitants en 2004 et atteindra 97,2 millions d'habitants en 2010 et dispose d'un PIB par habitant de 106 dollars (PNUD, 2006), est confronté à des très graves séquences de sécheresse. Pour faire face à cette situation alarmiste, la solution incontournable est le développement des superficies irriguées. Depuis longtemps, l'Etat éthiopien projetait de construire des ouvrages hydrauliques pour le stockage de l'eau et la production de l'énergie hydroélectrique. Ces dernières années, des études de faisabilité ont même été réalisées. La première étude exhaustive sur l'utilisation rationnelle des eaux du Nil en Ethiopie a été menée par le Bureau américain pour la bonification des terres agricoles entre 1958 et 1964, à une époque où les relations entre Le Caire et les Etats-Unis étaient très tendues. Elle préconisait la construction de 26 barrages qui pourraient fournir de l'eau pour l'irrigation et de l'énergie hydroélectrique. Jusqu'à aujourd'hui, l'Ethiopie n'a pas réussi à mettre ses projets à exécution. Seul un projet le long de l'affluent du Nil Bleu, Finichia, a été réalisé et mis en service en 1975. Ce projet comporte une superficie irriguée et permet, essentiellement, la production d'électricité grâce à une centrale hydroélectrique d'une capacité de 100 mégawatts (MW). L'échec des différents projets, proposés par le Bureau américain pour la

---

[27] L'Eglise copte d'Alexandrie est l'une des trois Eglises chrétiennes orientales non chalcédoniennes, c'est-à-dire séparée des Eglises byzantins et romains depuis le Concile de Chalcédoine de 451.

bonification des terres agricoles, s'explique par la situation économique et institutionnelle limitée de l'Ethiopie, la complexité hydropolitique du bassin du Nil, l'instabilité politique dans les pays de la Corne de l'Afrique et le refus du financement de la part de la Banque mondiale.

Le potentiel de l'énergie hydroélectrique en Ethiopie est estimé à peu près 30 000 MW dont seulement 1,4 % a été mis en oeuvre. Quant au potentiel d'irrigation, il est de 2 millions d'ha dans le bassin versant du Nil Bleu. Durant les quinze années à venir, 120 000 ha d'irrigation à grande échelle et 120 000 ha à petite échelle ont été planifiés par l'Ethiopie (ARSANO Y., 2004). En moyenne, 5 000 m^3 d'eau par ha et par an sont utilisés en Ethiopie (WATERBURY J. et WHITTINGTON D. 1998), ce qui signifie que les projets planifiés nécessiteront 1,2 milliards de m^3 d'eau par an soit 1,6 % de la quote-part de l'Egypte et du Soudan telle que prévue par les accords de 1959. Si les 2 millions de ha seraient irrigués, 11 milliards de m^3 par an soit 15% de la quote-part du Soudan et de l'Egypte dans le Nil, seraient exigés. Toutefois, si le plan global d'aménagement des sources éthiopiennes du Nil, bonification des terres irriguées et la mise en valeur de l'énergie hydroélectrique, venait à être réalisé, il exigerait au total un prélèvement de 5,4 milliards de m^3 d'eau par an sur les eaux du Nil (AYEB H., 1992). Cette mise en œuvre serait une catastrophe pour l'Egypte et le Soudan, déjà en situation de *stress hydrique*.

Pour l'instant, la situation économique et politique désastreuse de l'Ethiopie et le statut militaire et politique de l'Egypte dans la région empêchent les Ethiopiens d'aller jusqu'au bout de leurs projets. Toutefois, la position géostratégique de l'Ethiopie et le contexte politique actuel dans la Corne d'Afrique faciliteraient l'obtention d'un financement par les Ethiopiens, auprès de l'une ou l'autre des puissances qui essayent d'exercer un contrôle sur la Mer Rouge ou sur le Nil, ou sur les deux à la fois.

Les Israéliens n'ayant pas pu obtenir des Egyptiens, lors des négociations de Camp David I, un accord pour un détournement des eaux du Nil vers le Néguev, ils se sont retournés vers l'Ethiopie. Depuis 1989, l'Ethiopie a rétablit ses relations diplomatiques avec Israël. Un marché a été conclu entre les deux Etats annonçant une aide technique et financière de l'Etat hébreu en contrepartie d'un accord de l'Ethiopie pour l'émigration des Juifs Falachas vers Israël (AL-ALI SIRI AL-DIN A., 1998). Les ingénieurs et techniciens israéliens avaient pour mission de travailler aux préparatifs de construction de trois barrages dans la région du lac Tana dans le cadre d'un vaste projet destiné à améliorer l'agriculture et l'irrigation du pays, mais qui permettrait aussi de contrôler le débit des eaux qui coulent vers l'Egypte et le Soudan. Pour les Egyptiens ce projet de barrages est déjà apparu comme un casus belli entre les deux pays. L'inquiétude de l'Egypte est motivée en grande partie par la coopération entre l'Ethiopie et Israël qui poursuit par là des objectifs stratégiques. En venant en aide à l'Ethiopie pour réaliser ses ouvrages hydrauliques sur le Nil, Israël tend à faire pression sur l'Egypte, renforcer le rôle de l'Ethiopie dans la région et contrecarrer l'encerclement arabo-musulman dans cette partie de la Corne de l'Afrique.

2.5.2 Le Soudan et le Nil

Situé au nord-est de l'Afrique à la charnière des mondes arabo-musulman et africain, le Soudan est le plus vaste des pays du continent africain avec 2,5 millions de km², ce qui en fait un pays 82 fois plus grand que la Belgique et presque aussi grand que l'Union européenne.

En 2004, la population du Soudan était estimée à 35,5 millions d'habitants, mais les estimations pour 2015 sont de l'ordre de 44 millions d'habitants, et le PIB par habitant pour l'année 2004 a été de 594 dollars (PNUD, 2006).

Etant donné que le Soudan partage ses frontières avec huit pays : l'Egypte au nord, l'Ethiopie à l'est, le Kenya, l'Ouganda et la République démocratique du Congo au sud, la République centrafricaine, le Tchad et la Libye à l'ouest, toutes les diversités ethniques et culturelles des Etats voisins se retrouvent à l'intérieur du Soudan, ce qui fait du pays un microcosme afro-arabe.

Les Egyptiens ont toujours considéré le Soudan comme leur zone d'expansion naturelle, une sorte de réserve en eau et en sol en mesure d'accueillir plusieurs millions de personnes.

Au lendemain de la seconde guerre mondiale, l'Angleterre, optant pour une politique de décolonisation, décide d'agir pour une indépendance totale du Soudan.

Face aux Britanniques, l'Egypte exige l'unification de la vallée du Nil en un seul Etat. Pour les Egyptiens, il s'agissait de s'assurer un contrôle total sur les sources du Nil indispensable à l'agriculture et pour l'ensemble du pays et d'empêcher l'émergence d'un Etat hostile dans la partie méridionale de la vallée. Le 21 juin 1924, Izzat Pacha, ambassadeur d'Egypte à Londres, déclare pour exprimer aux Britanniques la ferme opposition des Egyptiens à une indépendance du Soudan : « Vos intérêts dans la vallée du Nil ne sont que commerciaux et économiques. Pour nous, il ne s'agit pas d'intérêts, il s'agit d'une question de vie ou de mort. L'Egypte est un pays que les pluies ne fécondent pas et où la population croît sans cesse. Il lui faut donc de l'eau et un débouché pour son excédent de population. Le Soudan les lui offre tous les deux. (…) Vous, vous avez plusieurs colonies, nous, nous n'avons que le Soudan. » (NAGUIB M. A., 1933).

Mais cet appel n'a pas convaincu la Grande-Bretagne de changer d'attitude et d'envisager un rattachement du Soudan à l'Egypte. Des manifestations anti-anglaises et contre l'indépendance ont été organisées partout en Egypte.

Il faudra attendre le 12 février 1953 pour que l'Egypte et la Grande-Bretagne signent un accord invitant la population soudanaise à se prononcer, par voie de référendum, sur l'indépendance totale ou le rattachement de leur pays à l'Egypte. Le référendum aboutit à un vote massif pour l'indépendance du Soudan. C'est ainsi que la continuité de la vallée du Nil est rompue.

Par ailleurs, l'indépendance du Soudan et la rupture de la vallée du Nil ont eu des conséquences politiques et géopolitiques importantes. D'une part, les populations du Sud-Soudan, absentes des pourparlers qui aboutirent au référendum, se sont organisées pour contester à Khartoum tout pouvoir sur les provinces méridionales. Le 1er janvier 1956, les habitants du Sud-Soudan entraient dans une longue guerre civile. D'autre part, c'est l'indépendance du Soudan qui est à l'origine de la décision *des officiers libres*, qui s'emparèrent du pouvoir en l'Egypte en 1952, de construire le haut barrage d'Assouan.

Par ailleurs, c'est la décision du Caire de construire un haut barrage à l'intérieur de ses propres frontières qui a été à l'origine des accords de partage des eaux du Nil, dits de 1959.

Les points les plus importants de cet accord étaient le partage des eaux du Nil à raison de 55,5 milliards de m³ pour l'Egypte et 18,5 milliards de m³ pour le Soudan et l'acceptation par les Egyptiens de la construction de deux barrages soudanais, Roseirs sur le Nil Bleu et Khashm el Gibra sur l'Atbara. Une clause de cet accord a été réservée au creusement du canal de Jongleï dans le Sud-Soudan, au profit des deux Etats.

Achevé en 1964, le barrage de Khashm el Gibra possède une retenue de 1,2 milliard de m³ qui permet l'irrigation du périmètre de la Nouvelle Halfa. Le barrage Roseirs, achevé en 1966 possède quant à lui une capacité de retenue de 3 milliards de m³ et permet une extension de l'irrigation dans la Gézira et la production d'électricité pour alimenter la capitale soudanaise.

Ces deux barrages ont été à l'origine de l'extension des superficies irriguées qui représentent actuellement au Soudan 1,68 million de ha. Toutefois, construits sur des fleuves très limoneux, ils s'envasent très vite. Cet envasement réduit la capacité d'emmagasinage et de la production électrique.

L'accord de 1959 a permis au Soudan de disposer d'un surplus hydraulique inutilisé de 1,5 milliard de m³ jusqu'à la fin des années 1970. Depuis cette période, la mise en valeur de nouveaux périmètres et la sécheresse de ces dernières années ont amené le Soudan à consumer ce surplus.

L'accord de 1959 avait prévu, aussi, la réalisation de travaux ultérieurs pour répondre à des éventuels besoins en eau. Menacé par une baisse de ses disponibilités en eau, le Soudan a entrepris au milieu des années 1970 des négociations qui se sont soldées par un accord avec l'Egypte pour le creusement du canal de Jongleï dans le Sud-Soudan. Ce canal avait pour objectif la mise en valeur de la grande cuvette du haut Nil, Bahr al Ghazal, communément connue sous le nom du Sudd. Les travaux devaient être financés conjointement par les deux Etats, avec partage des volumes d'eau éventuellement récupérés. Le premier élément de la mise en valeur a été le creusement du canal de Jongleï sur une longueur totale de 360 km de Bor à Malakal. En coupant la grande boucle du Nil Blanc dans les marais du Sudd, le canal aurait favorisé l'écoulement et limiterait les pertes par évaporation. La quantité d'eau récupérée par le canal de Jongleï aurait été de 4,2 milliards de m³ d'eau à Assouan dont 2,3 milliards de m³ pour l'Egypte et 1,9 milliard de m³ pour le Soudan. Mais c'était sans compter avec la réaction de la population du Sud-Soudan et avec celle des autres Etats riverains du Nil, particulièrement l'Ethiopie, qui ne pouvaient laisser les deux Etats de l'aval continuer à aménager à leur guise le Nil et ses affluents.

Comme le rappelle Habib AYEB (1998) : « Le Sud-Soudan présente le double « inconvénient » d'être à la fois le pays du Nil Blanc et des marécages du Sud riches en eau, en sols cultivables et en ressources minières dont la plus importante le pétrole et le « pays » de populations africaines, chrétiennes ou animistes, pas ou peu « islamisées » et encore moins « arabisées », et dont l'histoire et les origines ethniques s'opposent à celle du Nord ».

En plus des questions liées à la gestion des eaux du Nil et aux droits respectifs de l'ensemble des peuples et Etats riverains du bassin du fleuve, les populations du Sud-Soudan, en opposition avec le régime de Khartoum, considèrent que la construction du canal Jongleï porte en lui les germes d'un projet géopolitique redoutable. Pour eux, un axe de communication facile, une voie fluviale navigable, une route ou un chemin de fer, entre le Nord et le Sud est d'abord perçu comme un axe de pénétration à usage militaire dans une région où les difficultés du terrain sont, justement, en faveur de la guérilla du Sud-Soudan et un prélude à l'arrivée de milliers *de colons* venus du Nord-Soudan voire même d'Egypte.

Quand, en octobre 1974, les populations du Sud-Soudan ont eu connaissance du projet du canal de Jongleï, des manifestations ont éclaté dans tout le Sud et surtout à Juba. Malgré le soutien de la guérilla, des mouvements écologistes européens[28] et de l'Ethiopie, la population du Sud-Soudan ne parvient pas à empêcher le début des travaux en 1978 et même la réalisation d'une grande partie du projet à savoir 180 km sur 360 km. Ce n'est qu'en 1983 avec la reprise de la guerre civile que les travaux sont interrompus.

Une des premières opérations militaires dirigées par la guérilla de Garang, chef de l'Armée de libération du peuple du Soudan (SPLA), a été conduite contre le chantier du canal de Jongleï et celui des premiers forages de pétrole à Bentiu.

Il est très difficile d'affirmer que le projet du canal de Jongleï a été d'une manière directe à l'origine du deuxième soulèvement armé des populations du Sud. Toutefois, d'autres événements politiques dont la promulgation en septembre 1983 des lois économiques et qui instaurent la sharia ont eu certainement beaucoup de poids aussi.

---

[28] L'assèchement des marais du Sud-Soudan qui constituent les sites d'hivernage de l'avifaune européenne pourrait représenter un désastre écologique.

Mais on ne peut qu'observer que l'arrêt du creusement du canal Jongleï a été causé par un acte de la guérilla qui escomptait, dans la pratique, limiter les avantages économiques dont auraient bénéficié les régimes de Khartoum et du Caire, et, sur le plan politique, laisser traduire ce sabotage par un geste de souveraineté. De même, il est impossible d'ignorer que la guérilla qui avait organisé et mené l'attaque contre le chantier du canal été soutenue par les Ethiopiens.

Derrière le projet du canal de Jongleï se trouve l'Egypte. Derrière l'arrêt des travaux du canal de Jongleï se trouve l'Ethiopie qui avait, jusqu'au départ de Menguistu et la chute du régime marxiste en 1991, apporté un soutien logistique et politique assez important à la guérilla sud soudanaise. Entre les deux le Soudan partagé : le Nord historiquement lié à l'Egypte, le Sud par nécessité allié à l'Ethiopie. Le Nil voué à assurer la liaison entre l'Ethiopie, le Soudan et l'Egypte est devenu entre eux un facteur de division.

L'arrêt des travaux du canal de Jongleï n'est pas dû uniquement à l'opposition du Sud ou aux agissements politiciens qu'ils soient d'origine soudanaise ou autres. Il est question, à mon avis, de l'incapacité de l'Etat soudanais à mettre sur pied des projets d'une telle ampleur. D'une part le Soudan ne possède pas les moyens financiers et technologiques indispensables à la réalisation de tels projets. Une situation économique désastreuse, des infrastructures particulièrement limitées et un contexte international peu favorable aux investissements étrangers rendent quasiment impossible toute exploitation des richesses du pays. D'autre part, le régime de Khartoum ne contrôle pas la totalité du territoire soudanais et ne peut faire face à des soulèvements locaux plus ou moins forts.

Les difficultés actuelles de l'Etat soudanais viennent du fait de vouloir intégrer, par la force et contre leur volonté, des populations culturellement, ethniquement et religieusement différentes dans un grand projet de création d'un Etat islamique soudanais.

C'est dans ces différents facteurs et dans ce cadre qu'il faudrait étudier les raisons de l'échec de tout projet politique envisagé par Khartoum et l'immobilisme hydropolitique de la vallée du Nil.

Il est très difficile d'affirmer que le soutien des Etats étrangers et particulièrement celui de l'Ethiopie à la guérilla du SPLA est uniquement lié au projet du creusement du canal de Jongleï. Mais il faut voir dans la stratégie de l'Etat Ethiopien en particulier un moyen de pression sur l'Egypte et le Soudan pour les amener à renégocier les accords de 1959 portant sur le partage des eaux du Nil.

Il semble bien que la fin des hostilités entre le régime de Khartoum et la guérilla du Sud-Soudan ne suffira pas à relancer le projet du creusement du canal de Jongleï. Ni l'Egypte et encore moins le Soudan ne disposent aujourd'hui des moyens politiques et économiques pour relancer ce projet. Une renégociation préalable avec les autres Etats riverains du Nil, et particulièrement l'Ethiopie et l'Ouganda, reste une condition sine qua non pour réussir ces ouvrages et éviter de retomber dans le piège du fait accompli peu propice à la coopération entre les Etats.

2.5.3 L'Egypte et le Nil

L'Egypte est un don du Nil, cette expression a été sans cesse répétée depuis Hérodote. Pendant des millénaires, grâce aux eaux abondantes et limoneuses de ce grand fleuve, les Egyptiens ont construit leur pays.

2.5.3.1 Géographie, économie et population en Egypte

L'Egypte est située au coin du nord-est du continent africain et couvre une superficie d'à peu près un million de km². Elle est limitée au nord par la Méditerranée, à l'est par la bande de Gaza, Israël et la Mer Rouge, au sud par le Soudan et à l'ouest par La Libye. L'Egypte est formée d'un vaste plateau désertique interrompu par la vallée et le delta du Nil qui occupent 4 % de la superficie totale du pays. De plus, le pays ne possède pas de forêts.

La superficie totale des terres cultivables en Egypte (terres arables et récoltes permanentes) est de 3,4 millions d'ha (Ministry of Agriculture and Land Reclamation of Egypt, 2002) l'équivalent de 3 % de la superficie totale du pays. Les terres arables représentent à peu près 2,9 millions d'ha l'équivalent de 85 % des terres cultivables.

Le climat égyptien est caractérisé par un été sec et un hiver moyen. Les précipitations dans ce pays sont très faibles, irrégulières et imprévisibles. Les précipitations annuelles moyennes varient entre un maximum de 200 mm sur la région côtière nord et presque 0 mm au sud, avec une moyenne de 51 mm.

La population égyptienne est évaluée en 2004 à 72,6 millions d'habitants avec une croissance annuelle moyenne de 1,8 % (PNUD, 2006). La population rurale représente 58 % de la population totale. La densité moyenne de la population égyptienne est de 73 habitants/km², alors que 97 % de la population totale vivent dans la vallée et le delta du Nil. Dans cette dernière zone, la densité de la population atteint 1 165 habitants/km² alors qu'elle est évaluée, seulement, à 1,2 habitant/km² dans le désert.

En 2002 (IFAD), il a été estimé que 26,5 % des Egyptiens vivaient en dessous du seuil de pauvreté. Ce pourcentage est évalué à 29 % dans le milieu rural et à 23 % dans le milieu urbain. Ce taux de pauvreté dans le milieu rural peut s'expliquer par le fait que les services sociaux sont inadéquats, qu'une partie des ruraux ne possède pas ses propres terres et aussi par l'existence d'un nombre important de petites propriétés ne permettant pas aux familles modestes de subvenir à leurs besoins.

En 2000 le Ground Water Research Institute du Caire estime que près de 96 % de la population rurale et 99 % de la population urbaine ont accès aux sources améliorées d'eau potable avec une moyenne de 97 % pour la population totale.

En 2004, le PIB de l'Egypte a été estimé par le PNUD (2006) à 78,8 milliards de $ avec une croissance annuelle de l'ordre de 3,2 %. Le revenu du secteur agricole était de 16,1 % du PIB et le taux d'occupation de la population avoisinait les 31 % de la population active dont 49 % étaient des femmes (Voir la figure 2.5). Cependant, l'Egypte reste un des plus grands Etats importateurs de produits alimentaires de base. En 2001, les importations agricoles égyptiennes ont été évaluées à 4,4 millions de tonnes de blé, 4,7 millions de tonnes de maïs jaune, 0,6 million de tonnes de l'huile végétale et 0,4 million de tonnes de sucre. D'autre part, l'Egypte a exporté pour la même année 53 000 tonnes de coton, 444 000 tonnes de riz, 176 000 tonnes de pommes de terre et 37 000 tonnes d'agrumes.

Le secteur agricole égyptien est caractérisé par la petite propriété. Près de 50 % des propriétés possèdent une superficie d'un feddan (0,42 ha). L'urbanisation de l'espace rural constitue une menace sérieuse pour l'agriculture en Egypte.

Tableau 2. 5: Caractéristiques géographiques, économiques et population de l'Egypte

Superficies physiques	
Superficie du pays	100 145 000 ha
Superficie cultivée (terres arables et cultures permanentes)	3 422 178 ha
en % de la superficie totale du pays	3 %
terres arables (cultures temporaires + prairies et jachères temporaires)	2 778 872 ha
cultures permanentes	643 306 ha
Population	
Population totale	72,6 millions d'habitants
dont rurale	58 %
Densité de population	73 habitants/km²
Population active	27 902 000 habitants
en % de la population totale	38 %
féminine	33 %
masculine	67 %
Population active dans le secteur agricole	8 594 000 habitants
en % de la population active	31 %
féminine	49 %
masculine	51 %
Economie et développement	
Produit intérieur brut (PIB)	78,8 milliards de $ par an
valeur ajoutée du secteur agricole (% du PIB)	16,1 %
PIB par habitant	1 085 $ par an
Indice de développement humain (plus élevé = 1)	0,653
Accès aux sources améliorées d'eau potable	
Population totale	98 %
Population urbaine	100 %
Population rurale	97 %

Sources : AQUASTAT Survey 2005 et Rapport du PNUD 2006.

2.5.3.2 L'eau et son utilisation en Egypte

Le réseau hydrographique égyptien s'organise autour des bassins suivants :

- le bassin intérieur nord qui couvre 520 000 km² (52 % de la superficie totale du pays) ;
- le bassin du Nil qui couvre 326 751 km² (33 % de la superficie totale du pays) ;
- le bassin de la côte méditerranéenne qui couvre 65 568 km² (6 % de la superficie totale du pays) ;
- et le bassin côtier nord qui longe la côte de la Mer Rouge sur une bande de 88 250 (8 % de la superficie totale du pays)

Les ressources dont dispose l'Egypte sont assurées essentiellement par, d'une part, le Nil (le Haut barrage d'Assouan (55,5 milliards de m³ par an)), la nappe phréatique du delta et de la vallée du Nil, évaluée à 2,9 milliards de m³. Cette nappe est elle-même constituée par l'infiltration des eaux du fleuve, le long des canaux de transport et de distribution, et au niveau des bassins d'irrigation. Selon la Central Agency for Mobilisation and Statistics (1986), les ressources pourraient être augmentées d'environ 2 milliards de m³ par an.

Le projet d'exploitation de la grande nappe nubienne souterraine située dans le désert occidental ne semble pas avoir entièrement convaincu les spécialistes et les responsables politiques concernés. Leur crainte s'explique par les risques de son tarissement à court terme. C'est le problème des nappes d'eau d'origine fossile, non renouvelables. Ce réservoir d'eau souterraine est un des plus importants de tout le Sahara : il s'étend du Tchad à l'Egypte, et renferme une masse d'eau évaluée à 50 000 milliards de m³, dont 20 000 milliards de m³ en Egypte, dans le sous-sol des Oasis de Kharga, Dakhla, Farafra et Bahriyya (HAMDAN G., 1984). Actuellement, les Egyptiens n'en exploitent que 2,26 millions de m³ par jour pour l'irrigation des terres agricoles dans ces oasis.

Tableau 2. 6: Ressources en eau et prélèvement en Egypte

Les ressources en eau renouvelables	
Précipitations moyennes	55 mm/an
	51,07 milliards de m³/an
Ressources en eau renouvelables internes	1,8 milliards de m³/an
Ressources en eau renouvelables réelles totales	58,3 milliards de m³/an
Indice de dépendance	97 %
Ressources en eau renouvelables réelles totales par habitant	794,4 m³/an
Capacité totale des barrages	169 milliards de m³
Prélèvement d'eau	
Prélèvement total en eau	68,3 milliards de m³/an
Irrigation + élevage	59 milliards de m³/an
Usage domestique	5,3 milliards de m³/an
Industrie	4 milliards de m³/an
Prélèvement total en eau par habitant	1008 m³/an
Prélèvement total en eau en % des ressources en eau renouvelables réelles totales	117 %
Prélèvement pour la navigation et l'hydroélectricité	4 milliards de m³/an
Ressources en eau non conventionnelles	
Volume d'eaux usées produit	3,76 milliards de m³/an
Volume d'eaux usées traité	2,971 milliards de m³/an
Réutilisation des eaux usées traitées	2,971 milliards de m³/an
L'eau dessalée produite	100 millions de m³/an
Réutilisation des eaux de drainage agricole	10,967 milliards de m³/an
Utilisation des eaux fossiles	0,825 milliards de m³/an

Source : AQUASTAT Survey 2005.

La réutilisation des eaux de drainage fournit actuellement 10,967 milliards de m³ par an et le volume d'eau usée traité est estimé à 2,971 milliards de m³ par an. De plus, l'Egypte possède des centrales de dessalement de l'eau de mer situées sur la Mer Rouge. La quantité d'eau de mer traitée par ces centrales est estimée à 100 millions de m³ (Voir tableau 2.6).

Les prélèvements d'eau les plus importants en Egypte, 68,3 milliards de m³ par an, sont effectués pour satisfaire les besoins domestiques, industriels et agricoles. Ils sont respectivement de 59 milliards de m³/an pour l'agriculture (86 %), de 5,3 milliards de m³/an pour les usages domestiques (8 %) et 4 milliards de m³/an pour l'industrie (6 %). D'autres prélèvements, 4 milliards de m³/an, sont effectués pour répondre aux besoins de la navigation et de l'hydroélectricité (Voir figure 2.3).

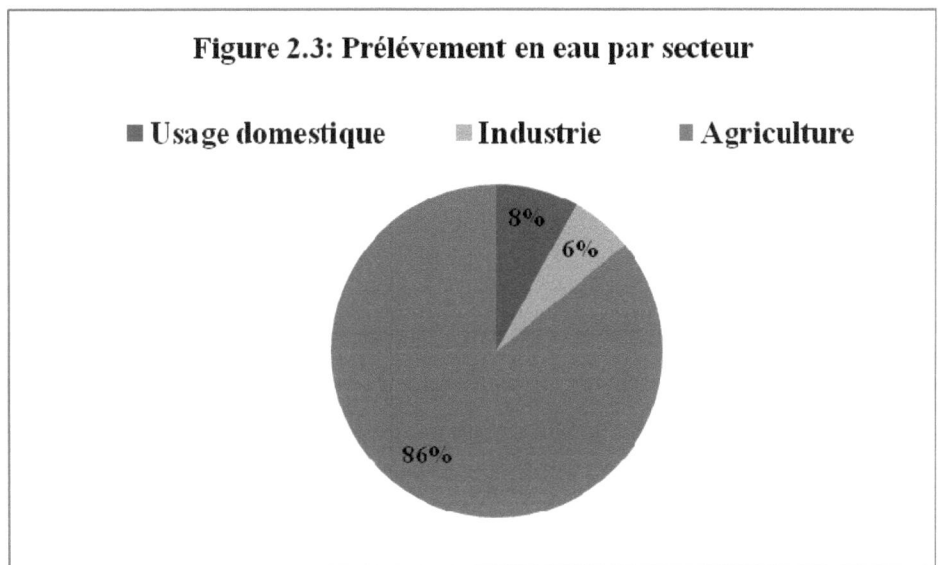

Source : AQUASTAT (FAO, 2006)

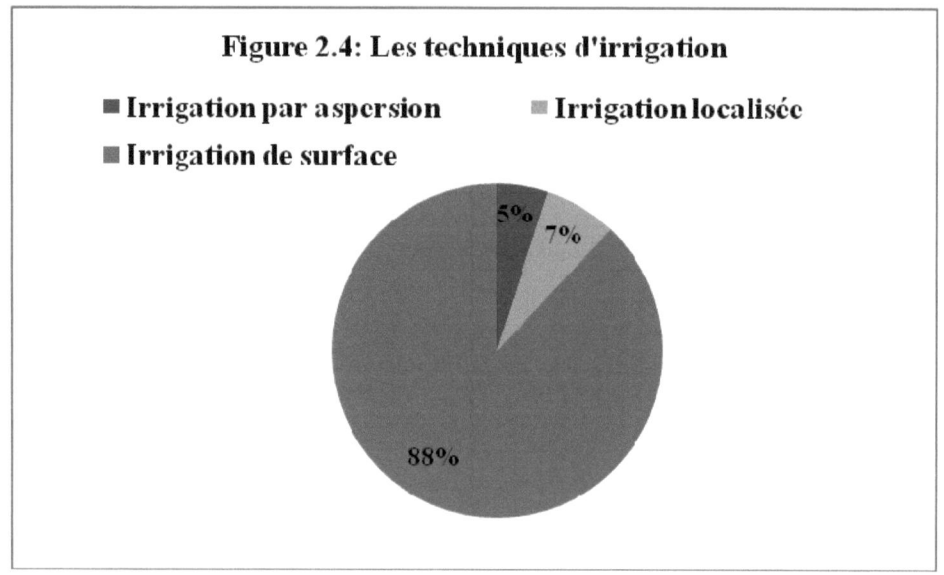

Source : AQUASTAT (FAO, 2005)

Le potentiel des terres irrigables en Egypte est estimé à 4,42 millions d'ha. L'irrégularité des précipitations a favorisé le développement des cultures irriguées. Les cultures pluviales sont pratiquées dans le Nord du Sinaï et dans la région de Matrouh sur un périmètre estimé à 133 500 ha. Les terres équipées pour l'irrigation, quant à elles, sont de 3,422178 millions d'ha dont 85 % sont situées dans la vallée et le delta du Nil. La principale technique d'irrigation utilisée en maîtrise totale est l'irrigation de surface. Cette dernière est pratiquée sur une superficie de 3,028853 millions d'ha.

L'irrigation localisée n'est pratiquée que sur une superficie de 221 415 ha et l'irrigation par aspersion est utilisée sur un périmètre de 171 910 d'ha (Voir la figure 2.4).

L'eau nécessaire pour l'irrigation est fournie à 83 % par les eaux de surface, à 11 % par les eaux souterraines et à 6 % par des ressources mixtes (Voir le tableau 2.7).

Tableau 2. 7: Irrigation et drainage

Potentiel d'irrigation	4,420 millions ha
Contrôle d'eau	
1. Irrigation, maîtrise totale/partielle : superficie équipée	3,422178 millions ha
• Irrigation de surface	3,028853 millions ha
• Irrigation par aspersion	171 910 ha
• Irrigation localisée	221 415 ha
- partie irriguée à partir des eaux souterraines	11 %
- partie irriguée à partir des eaux de surface	83 %
- partie irriguée à partir des eaux mixtes	6 %
2. Zones basses équipées (marais, bas-fonds, plaines, mangroves)	-
3. Irrigation par épandage de crues	
Superficie totale équipée pour l'irrigation (1+2+3)	3,422178 millions ha
• en % de la superficie cultivée	
• augmentation moyenne par an sur les 9 dernières années	100 %
• superficie irriguée par pompage en % de la superficie équipée	0,6%
• partie de la superficie équipée réellement irriguée	86%
4. Marais et bas-fonds cultivés non équipés	100%
5. Superficie en cultures de décrue non équipée	-
Superficie totale avec contrôle de l'eau (1+2+3+4+5)	3,422178 millions ha
* en % de la superficie cultivée	100 %

Source : AQUASTAT SURVEY 2005

Dès 1984, les autorités égyptiennes ont estimé qu'il y avait encore 0,5 million d'ha de terres avec un important potentiel de développement agricole.

Dans le contexte international de la gestion de l'eau dans le bassin du Nil, tout accroissement de la dotation égyptienne par la mobilisation de nouvelles ressources semble exclu, ce qui devrait, normalement, mettre un terme à la politique des grands travaux hydrauliques qui conditionnent l'expansion des terres cultivées en Egypte. Pourtant, après la phase d'expansion qui a élargi l'espace occupé de part et d'autre du delta, deux grands projets sont en voie de réalisation, le canal de la paix (Kanat al Salam), rebaptisé Cheikh Jaber du nom d'un donateur koweitien, et le canal Toshka commandant ce qu'on appelle la Nouvelle Vallée. Le premier de ces ouvrages collecte les excédents d'eau du canal Bahr el Bagar branché sur la branche de Damiette à l'est du Delta. Il passe sous le canal de Suez et domine la branche morte du Delta et se dirige vers El Arish. Cet ouvrage qui devrait irriguer au départ 268 800 ha pose de multiples problèmes : ses eaux sont de qualité médiocre et les terres basses qu'il domine sont attaquées par l'érosion littorale et sujette à des ingressions d'eau de mer. De plus, les sols désertiques sont relativement pauvres, ce qui n'y empêche pas la culture, mais implique l'apport important d'engrais qui vont renchérir le coût de revient et poser rapidement la question du drainage des eaux chargées en sels divers.

D'un point de vue d'efficacité hydraulique, il faut signaler que les pertes par évaporation que suppose un canal à ciel ouvert sont considérables. De plus, les spécialistes estiment qu'il faut élever l'eau de 55 m pour la faire parvenir au cœur de la première phase de mise en valeur, dont les terres sont situées dans une cuvette, ce qui rendra difficile la tâche de drainage. Ils pensent qu'en dérivant d'énormes quantités d'eau vers le désert, loin des centres urbains et agricoles, il est plus difficile de maximiser l'emploi de cette eau en la recyclant plusieurs fois. Enfin, pour ces spécialistes, les populations qui s'installent dans ces régions du Sinaï ont en général un niveau de vie assez élevé, et consomment plus d'eau par habitant que dans le reste du pays (DESCROIX L. et al., 2003). Le projet prévoit la création dans la province du Sinaï de 27 centres urbains regroupant plus de 3 millions d'habitants, de sorte que la turbulente population bédouine, qui ne compte que 350 000 personnes serait noyée dans la masse.

Ces deux projets posent, donc, dans un premier temps le problème de leur faisabilité politique, économique et technique. Où trouver le financement des travaux ? Où trouver les 9 milliards de m³ d'eau nécessaires au bon fonctionnement de ces deux projets ? Les scénarios les plus réalistes laissent entendre que l'Egypte a peu de chances de voir sa dotation en eau augmenter, à supposer que cette dotation ne vienne pas à diminuer. Certains observateurs voient dans ces projets un moyen pour l'Egypte d'alimenter ses rêves de grandeur. D'autres préconisent que ces projets sont un prétexte, pour Le Caire, pour de futures revendications sur les eaux du Nil. Mais on peut, également, comme le signale Jacques BETHEMONT (2003) soutenir que ces deux projets s'inscrivent dans un plan d'occupation du territoire. Actuellement, la grande majorité de la population égyptienne s'entasse sur quelque 35 000 km² et les projets du gouvernement visent explicitement à desserrer le lien qui unit trop étroitement la population à la vallée du Nil. On saisit là une logique qui vise moins à la valorisation de l'eau par l'agriculture, qu'à la production et au contrôle du territoire par l'eau.

La politique de l'eau égyptienne doit composer avec des paramètres difficiles à connaître : l'augmentation intérieure de la demande de l'eau et l'apparition d'une demande plus forte de la part des pays riverains du Nil, tous situés en amont, dont le Soudan et l'Ethiopie.

2.5.3.3 L'Egypte, le barrage d'Assouan et la naissance de l'hydropolitique

L'Egypte se situe au centre du monde arabe, entre le Maghreb et le Machrek, sur deux axes de communication, le Nil et le canal de Suez, d'une importance géostratégique considérable. Le Nil constitue un trait d'union entre le nord et le sud de l'Afrique et le canal de Suez représente la seule voie de communication maritime entre l'océan Indien et la Méditerranée.

Selon Habib AYEB (1998), la centralité de l'Egypte nilotique par rapport au monde arabe n'est pas uniquement géographique : elle est aussi démographique. Un Arabe sur quatre est égyptien.

Sur la Vallée du Nil, l'Egypte et le Nord-Soudan, vivent des populations que rien ne différencie, ni la couleur, ni la religion, ni la langue et encore moins les modes de vie et de production. L'indépendance du Soudan est à l'origine de la rupture politique de cette vallée. Cette rupture a eu des conséquences géopolitiques plus ou moins importantes dont une radicale: le changement de la politique hydraulique et hydrostratégique de l'Egypte qui venait de perdre le contrôle des sources du Nil.

C'est dans ces contextes historique et politique qu'il faut chercher une explication à la décision *des officiers libres*[29] de construire le haut barrage d'Assouan. Les Egyptiens décident, en effet, d'opter pour la constitution d'une importante réserve hydraulique pour pouvoir, en toute circonstance, répondre à la demande en eau de la population, de l'industrie et de l'agriculture, et protéger ainsi les intérêts vitaux de leur pays.

Par ailleurs, c'est la décision de l'Egypte de construire le haut barrage qui fut à l'origine des accords de partage des eaux du Nil de 1959, entre les gouvernements du Caire et de Khartoum. Cet accord n'engage que l'Egypte et le Soudan et exclut tous les autres Etats riverains dont l'Ethiopie.

Comme démonstration de fermeté, les Ethiopiens refusèrent de participer aux travaux de la Permanent Joint Technical Commission (PJTC), dont la création fut décidée par les accords de 1959 et qui était chargée des études techniques et de faisabilité de la vallée du Nil, et refusèrent surtout d'envisager une quelconque politique hydraulique commune avec les autres Etats riverains du fleuve.

---

[29] En 1952, le roi Farouk est renversé par un groupe *d'officiers libres*. Le nouveau régime, à la tête duquel se trouve, dès 1953, Jamal Abdel Nasser, se donne pour objectif deux grands projets géopolitiques d'une extrême importance: développer et moderniser l'économie égyptienne, et mobiliser l'ensemble des forces arabes pour la libération de la Palestine.

L'objectif de cette nouvelle stratégie hydraulique égyptienne était d'empêcher les Etats de l'amont du fleuve et en particulier le Soudan et l'Ethiopie de se servir des eaux du fleuve pour exercer des pressions politiques sur l'Egypte.

Quand en 1953 *les officiers libres* comprennent le risque que présente l'indépendance du Soudan pour l'hydrologie égyptienne, ils décident de construire un barrage. Pour se faire, ils s'adressent aux puissances occidentales pour solliciter les aides financières et techniques nécessaires à la réalisation de cet ouvrage. Afin de garder les Egyptiens dans le camp occidental, les Etats-Unis et l'Angleterre répondent positivement. Ils interviennent auprès de Banque mondiale pour assurer le financement.

En 1955, l'Egypte se voit refuser un financement pour la construction de son barrage par la Banque internationale de reconstruction et du développement (BIRD) car les Américains, sous la pression de leurs producteurs de coton, ne veulent pas apporter leur caution à cet ouvrage.

En 1956, une grave crise va tout bouleverser. L'annonce d'un achat d'armes soviétiques par l'Egypte par l'intermédiaire du maréchal Tito, en vue d'un conflit avec Israël, met le feu aux poudres. Les Américains menacent de fermer toutes les portes d'un éventuel financement du barrage si le gouvernement égyptien n'annule pas le contrat d'achat d'armes et s'il ne s'engage pas dans un processus de paix avec Israël. Rejetant une première offre des Soviétiques qui souhaitent prendre la relève des Occidentaux, Nasser, en quête de moyen de financement, décide de nationaliser le canal de Suez en juin 1956. La réaction vint de la France, irritée par le soutien du Caire au Front de libération nationale algérien (FLN), de l'Angleterre, actionnaire majoritaire du canal du Suez et d'Israël qui voit ses bateaux empêchés d'accès au golfe d'Akaba, qui en octobre 1956 lancent une offensive militaire pour reprendre le contrôle du canal.

En 1958, Nasser par un virage politique, accepte l'offre de l'Union soviétique de participer à la construction du barrage. En échange les Egyptiens procurent aux Soviétiques une position de la plus haute importance, en Méditerranée orientale et sur la Mer Rouge. La construction du haut barrage a été un des effets positifs de la guerre froide. Les *officiers libres* n'avaient pas de penchant pour les communistes et ne pensaient pas, lorsqu'ils prirent le pouvoir instaurer un régime socialiste. Ils étaient bien plus proches des Frères musulmans que du parti communiste égyptien.

En 1963, le gouvernement égyptien définit le rôle du barrage d'Assouan. Cet ouvrage est d'une longueur de 3 600 mètres pour une hauteur de 111 mètres et une largeur de 40 mètres à la crête contre 980 mètres à la base, complété par une usine hydroélectrique d'une capacité de 2 100 mégawatts et commandant une retenue de 162 milliards de m³ pour une superficie de 6 540 km². La dérivation du Nil est réalisée en 1964, le chantier s'engage et il est inauguré en 1971 mais n'entre en pleine production qu'en 1975. Comme le signale Gamal

Abdel Nasser : « Avec la construction du haut barrage, l'Egypte ne sera plus l'otage des pays situés à l'amont du Nil ».

Le barrage d'Assouan répondait à de multiples objectifs : régulariser le débit d'un fleuve dont les variations saisonnières ont toujours été une source d'inquiétude, légitimer un régime issue de la conjonction d'un mouvement populaire et d'un coup d'Etat militaire, satisfaire dans un contexte de forte croissance démographique, la demande du secteur agricole afin d'assurer l'autosuffisance alimentaire du pays en augmentant la surface irriguée et régler définitivement le contentieux qui oppose l'Egypte au Soudan concernant le partage de la ressource en eau.

Comme pour tous les grands barrages trois buts sont escomptés : l'augmentation des superficies irriguées ; la production de l'énergie hydroélectrique et l'amélioration de la navigation.

La réalisation du barrage d'Assouan a fait l'objet de nombreuses critiques. Après trente deux ans d'exploitation, il est maintenant possible de faire le point avec beaucoup plus d'objectivité.

Parmi les critiques formulées à l'encontre de cet ouvrage, le rôle de *machine évaporatoire* avec un prélèvement par évaporation qui totalise 10 milliards de m^3 par an et induit une augmentation de la salinité des eaux qui passe de 160 mg/l au niveau de Wadi Halfa, à 225 mg/l à Assouan. Les critiques ont été aussi vives à propos de la perte des millions de tonnes de limons, désormais retenus par le barrage. Ces engrais naturels, qui ont traditionnellement fertilisé la terre d'Egypte, ne font qu'envaser le barrage aujourd'hui.

Au niveau du delta, la disparition de ces apports solides se traduit par l'érosion du littoral, un recul de la ligne de rivage et des ingressions d'eau de mer dans le sous-sol. Les eaux du Nil, désormais beaucoup moins chargées, retrouvent un potentiel érosif. Selon Georges MUTIN (2000), il est pour l'instant difficile de mesurer les effets de cette reprise d'érosion (1,7 cm/an), ils ne se feront sentir qu'à l'échelle séculaire.

L'arrêt des mouvements naturels du Nil a favorisé l'accumulation des eaux stagnantes. Elle conduit à une aggravation de la bilharziose auprès des agriculteurs qui restent jambes nues dans les canaux d'irrigation pendant de longues heures.

A partir de la fin des années 1960, il y a eu une répartition des activités halieutiques sans que le bilan global soit affecté. La pêche traditionnelle a notablement diminué dans le delta du Nil et en Méditerranée. Toutefois, cette diminution a été compensée grâce à la très forte production du lac Nasser qui compte pour 10 % dans les prises nationales.

Face à ces critiques, il faut porter à l'actif de cet ouvrage une capacité de régulation modulable en fonction d'un calendrier agricole qui nécessite le lâcher de 7 milliards de m^3 en juillet contre 3 milliards m^3 en décembre.

Concrètement, ce barrage a permis la généralisation de l'irrigation pérenne, l'extension verticale des terres. L'eau est disponible toute l'année pour les cultures. Chaque parcelle de terre peut porter deux voire trois récoltes par an. A cela s'ajoute la progression des surfaces cultivées, extension horizontale, qui sont passées de 2,184 millions d'ha en 1952 à 3,42 millions d'ha en 2004.

De plus, la centrale électrique associée au barrage a considérablement amélioré le bilan énergétique du pays. Cette centrale autorise une production annuelle de 10 milliards de kWh d'électricité alors que l'Egypte ne produisait que 7 milliards de kWh en 1960. Actuellement le barrage fournit 20 % de l'électricité du pays.

Enfin, grâce au barrage, il est désormais possible de maintenir tout au long de l'année le débit du fleuve au seuil minimal pour permettre la navigation et le développement d'une activité touristique fondé essentiellement sur les croisières le long du Nil.

Toutefois, il faut admettre qu'aujourd'hui, tous les gains du barrage ont été annihilés par la croissance démographique. La poussée démographique importante est due à cette fausse sécurité d'approvisionnement en eau. Lors de la construction du haut barrage, l'Egypte comptait 30 millions d'habitants, en 2004, la population a été évaluée à 72,6 millions d'habitants, ils seront 88,2 en 2015 (PNUD, 2004). Selon les projections démographiques de l'ONU, la population pourrait se stabiliser à 120 millions d'habitants autour de 2040. Avec un tel taux de croissance, la superficie agricole se réduit d'année en année en dépit des progrès réalisés. Entre 1960 et 2004, elle a diminué de moitié passant de 0,0924 ha/hab. à 0,047 ha/hab. De plus, les Egyptiens qui disposaient de 1 604 m^3 d'eau par an et par personne en 1960, ne peuvent plus compter que sur 794,4 m^3 par an et par personne en 2004. Actuellement, le secteur agricole ne peut satisfaire que la moitié des besoins alimentaires des Egyptiens.

Cette dégradation qui ne peut qu'aller en s'accentuant est lourde de conséquence sur plusieurs plans. Tout d'abord, elle déstabilise la balance commerciale du pays qui présentait en 2002, un déficit de 5,7 milliards dans lequel les importations de produits alimentaires comptent 3,4 milliards de dollars (26 % du montant total des importations). Aujourd'hui, l'Egypte achète quatre fois plus de céréales qu'en 1960 pour un coût dix fois supérieur.

Durant les années 1980, les Etats riverains du bassin du Nil ont connu des précipitations inférieures à la moyenne. Le débit du Nil était insuffisant et il a fallu puiser dans les réserves du lac Nasser.

De toute évidence, en raison de la démographie galopante et des variations climatiques, le haut barrage ne peut plus assurer la sécurité de l'approvisionnement en eau de l'Egypte.

Ces conséquences n'ont pas surpris les spécialistes. Avant même la construction du haut barrage, les techniciens pensaient que, très rapidement, la retenue deviendrait insuffisante. Les calculs théoriques ont montré que la capacité du réservoir capable en même temps d'offrir un volume d'eau constant pour une année très déficitaire et de faire face à la crue centennale devrait être de 300 milliards de m^3. Ainsi avec les 162 milliards de m^3 du lac Nasser on est loin du compte. Aucun site ne convient pour l'établissement d'un tel ouvrage dans la vallée du Nil. Il est donc indispensable d'aménager l'ensemble du bassin nilotique. Les différents techniciens préconisaient les travaux suivants :

- sur le Nil Blanc : l'aménagement du réservoir pluriannuel du Lac Albert en Ouganda et, au Soudan : le réservoir à capacité saisonnière de Nimule, le creusement du canal de Jongleï, le barrage de Gambela ;
- sur le Nil Bleu : l'aménagement du réservoir de stockage pluriannuel du lac Tana en Ethiopie, l'élévation du barrage de Rosière au Soudan ;
- sur le Nil en aval de Khartoum : l'aménagement du barrage de Mérowe.

Il est possible de trouver une issue à ce problème. Toutefois, toute solution doit impérativement passer par l'acceptation par le gouvernement égyptien de l'idée selon laquelle Le Caire n'a pas de droit particulier sur les eaux du Nil, et, aussi, par l'acceptation, de la part de tous les Etats riverains, que leur politique hydraulique soit conçue et gérée au niveau du bassin versant.

2.6. Le Nil : du conflit à la coopération

En 1979, le président égyptien Anouar el Sadate déclare que l'eau est le seul mobile qui puisse conduire l'Egypte à entrer en guerre. Il répond ainsi aux intentions de l'Ethiopie d'exploiter les eaux du Nil pour irriguer ses terres et produire de l'électricité. Actuellement, les menaces de guerre semblent écartées, car ces deux pays et tout les autres pays riverains du Nil coopèrent pour chercher ensemble à satisfaire leurs besoins sans attendre d'avoir à s'accorder sur des positions inconciliables.

Sur la base de la législation internationale, il est impossible de séparer l'Ethiopie qui, associée à d'autres Etats, veut renégocier l'accord de 1959, de l'Egypte qui s'oppose farouchement à une telle renégociation. Pour faire valoir leurs intérêts respectifs, les deux Etats invoquent des principes différents de la Convention des Nations-Unies sur *l'utilisation des cours d'eau internationaux à d'autres usages que la navigation*. Pour l'Egypte, pays de l'aval du fleuve, la primauté doit être accordée à l'obligation de *ne causer aucun dommage important à un autre Etat*. Pour l'Ethiopie, un des pays de l'amont du fleuve, la priorité doit être donnée *au principe de l'utilisation équitable et raisonnable de l'eau*.

La Convention sur *l'utilisation des cours d'eau internationaux à d'autres usages que la navigation* a été adoptée en mai 1997 avec 103 voix pour, 3 voix contre et 27 abstentions. Il y a très peu de cours d'eau internationaux où tous les Etats riverains étaient unanimement d'accords sur la Convention. Pour le bassin du Nil, seuls le Kenya et le Soudan ont voté pour, le reste des Etats riverains se sont abstenus.

Depuis peu, les Etats riverains du Nil, plus particulièrement l'Egypte et l'Ethiopie, semblent avoir assoupli leurs positions, jusque-là intransigeantes. Comment peut-on expliquer cet intérêt soudain à la coopération ?

Premièrement, le statu quo sur le Nil et son utilisation est devenu sérieusement insoutenable, à cause de la croissance démographique. 160 millions d'habitants dans le bassin du Nil à proprement parler, et 300 millions sur les dix pays riverains qui se le partagent. D'ici 2025, l'Ethiopie et l'Egypte compteront à eux deux 250 millions d'habitants, et l'eau sera un enjeu majeur. Seule une répartition équitable et raisonnable constitue une solution d'avenir.

Deuxièmement, l'évaporation, favorisée par l'étendue du lac Nasser et des températures élevées, est d'une telle ampleur que les experts préconisent la construction de barrages en amont, dans les vallées encaissées du haut plateau éthiopien plus arrosé et où la chaleur est nettement moins forte, ce qui entraîne en conséquence une diminution des pertes et permettrait une meilleure balance hydraulique, donc un écoulement plus régulier. Il y a, en plus, le fait que le limon arraché au sol éthiopien risque de condamner, à terme, les ouvrages artificiels.

Troisièmement, la stabilisation politique de l'Ethiopie lui a fait prendre conscience de ses besoins et de leur ampleur. L'Ethiopie n'a pas la capacité militaire de se comporter comme la Turquie avec la Syrie et l'Irak sur le Tigre et l'Euphrate ni comme Israël avec le Liban, la Syrie et les Territoires occupés palestiniens sur le Jourdain. De plus, les Egyptiens se débarrassent peu à peu de leur *down stream complex* soit le sentiment de vulnérabilité des pays situés en aval, et souhaite s'associer en fournissant experts et fonds à des projets d'aménagement en amont.

Enfin, il faut aussi citer un autre facteur très intéressant : l'énergie. Les barrages éthiopiens, par exemple, produisent à peine 1 500 mégawatts sur un potentiel hydroélectrique estimé à 300 000 mégawatts et qui peut constituer une source d'énergie pour les industries, entre autres, soudanaise et égyptienne.

2.6.1 Vers une coopération dans le bassin du Nil : les tentatives bilatérales

La coopération bilatérale entre l'Egypte et le Soudan à propos du bassin du Nil est aussi veille que la coopération multilatérale. Depuis 1959, l'Egypte et le Soudan entretiennent des bonnes relations de travail dans le cadre de la Permanent Joint Technical Commission. Cette coopération a pu survivre à différentes tensions politiques entre les deux Etats. Toutefois, les autres coopérations bilatérales entres les autres pays riverains du Nil sont récentes.

En 1991, l'Ethiopie et le Soudan ont signé un accord de principe pour l'utilisation équitable du Nil Bleu et l'Atbara. Deux ans plus tard, l'Egypte et l'Ethiopie ont signé, à leur tour, un accord cadre pour tenter de faciliter la mise sur pied d'une coopération juste et durable entre les deux pays. L'Ouganda et l'Egypte, quant à eux, coopèrent sur différents projets depuis plusieurs années. Le barrage inauguré en 1954 pour aménager les chutes d'Owen, est maintenant géré par l'Uganda Electricity Board. Ce barrage qui sert à la fois au stockage des eaux du Nil au profit des riverains d'aval, et à la production de l'énergie hydroélectrique est géré par une permanence égyptienne. Cette mission qui est de nature purement technique, est assurée par un ingénieur résident et ses collaborateurs. Les deux pays coopèrent, aussi, ensemble pour se débarrasser *des îles flottantes* dans le lac Kyoga. Ces *îles flottantes* bloquent l'écoulement de l'eau ce qui provoque de graves inondations en Ouganda et des pertes d'eau très importantes pour le Nil Blanc. Ceci est un bon exemple d'une solution « win-win » bénéfique aux deux parties.

Toutefois, les spécialistes sont unanimes pour dire que la seule issue juste, bénéfique et durable pour les Etats riverains du Nil est la coopération multilatérale.

John WATERBURY (2002) concluait, dans son étude sur la situation ougandaise à l'égard de l'Egypte, que l'Ouganda tire des dividendes très intéressants de sa coopération avec Le Caire mais ceci se fait au détriment des Etats souverains de l'amont.

Un autre élément qui plaide en défaveur de la coopération bilatérale est le refus des institutions financières internationales, la Banque mondiale et le FMI, de financer des projets qui ne recueillent pas l'unanimité des Etats riverains du bassin.

2.6.2 De la coopération multilatérale à l'intégration régionale du bassin du Nil

En l'absence d'une coopération entre les différents pays du bassin nilotique, l'approche bilatérale voir unilatérale poursuivie par les Etats riverains du Nil est peu propice à une stabilité politique dans la région et intenable à long terme. La seule issue, pour répondre à la croissance démographique et à la demande croissante d'eau pour l'irrigation et assurer un développement économique est la coopération entre ces différents pays.

Dès les années 1960, quelques tentatives de coopération entre les Etats du Nil ont vu le jour mais sans un véritable résultat tangible à cause de certains Etats tels que l'Ethiopie ou le Kenya qui ont opté pour un statut d'observateur.

Le passage en revue de ces premières tentatives de coopération multilatérales tels que l'Hydromet (1967-1992), Undugu (1983-1993) et la Tecconile (1992-1999) ont été tiré, en partie, des travaux de PEICHERT H. (1999) et ARSANO Y. (2004).

Si la coopération a commencé sous forme d'accords bilatéraux depuis longtemps, les pays du bassin du Nil se sont engagés dans des activités de coopération régionale au cours des quarante dernières années. L'organisation **Hydromet**, lancé en 1967 par l'Egypte, le Kenya, le Soudan et l'Ouganda avec l'appui du programme des Nations-Unies pour le développement (PNUD) et l'Organisation Météorologique Mondiale, a été l'un de ces premiers projets régionaux. Elle sera rejointe, plus tard, par le Burundi, le Rwanda, la République démocratique du Congo et l'Ethiopie comme observateurs.

Le but de l'Hydromet était de tenter de réguler le niveau d'eau dans les lacs Victoria, Kyoga et Albert, ainsi que le flot du Nil pour se prémunir contre les inondations dans les pays des grands lacs et au Sud-Soudan. Bien que le projet ait duré vingt-cinq ans, il ne put jamais arriver à un accord au niveau de tout le bassin.

Le groupe de l'**Undugu** – qui signifie fraternité en swahili – constitue une deuxième tentative de coopération entre les gouvernements de la vallée du Nil. Il a été formé à Khartoum en 1983 sous la pression de l'Egypte, suite notamment, à l'appel du Sommet économique africain d'avril 1980, à Lagos, pour la création d'instances régionales et sub-régionales. Il regroupe les représentants des Etats riverains sous statuts de membres effectifs à l'exception de l'Ethiopie et du Kenya qui ont opté pour un statut d'observateur et la République centrafricaine. Le groupe avait essentiellement pour mission d'étudier des solutions pour le développement économique des pays riverains du bassin du Nil. Les domaines de compétences ont donc dépassé la sphère de la gestion de l'eau et se confondent avec une structure régionale dont le facteur intégrateur est le Nil. L'Undugu a constitué une structure informelle de coopération, ce qui lui donne une large flexibilité au regard des compétences protégées par ses membres qui ne sont pas contraints par des engagements stricts. Au contraire, le fonctionnement de l'Undugu n'a constitué en rien un risque quelconque de transfert de souveraineté de la part des Etats. Comme l'Hydromet, l'Undugu a su rallier à ses projets techniques le soutien du PNUD vers la fin des années 1980.

En définitive, seule la coopération technique a reçu l'adhésion de la part des gouvernements de la vallée du Nil. Même si l'Undugu n'a pas eu de succès véritable, il a réussi à créer un forum de discussion, d'échange d'expériences techniques et à ouvrir la voix pour un nouveau cadre de coopération : le TECCONILE.

Le **TECCONILE** – acronyme anglais de Technical Co-opération Commission for Promotion and Development of the Nile – a été crée en 1992 à Kampala en Ouganda. Cette année là, les ministres de l'eau de l'Egypte, du Soudan, du Rwanda, de la Tanzanie, de l'Ouganda et de la République démocratique du Congo se rencontrent pour envisager de renforcer leur coopération. Cette réunion aboutit à la création du Comité technique pour la promotion du développement et de la protection environnementale du bassin du Nil. L'Ethiopie, le Kenya et le Burundi sont présents à titre d'observateurs. En

1995, le TECCONILE prépare un plan d'action pour le bassin du Nil avec l'appui de l'Agence canadienne pour le développement international (CIDA).

En 1997, à la demande du Conseil des ministres de l'eau des pays du bassin du Nil, la Banque mondiale coordonne la levée de fonds pour financer le plan d'action. La Banque mondiale, le PNUD et le CIDA deviennent ainsi partenaire de cette initiative régionale. Ils facilitent le dialogue et la coopération entre les pays voisins et contribuent à créer un climat de confiance.

Egalement en 1993, un mécanisme informel de dialogue et d'échanges entre les Etats riverains du Nil et la communauté internationale a été inauguré. Il s'agit d'une série de dix conférences, appelées « Conférences du Nil 2002 » que le CIDA soutient.

Toutefois, ces tentatives se sont soldées par des échecs, principalement parce qu'elles n'ont pas réussi à gagner la confiance des Etats riverains ni susciter leur participation. Beaucoup, dont l'Ethiopie, ont refusé de s'associer à ces programmes considérant qu'ils avaient pour but d'institutionnaliser *le statu quo injuste* sur les eaux du Nil. Des efforts bilatéraux en matière de coopération n'avaient, non plus, aucune chance de réussite. Il n'avait jamais existé un degré de confiance minimum nécessaire pour assurer une coopération. Ceci amena les Etats nilotiques à prendre conscience qu'une coopération sur le long terme doit se fonder sur des projets de développement, sur des principes légaux partagés et sur une structure permanente.

2.7 L'Initiative du Bassin du Nil : un trait d'union de la coopération entre Etats du fleuve

En 1997, à l'exception de l'Erythrée, les pays riverains du Nil lancent des négociations qui aboutissent deux ans plus tard, à la création d'un cadre régional pour la gestion des eaux du Nil. Cette structure reçoit la dénomination officielle d'Initiative du Bassin du Nil (IBN). La structure transitoire de l'IBN a été officiellement installée en février 1999 à Dar-Es-Salam, Tanzanie, par le Conseil des ministres de l'eau des Etats riverains du fleuve.

La Banque mondiale et les autres organisations internationales ont décidé qu'il était temps de prendre des décisions. Les fonds dégagés par la Banque mondiale et le PNUD ont permis de lancer l'IBN.

Motivée par la structure de coopération, par la possibilité de régler des questions de droit international et par l'accès à des ressources financières internationales, l'Ethiopie a en effet elle aussi rejoint l'initiative.

L'objectif de l'IBN qui consiste à « promouvoir un développement socio-économique durable par une utilisation équitable des eaux du Nil et une juste répartition des avantages de cette ressource commune » a été adopté par tous les Etats riverains.

Une telle initiative est une grande réussite. Mais il ne faut pas perdre de vue que le défi qui doit être relevé par les Etats riverains du fleuve est beaucoup plus difficile et complexe. Chaque Etat du bassin du Nil est conscient que la véritable stratégie de l'IBN est d'obtenir le consensus de tous les pays riverains du fleuve sur les questions les moins controversées en reportant les questions fondamentales et litigieuses à une date ultérieure.

Pour la description du cadre institutionnel et le fonctionnement de l'IBN nous nous sommes basés en grande partie sur les déclarations officielles des Etats membres, du Secrétariat de l'IBN et les différentes publications officielles relatives à cette initiative.

L'IBN est une structure provisoire qui sera remplacée dès la mise en place, par les Etats membres, d'un Cadre institutionnel permanent.

2.7.1 Le Cadre institutionnel de l'Initiative du Bassin du Nil

Le Cadre institutionnel de l'IBN à pour but de faciliter la coordination entre les Etats riverains du fleuve, d'étudier la faisabilité des différents projets relatifs au Nil et veiller à la réalisation des objectifs fixés. Ce cadre se compose d'un Conseil des ministres du Nil (Nile-COM), d'un Comité consultatif technique (Nile-TAC), d'un Secrétariat du bassin du Nil (Nile-SEC), et d'un Consortium international pour la coopération dans le bassin du Nil (ICCON).

- *Le Conseil des ministres du Nil*, organe suprême de l'IBN, est l'instance de prise des décisions politiques. Il est composé des ministres de l'eau des différents pays membres. Sa présidence se soumet à une rotation annuelle.
- *Le Comité consultatif technique* est composé de conseillers techniques à raison de deux conseillers par Etat membre. La Banque mondiale, le PNUD et l'ACDI sont admis dans ce Comité comme observateurs. Ce comité, Crée par le Conseil des ministres du Nil, a tenu sa première réunion en Tanzanie, en juillet 1998. Le Comité se réunit quatre à cinq fois par an pour étudier et soumettre des propositions au Conseil des ministres du Nil.
- *Le secrétariat du bassin du Nil,* basé à Entebbe en Ouganda, gère la planification des activités de l'IBN et coordonne les activités du Nile-COM et du Nile-TAC. Il est aussi chargé du volet financier du programme et la de la communication avec les habitants du bassin du Nil. Son financement, qui a été assuré durant les six premiers mois par l'ACDI, est maintenant pris entièrement en charge par les Etats membres.
- La structure du *Consortium international pour la coopération dans le bassin du Nil* comporte des représentants des Etats riverains du fleuve,

la Banque mondiale et tous les donateurs privés. Cette structure a pour mission la mise sur pied d'un partenariat entre les Etats du bassin du Nil et la communauté internationale. Il est chargé de coordonner le financement bilatéral, multilatéral et privé dans le but de promouvoir la coopération dans le domaine de la gestion hydraulique et le développement des projets émanant de l'IBN. Il cherche aussi à créer une structure regroupant les pays riverains et les différents bailleurs de fonds.

Pour traduire la vision partagée, les pays riverains ont développé un programme d'action stratégique qui se concentre sur deux approches : un Programme de vision partagée du bassin (SVP : Shared Vision Program) et des Programmes d'actions subsidiaires (SAP : Subsidiary Action Program). Le premier programme s'occupe de l'ensemble du bassin tandis que le deuxième ne s'intéresse qu'aux sous-bassins.

- *Le Programme de vision partagée du bassin (SVP)* à pour but de créer un environnement favorable à la coopération par le renforcement de la confiance et des compétences. Ce programme s'est fixé quatre objectifs qui sont : établir la confiance et faciliter le dialogue entre les Etats riverains du Nil, mettre en œuvre des stratégies communes et des cadres d'analyse, créer des outils et des démonstrations pratiques et développer les ressources humaines et les capacités institutionnelles (Voir le tableau 2.8).
- *Le Programme d'action subsidiaire (SAP)* a pour objectif d'assurer le développement des sous-bassins c'est-à-dire planifier et mettre en œuvre des activités sur le terrain au niveau local le mieux approprié, en tenant compte des avantages et des impacts de ces activités dans tous les pays riverains. Les projets potentiels du SAP sont classés en deux catégories : les projets généraux de gestion des ressources hydrauliques et les projets de développement conjoint. A titre d'exemple, voici quelques uns des projets inscrits au programme :
- développer l'agriculture pluviale dans les petites parcelles en utilisant des techniques de collecte et de stockage des eaux de pluie et en promouvant l'irrigation à petite échelle ;
- mettre en place un réseau électrique régional et échanger de l'électricité au niveau régional ; initier un programme régional d'investissement dans le commerce de l'électricité ;

Tableau 2. 8: Passage en revue du programme de vision partagé (SVP)

Type	Fonction	Projets	Objectifs	Coût indicatif (en millions de $)
Sectoriel	Fondation technique pour une coopération régionale : 1. Cadre analytique commun 2. Outils pratiques et démonstrations 3. Capacité de construction	1. Action environnementale transfrontalière du Nil	Prévoir un cadre d'action environnementale pour l'ensemble du bassin en relation avec des issues transfrontalières dans le contexte du programme d'action stratégique d'IBN.	39
Sectoriel		2. Commerce régional d'électricité dans le bassin du Nil	Etablir des structures institutionnelles pour coordonner le développement des marchés régionaux d'énergie.	12
Sectoriel		3. Utilisation efficiente d'eau pour l'agriculture	Prévoir des bases conceptuelles pour améliorer la disponibilité de l'eau et l'utilisation efficiente de l'eau pour la production agricole.	5
Sectoriel		4. Planification et gestion des ressources en eau	Mettre en valeur la capacité analytique d'une perspective pour l'ensemble du bassin pour promouvoir le développement, la gestion et la protection des eaux du bassin du Nil.	28
Cross cutting	Promouvoir une vision commune et assurer un soutien à long terme	5. Renforcement de la confiance et implication des membres	Encourager l'engagement politique dans l'ensemble du bassin, favoriser la prise de conscience du public, renforcer la confiance du public, soutenir l'implication et la participation des membres et promouvoir un discour sur le développement régional.	7
Cross cutting		6. Formation appliquée	Consolider la capacité institutionnelle dans les domaines de la planification de l'eau et la gestion publique et privée des secteurs et des groupes de communautés, créer ou consolider des centres avec une capacité pour développer et lancer des programmes sur des bases soutenues.	20
Cross cutting		7. Développement socioéconomique et partage des avantages	Renforcer la coopération socioéconomique et l'intégration dans l'ensemble du bassin à travers : a) une identification coordonnée, des analyses et une architecture d'un développement coopératif et des priorités ; b) un développement des critères, des méthodes et des structures pour partager des bénéfices/coûts, et gérer les risques concomitants.	11
Total				122

Source : (NBI, 2001)

- renforcer les pêcheries dans les lacs pour accroître les revenus et la sécurité alimentaire des populations locales ;
- contrôler, à l'aide de méthodes biologiques et physiques, la jacinthe d'eau qui colonise les eaux ;
- maîtriser l'érosion qui charge le Nil et envase les barrages ;
- développer un système d'alerte, de coordination et de capacité nationale pour faire face aux inondations dans la partie est du bassin du Nil.

Les projets du SAP seront mis à exécution à travers deux organisations de deux sous-bassins : l'une pour la région de l'Est du Nil (ENSAP : Eastern Nile Subsidiary Action Program) et l'autre pour la région des lacs équatoriaux (NESAP : Nile Equatorial Lakes Region Subsidiary Action Program).

L'ENSAP concerne l'Egypte, le Soudan et l'Ethiopie alors que l'Erythrée s'est contenté d'un statut d'observateur. Ce programme a pour objectifs d'assurer une gestion efficace de l'eau, de lutter contre la pauvreté et de réaliser l'intégration économique. Les différents projets de l'ENSAP regroupés sous la dénomination « Integrated Development of the Eastern Nile » sont :
- modèle de sous-projet pour la planification de l'Est du Nil;
- développement de sous-projet polyvalent des ressources en eau du Baro-Akobo (Sobat);
- sous-projet d'alerte et de prévention contre le risque des inondations;
- sous-projet d'interconnexion des transmissions entre le Soudan et l'Ethiopie;
- programme d'investissement dans le commerce de l'énergie pour l'Est du Nil;
- sous-projet d'irrigation et de drainage;
- sous-projet de la gestion des lignes de partage des eaux.

LE NELSAP regroupe les six pays de l'amont du Nil : le Burundi, la République démocratique du Congo, le Kenya, le Rwanda, la Tanzanie et l'Ouganda ; ainsi que les deux pays en aval, l'Egypte et le Soudan. Ce programme a pour objectif la lutte contre la pauvreté, le développement économique et la protection de l'environnement. Ce programme contient douze projets qui ont pour but :
- d'améliorer la productivité agricole par le développement de l'agriculture pluviale dans les petites parcelles en utilisant des techniques de collecte et de stockage des eaux de pluie et en promouvant l'irrigation à petite échelle;
- de développer des projets de pêche dans les lacs Albert et Edouard;
- de développer des structures pour une gestion coopérative des ressources hydrauliques dans le lac Mara;
- de développer une gestion intégrée des ressources en eau dans le bassin du Kagera ;

- de développer un cadre pour une gestion coopérative des ressources hydrauliques dans les bassins de Malakisi-Malaba-Sio ;
- de diminuer la jacinthe d'eau dans le bassin du Kagera ;
- de développer l'énergie hydroélectrique dans les chutes de Rusumo ;
- de préparer et classer les études de faisabilité pour la production d'énergie hydroélectrique dans les Etats du Nil équatorial ;
- d'interconnecter les infrastructures électriques entre le Kenya et l'Ouganda ;
- d'interconnecter les infrastructures électriques entre le Burundi, la République démocratique du Congo et le Rwanda ;
- d'interconnecter les infrastructures électriques entre le Burundi et le Rwanda ;
- d'interconnecter les infrastructures entre le Rwanda et l'Ouganda.

L'initiative du bassin du Nil démontre que des pays qui soutiennent des thèses divergentes peuvent coopérer. Les raisons du succès de cette initiative sont nombreuses. L'une de ces raisons est la concentration des discussions sur les intérêts des Etats plutôt que sur leurs positions géographiques et économiques. Une autre raison concerne le relatif équilibre de pouvoir entre les Etats nilotiques. Les Etats qui possèdent un avantage géographique compensent par ce biais le désavantage économique et politique. L'Ethiopie qui contrôle le Nil Bleu possède un avantage géographique qui compense sa faiblesse économique et politique vis-à-vis de l'Egypte. Le rôle d'intermédiaire joué par la Banque mondiale, le PNUD et la CIDA a facilité le dialogue. De plus, 140 millions de dollars ont été trouvés, lors du premier Consortium International pour la Coopération sur le Nil (ICCON-I), pour soutenir les deux programmes SVP et SAP. Ce montant représente 66 % des estimations financières des besoins de l'IBN (Voir tableau 2.9).

Il est clair que les différents programmes établis dans le cadre de l'IBN ont pour objectif principal de renforcer la confiance et poser les jalons d'une première coopération durable dans le bassin du Nil. Les questions qui se posent sont donc de savoir si ces mesures de consolidation de la confiance ont une chance d'améliorer l'état chronique de méfiance qui a caractérisé le développement des eaux du Nil. L'IBN permettra-t-elle aux pays riverains de mettre à jour *le statu quo injuste* qui existe sur l'exploitation des eaux du Nil ? Plus précisément, l'Egypte est-elle disposée à réduire l'utilisation de ces eaux en faveur de pays comme l'Ethiopie ? L'Ethiopie pourra-t-elle poursuivre son programme de développement sans diminuer considérablement les ressources du fleuve ? Le Soudan est-il en mesure de surmonter sa méfiance et de jouer le rôle de catalyseur dans le règlement à l'amiable des questions nilotiques ? Les Etats du Nil équatorial seront-ils les acteurs d'une réelle coopération ? Le succès de l'IBN garantirait aux pays situés en aval la sécurité d'un approvisionnement durable en eau et offrirait aux pays situés en amont une chance de développement.

2.8. Vers un nouvel accord sur le partage des eaux du Nil

Il est possible de trouver des issues positives au statu quo, imposé par les accords de 1959, sur le Nil et son utilisation. Ces issues passent par une renégociation d'un nouvel accord sur le partage du débit du Nil. Toutefois, toute renégociation doit impérativement passer par l'acceptation par les gouvernements égyptien et soudanais de l'idée selon laquelle Le Caire et Khartoum n'ont pas de droit particulier sur les eaux du Nil, et, aussi par l'acceptation, de tous les Etats riverains, en particulier l'Ethiopie, que leur politique hydraulique soit conçue et gérée au niveau du bassin versant.

Un nouvel accord sur la gestion des eaux du Nil n'est pas strictement un jeu à somme nulle. Il existe un certain nombre de possibilités pour un comportement coopératif qui pourraient accroître le débit du Nil à long terme, et un nouvel accord pourrait garantir que de telles possibilités soient totalement exploitées. Une des possibilités la plus prometteuse, à long terme, est la construction des réservoirs sur le Nil Bleu en Ethiopie (GUARISO G., et WHITTINGTON D., 1987).

Tableau 2. 9: Estimations financières des besoins de l'IBN

Programme	Item	Montant indiqué (en millions de $)
Programme de vision partagée (SVP)	1. Action environnementale transfrontalière du bassin du Nil	39
	2. Commerce régional de l'hydroélectricité dans le bassin du Nil	12
	3. Utilisation efficiente de l'eau pour la production agricole	5
	4. Planification et la gestion des ressources en eau	28
	5. Construction de la confiance et l'implication des membres	7
	6. Formation appliquée	20
	7. Développement socioéconomique et partage des bénéfices	11
	Total SVP	**122**
Programme d'action subsidiaire (SAP)	NELSAP	30
	ENSAP	49
	Total SAP	**79**
Facilitation de l'IBN et gestion du programme	1. Assurer un soutien durable pour faciliter la progression et le développement de l'IBN 2. Coordination du programme SVP	10
	Total de facilitation de l'IBN et gestion	**10**
	Financement total	**211**

Source : (NBI, 2001)

Un des nombreux avantages est que la construction des barrages en amont, dans les hauts plateaux éthiopiens réduira l'évaporation de 50% par rapport aux barrages soudanais et égyptiens. Actuellement, seules, des estimations approximatives sur les économies d'eau pouvant être réalisées grâce à ces projets sont disponibles. Des experts parlent des économies allant de 4 à 5 milliards de m³ d'eau par an (WATERBURY J. et al, 1995).Une autre opportunité pour la coopération régionale est l'élimination du réservoir de Jabal Aulia sur le Nil Blanc, où les pertes annuelles par évaporation ont été estimées à 2,8 milliards de m³ (WITTINGTON D., et MCCLELLAND E., 1992).

Selon John WATERBURY, Dale WHITTINGTON et Elizabeth MCCLELLAND, (1995) tout nouvel accord sur la répartition des eaux du Nil à long terme entre les différents Etats riverains doit être subordonné à l'achèvement de ces deux projets qui permettront d'augmenter l'offre d'eau disponible. Ils estiment que l'augmentation du débit du fleuve résultant de la construction des réservoirs sur le Nil Bleu et de l'élimination du réservoir de Jabal Aulia sur le Nil Blanc serait de 6 milliards de m^3.

Ces deux projets ramèneront le débit du Nil, mesuré à Assouan après déduction de l'évaporation sur le lac Nasser et les infiltrations du barrage d'Assouan, de 74 milliards de m^3 à 80 milliards de m^3.

Si le plan global d'aménagement des sources éthiopiennes du Nil, bonification de 2 millions d'ha de terres irriguées et la mise en valeur de l'énergie hydroélectrique, venait à être réalisé 11 milliards de m^3 d'eau par an soit 15 % de la quote-part du Soudan et de l'Egypte dans le Nil, seraient exigés par le gouvernement éthiopien. Cette mise en œuvre serait une catastrophe pour l'Egypte et le Soudan, déjà en situation *de stress hydrique*, si rien n'est fait pour y remédier.

John WATERBURY, Dale WHITTINGTON et Elizabeth MCCLELLAND, sont les premiers à avoir proposé, en 1992, une clé de répartition des eaux du Nil entre l'Egypte, le Soudan et l'Ethiopie. Ils préconisent que l'Ethiopie recevra 12 milliards de m^3 d'eau par an mesuré à Assouan. Cette quantité allouée à l'Ethiopie ramènera celles allouées à l'Egypte et au Soudan à 52,5 et 15,5 milliards de m^3 respectivement. Ils ajoutent que cette nouvelle répartition dépend impérativement des 6 milliards de m^3 d'eau escomptés grâce à la réduction de l'évaporation après la construction d'un réservoir sur le Nil Bleu et d'un autre sur Nil Blanc. Cette affectation de 12 milliards de m^3 d'eau à l'Ethiopie réduira les parts de l'Egypte et du Soudan de 3 milliards de m^3 chacune (Voir la table 2.10).

Tableau 2. 10: La comparaison entre la répartition des eaux du Nil selon les accords de 1959 et un éventuel accord possible (en milliards de m³)

	Accords de 1959	Un éventuel accord possible
Egypte	55,5	52,5
Soudan	18,5	15,5
Ethiopie	0	12,0
Autres Etats riverains	0	0
Pertes dues à l'évaporation	10	6
Total à partager	74	80

Source: WHITTINGTON D., et MCCLELLAND E., Opportunities for Regional and International Cooperation in the Nile Basin, Water International, n° 17, 1992, pp. 144-154.

Des spécialistes estiment que les quantités d'eau perdues par l'Egypte et le Soudan peuvent être récupérées si un aménagement de l'ensemble du bassin du Nil est envisagé. Les propositions des spécialistes ont été formulées dans ce qu'ils convient d'appeler le plan HURST H. E. (1954). Ce plan préconise de construire sur le Nil Blanc : un réservoir pluriannuel sur le lac Albert en Ouganda et, au Soudan il propose de construire un réservoir à capacité saisonnière à Nimulé, de creuser le canal de Jongleï et construire le barrage de Gambela. Sur le Nil Bleu, il suggère de construire un réservoir de stockage pluriannuel sur le lac Tana en Ethiopie et l'élévation du barrage de Rosières au Soudan. Enfin, sur le Nil en aval de Khartoum, le plan recommande la construction du barrage de Mérowé à l'emplacement de la 4e cataracte (Voir la figure 2.5). Ce plan permettra au débit du Nil de passer de 74 à 130 milliards de m³ mesuré à Assouan.

Toutefois, la situation économique et politique est loin d'être favorable à la réalisation d'un tel projet qui suppose l'accord de dix Etats riverains du Nil. De plus, l'achèvement de ce projet ne peut se réaliser qu'à long terme alors que la question de l'eau en Egypte, au Soudan et en Ethiopie se pose à court terme.

Nous pouvons avancer que l'augmentation de l'offre d'eau en Egypte et au Soudan, à court terme, paraît donc exclue. Si plusieurs spécialistes déclarent que le potentiel du Nil au Soudan n'est pas entièrement exploité, ses limites sont nettement visibles. On peut, tout au plus, compter sur 18 milliards de m³ d'eau supplémentaires (E/ESCWA/ENR/2001/3, 2001). Nous pouvons dès lors constater l'ampleur du problème pour les Egyptiens, les Soudanais et les Ethiopiens.

En raison de l'interruption des travaux du canal de Jongleï au Soudan, des hostilités éthiopiennes, l'Egypte a peu de chances d'augmenter ses ressources en eau extérieures. A moyen et à long terme, les tensions seront encore plus fortes avec les autres Etats amont du Nil le jour où l'Ouganda, la Tanzanie, le Kenya qui enregistrent une forte croissance démographique revendiqueront leur quote-part du fleuve. Face à cette situation, il ne reste qu'une seule issue pour l'Egypte et le Soudan : économiser l'eau en réduisant la demande.

Tous les rapports techniques affirment que l'Egypte et le Soudan peuvent faire de substantielles économies dans leur consommation.

La grande majorité des paysans égyptiens et soudanais pratiquent uniquement l'irrigation par l'inondation des parcelles. Les techniciens suggèrent qu'il faut prendre en compte les techniques modernes d'irrigation. Le recours à l'aspersion et surtout au goutte à goutte permettrait d'importantes économies en réduisant des 2/3 les consommations d'eau des agriculteurs.

En Egypte 51 milliards de m^3 d'eau sont actuellement consacrés à l'irrigation pour une superficie de 3,028853 millions d'ha soit 16 838 m^3/an /ha. Au Soudan 30 milliards de m^3 d'eau sont destinés à l'irrigation pour une superficie de 1,730970 millions d'ha soit 17 331 m^3/an /ha. Les études de terrain montrent que les charges réelles d'irrigation se situent entre 7 et 8 000 m^3/an/ha alors que les besoins sont estimés entre 4 et 5 000 m^3/an/ha. De plus, le nombre de rotations d'irrigation est très élevé : entre 10 et 16 par an. Les techniciens préconisent le retour à l'irrigation nocturne afin de diminuer les rotations.

Figure 2. 3: Diagramme des principaux projets relatifs au Nil

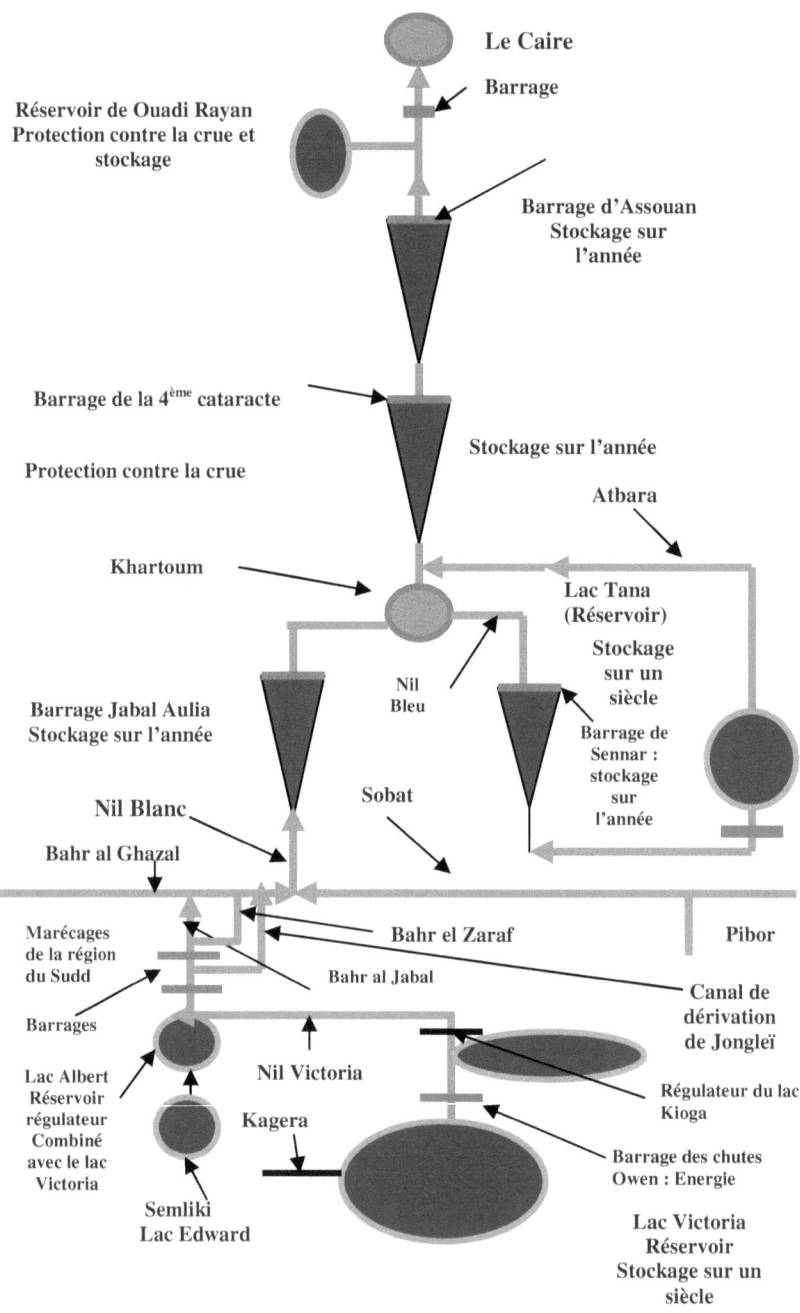

Source : Adapté d'après HURST H., E., op. cit, p. 265

La différence entre la valeur obtenue en divisant la quantité d'eau consacrée à l'irrigation par la superficie irrigable et celle donnée par les études du terrain s'explique par les pertes liées aux circuits de distribution. Les techniciens constatent partout des signes de laisser-aller : canaux mal curés, ouvertures mal contrôlées, les jacinthes du Nil qui colonisent une grande partie des canaux. Ces dernières couvrent des canaux entiers ce qui catalyse l'évaporation. Les spécialistes estiment à 15 milliards de m^3 les pertes d'eau dans les canalisations égyptiennes et soudanaises.

En Egypte, dans un autre ordre d'idées, des spécialistes mettent en cause le système de culture. Les agriculteurs égyptiens acceptent difficilement de pratiquer des cultures dont le prix est fixé par l'Etat par exemple le blé. Par contre, les superficies consacrées à des cultures très exigeantes en eau mais dont le prix est libre comme le riz et le bersim (trèfle d'Alexandrie) ont tendance à augmenter.

Pour sortir de cette situation *de stress hydrique*, les Egyptiens et les Soudanais doivent économiser l'eau dont ils disposent. Ce pari peut il être gagné ?

L'Egypte et le Soudan disposent de 3,028853 et 1,730970 millions d'ha de terres irrigables respectivement. L'investissement dans des systèmes permettant l'irrigation par aspersion et au goutte à goutte permettrait d'importantes économies estimées en moyenne à 5 000 m^3 d'eau par hectare et par an. Ces modes d'irrigation permettront à l'Egypte et au Soudan de réaliser des économies évaluées à 15 et à 8,7 milliards de m^3 d'eau par an respectivement. Des investissements supplémentaires pour l'entretien du circuit de distribution permettront une économie d'eau estimée à 10 milliards de m^3 d'eau en Egypte et à 5 milliards de m^3 d'eau au Soudan.

L'équipement de toutes les superficies égyptiennes et soudanaises, irriguées par inondation, par un système au goutte à goutte exigera des investissements de l'ordre de 6 et 3,642 milliards de dollars respectivement soit 2 000 dollars l'hectare. Ce système est très élaboré, mais son coût d'installation élevé constitue le principal obstacle à une plus large mise en place. Ce procédé est de ce fait davantage approprié aux cultures les plus rentables pratiquées par des gros propriétaires terriens capables de payer l'eau à sa juste valeur.

Une partie de la surface du sol n'étant pas irriguée, les pertes liées à l'évaporation sont réduites. L'application de fertilisants solubles à chaque irrigation est l'avantage supplémentaire de cette méthode, car les éléments nutritionnels sont plus disponibles pour la plante. Les principaux avantages de l'irrigation au goutte à goutte sont l'augmentation du rendement des cultures, la réduction des quantités de fertilisants appliquées, la réduction des risques de pollution et la réduction de la salinisation des sols. En Egypte la part des terres irriguées atteintes de salinisation est estimée par la FAO (1999) à 33 %.

Un autre investissement, indispensable, pour curer et entretenir le circuit de distribution exigera près de 1 milliard de dollars des Egyptiens et demandera

500 millions de dollars aux Soudanais. Le coût de l'eau économisée, grâce à ces investissements, sera de 0,29 $/m³. Le prix de revient de cette eau est avantageux par rapport au prix de revient des eaux usées traitées (0,50 $/m³) et par rapport à celui des eaux dessalées (1 à 1,50 $/m³ en fonction de la taille et de la technologie de la centrale de dessalement de l'eau de mer).

Ces gains d'eau ne doivent pas être annihilés par la croissance démographique. Ils permettront aux Egyptiens de développer un secteur touristique, créateur d'emploi et capable de payer l'eau à sa juste valeur, et aux Soudanais d'atteindre une autosuffisance alimentaire. Elle permettra, aussi, au Caire et à Khartoum d'être moins crispés avec leurs riverains proches au cours des négociations sur le partage des eaux du Nil.

2.9 La Convention sur le droit relatif aux utilisations des cours d'eau internationaux à des fins autres que la navigation et le partage des eaux du Nil

2.9.1 Le contexte (Rétroacte)

L'objet de cette section est de rendre opérationnel l'article 6 de la Convention de New York de 1997 relative *aux utilisations des cours d'eau internationaux à des fins autres que la navigation*. L'article 6 de la Convention a pour objet d'indiquer comment les Etats auront à appliquer la règle de l'utilisation équitable et raisonnable posée à l'article 5. Cette règle étant nécessairement générale et flexible, son application exige que les pays riverains du cours d'eau international tiennent compte de facteurs concrets propres à ce cours d'eau, ainsi que des besoins et des utilisations des Etats du cours d'eau. Le paragraphe 1 de l'article 6, après avoir mentionné que « l'utilisation équitable et raisonnable d'un cours d'eau international au sens de l'article 5 implique la prise en considération de tous les facteurs et circonstances pertinents », énumère une liste indicative de ces facteurs et circonstances.

La liste des facteurs énumérés au paragraphe 1 a un caractère indicatif et non limitatif. La diversité des cours d'eau internationaux et les besoins humains auxquels ils répondent interdit en effet d'établir une liste exhaustive des facteurs qui pourraient être pertinents dans chaque cas. Aucune priorité, aucun poids particulier ne sont assignés aux facteurs et circonstances énumérés; certains d'entre eux peuvent se trouver plus importants dans certains cas, d'autres auront plus de poids dans d'autres cas.

L'alinéa a du paragraphe 1 énumère des facteurs naturels tels que le volume et la qualité de l'eau, le débit ou ses variations saisonnières. Les facteurs géographiques contiennent, par exemple, l'étendue du cours d'eau international sur le territoire de chacun des Etats du cours d'eau ; les facteurs hydrographiques ont généralement trait aux mesures des eaux du cours d'eau, quant aux facteurs hydrologiques ils concernent le débit des eaux, ainsi que leur distribution, y compris l'apport en eau de chaque Etat du cours d'eau.

L'alinéa b vise « les besoins économiques et sociaux des Etats du cours d'eau intéressés ». L'alinéa c met l'accent sur l'importance de la dimension de la population tributaire du cours d'eau ainsi que du degré ou l'étendue de sa dépendance. L'alinéa d s'interroge sur les effets de l'utilisation par un Etat d'un cours d'eau sur les autres Etats du même cours d'eau. L'alinéa e fait état des « utilisations actuelles et potentielles du cours d'eau ». L'alinéa f indique divers facteurs relatifs aux mesures que les Etats du cours d'eau international peuvent prendre au sujet du cours d'eau. Enfin l'alinéa g vise « l'existence d'autres options, de valeur correspondante, susceptibles de remplacer une utilisation particulière, actuelle ou envisagée ».

2.9.2 Les facteurs pertinents relatifs au partage des eaux du Nil

Dans le cas du bassin nilotique nous estimons que les treize facteurs ci-dessous constituent ce que la Convention de New York de 1997 qualifie de facteurs pertinents indispensables à l'utilisation équitable et raisonnable d'un cours d'eau international au sens de l'article 5.

- Aire du bassin (en km²)
- Précipitations (10^9 m³/an)
- Ressources en eau renouvelables internes (10^9 m³/an)
- Dépendance hydrologique vis-à-vis de l'extérieur (%)
- Ressources en eau réelles totales par habitant (2004) (m³/an)
- Ressources en eau réelles totales par habitant (2015) (m³/an)
- Prélèvement en eau par habitant (m³/an)
- Population ayant accès aux sources améliorées d'eau potable (en millions)
- Population totale (2004) (en millions)
- Population totale (2015) (en millions)
- Indicateur du développement humain
- Produit intérieur brut (en PPA en milliards de $)
- Terres irriguées par rapport au potentiel d'irrigation du pays (%)

2.9.3 Choix et présentation du modèle de répartition

A cause de sa nature multicritère, le modèle que nous avons proposé nécessite une analyse multicritère et une approche appropriée pour le résoudre.

Les méthodes d'analyse multicritère sont des outils d'aide à la décision développés depuis les années 1960. De nombreuses méthodes ont été proposées

(ELECTRE, MAUT, AHP, PROMETHEE-GAIA, MACBETH ...) afin de permettre aux décideurs de faire un bon choix. Toutes ces méthodes traitent le même problème multicritère, mais elles se différencient par leurs hypothèses sous-jacentes et par l'information supplémentaire que doit fournir le décideur (BRANS, J-P, et MARESCHAL, B., 2002). Nous avons classé les méthodes les plus utilisées dans le domaine de la gestion hydraulique (HAJKOWICZ, S., et COLLINS, K., 2007) en trois catégories : les méthodes basées sur la théorie de l'utilité (MAUT, Somme pondérée), les méthodes de surclassement (ELECTRE, PROMETHEE) et les autres méthodes (AHP, MACBETH…).

Les méthodes MAUT et Somme pondérée

MAUT (Multi Attribute Utility Theory) est une approche développée vers la fin des années 1960 par Ralph KEENEY et Howard RAIFFA. Cette théorie se base sur les travaux des économistes John VON NEUMAN et Oskar MORGENSTEN. L'idée est assez simple : le décideur doit associer une utilité à chacune des actions considérées. Pour ce faire, il va considérer séparément chacun des critères et observer quelle utilité dégage chaque critère pour l'action considérée. L'approche repose sur le postulat de l'existence d'une fonction d'utilité et la détermination de cette fonction peut-être délicate.

La méthode Somme pondérée, quant à elle, n'est pas à proprement parler une théorie basée sur l'utilité, mais elle s'en approche. Le fonctionnement de cette méthode est très simple. Elle permet de se passer des difficultés inhérentes à MAUT, et propose au décideur de noter directement les différentes actions relativement à tous les critères. Le décideur doit également décider de la pondération ; en prenant garde toutefois aux unités qu'il a utilisées pour les critères (CAILLET, R., août 2003).

L'avantage de cette méthode est qu'elle permet d'obtenir un résultat numérique, et un classement complet des actions, sans la lourdeur de MAUT. Toutefois, Somme pondérée demande beaucoup d'attention au décideur, notamment car elle est totalement compensatoire (CAILLET, R., *op. cit.*).

Les méthodes AHP et MACBETH

La méthode AHP (Analytical Hierarchy Process) a été développée par Thomas SAATY dans les années 1980. Elle vise à affiner le processus de décision en examinant la cohérence et la logique des préférences du décideur. Le point de départ de la méthode est de définir une arborescence hiérarchique de critères et sous-critères. La représentation de l'arborescence se fait sous la forme de couples (pères, fils). Chaque critère doit être identifié avec sa définition et son intensité. Il faut en effet que la somme des poids de tous les critères fils d'un même critère père soit égale à 1. Cette expression des poids est appelée relation d'indépendance. La détermination des poids des facteurs se fait une fois que la hiérarchie complète du problème est posée. On va comparer deux à deux les différentes branches de même niveau, en attribuant une note chiffrée, sur une échelle prédéfinie, à la façon dont on ressent la différence entre les deux critères.

Cette méthode représente un certain nombre de faiblesses. L'échelle trop restreinte des valeurs autorisées peut conduire à des erreurs. Les poids sont déterminés avant que les échelles de mesure des critères n'aient été fixées. Ainsi le décideur est amené à faire des suggestions à propos de la relative importance des objets sans savoir, en fait, ce qui est comparé. Enfin, une des erreurs les plus difficiles à corriger est le fait qu'AHP ne dispose pas de points d'ancrage pour relier entre eux les différentes échelles des critères. Ceci implique que les critères n'ont pas tous la même échelle, mais que tous les critères ont des échelles flottantes les unes par rapport aux autres.

La méthode MACBETH (Measuring Attractiveness by a Categorical Based Evaluation Technique) est une méthode assez récente, développée notamment par Carlos Bana e Costa. Cette approche itérative de questionnement du décideur, a pour but de quantifier l'attractivité relative de chaque action par rapport à une autre. Elle ne requiert qu'un jugement qualitatif de préférence, ce qui lui permet de s'affranchir des critiques concernant les notations et leurs références. Le système est basé sur un programme vérifiant la consistance des données fournies et créant une échelle de poids.

La difficulté de cette méthode vient de ses hypothèses et sa difficulté de mise en œuvre.

Les méthodes ELECTRE et PROMETHEE

Les méthodes ELECTRE ont été développées par Bernard ROY à la fin des années 1960. Il a ainsi initié toute une série de méthodes, dites de surclassement, basées sur des comparaisons d'actions deux à deux. Celles-ci demandent peu d'information pour pouvoir être implémentées; de plus cette information est facilement accessible au décideur, elles fournissent donc des résultats solides, mais pauvres.

Les méthodes PROMETHEE sont des méthodes de surclassement, basées sur les théories de Bernard ROY. Elles ont été proposées pour la première fois en 1982 par Jean-Pierre BRANS. Depuis elles n'ont cessé de faire l'objet de développements et d'adaptations complémentaires (BRANS, J-P., MARESCHAL, B., 2005).

Ces deux méthodes proposent une approche non compensatoire et permettent une incomparabilité entre les différentes actions.

L'étude de ces différentes méthodes montre que les méthodes du surclassement sont les mieux adaptées à notre problème. Les plus puissantes de ces méthodes, en termes de méthodologie et de capacité du software, sont ELECTRE Is, ELECTRE III et IV (VINCKE, PH., 1992) et PROMETHEE

(BRANS, J-P., et al., op. cit.).Toutefois, la prochaine étape consiste à choisir la méthode de surclassement la mieux adaptée à notre problème.

Bashar AL-SHEMERI, Tarik AL-KLOUB et Alan PEARMAN (1997) constatent que PROMETHEE est plus facile à utiliser qu'ELECTRE et AHP. Ils ajoutent que cette méthode surpasse les deux autres puisque la sélection du type de fonction de préférence constitue une flexibilité importante offerte au décideur. « Cette flexibilité est souvent ressentie par les utilisateurs non expérimentés comme une difficulté plutôt que comme une faculté d'adaptation à une large classe de problèmes. C'est la raison pour laquelle certains utilisateurs préfèrent opter pour des méthodes plus rigides, plus automatiques, comme par exemple la méthode AHP, sans se rendre compte que plusieurs concepts fondamentaux tels que la notion d'incomparabilité y sont souvent extrêmement mal traités en raison du caractère rigide de ces méthodes » (BRANS, J-P. et MARESCHAL, B., op. cit.). De plus, l'analyse de stabilité sur les évaluations est considérée comme importante puisqu'elle permet de voir comment des petites modifications de seuil affectent les résultats. Dans une étude pertinente portant sur la mesure des résultats des différentes méthodes, Jean-Pierre BRANS et Bertrand MARESCHAL (1986) ont pu montrer que les classements PROMETHEE I et II « sont relativement robustes, pour autant que les seuils restent dans des limites raisonnables. »

Le plan GAIA complète et prolonge les résultats obtenus par PROMETHHEE. Il n'existe pas de méthode permettant de fixer l'attribution de poids aux critères de façon définitive et absolue. L'approche GAIA-PROMETHEE permet d'entreprendre une analyse de sensibilité sur les poids.

Enfin, les avantages de PROMETHEE et sa très large application à des problèmes de gestion des ressources hydrauliques (ABU-TALEB, M., et MARESCHAL, B., (1995), DUCKSTEIN, L., et LÖZELKAN, C., (1996), AL-SHEMMERI, T., et al., (1997), ABU-KLOUB, B., et al., (1999), RAJU, K., S., et PILLAI, C., R., S., (1999), AL-RASHDAN, et al., (1999), RAJU, K., S., et al., (2000), FÜSUN, Ü., et al., (2001), ANAGNOSTOPOULOS, K., P., et al., (2005), ont fait d'elle la méthode la plus appropriée à la gestion de l'eau au Moyen-Orient.

Notre modèle de répartition (PROMETHEE Water Allocation Model (**PWAM**)) repose sur la méthodologie multicritère PROMETHEE. Cette dernière permet d'évaluer et de classer un certain nombre d'actions (dans notre cas les pays) sur base d'une série de critères, en tenant compte de leurs échelles respectives et d'une pondération en fonction de leurs importances relatives (Voir tableau 2.11).

Le classement PROMETHEE est établit sur base d'un score, Φ, calculé pour chaque action en la comparant à l'ensemble des autres. Les meilleures actions ont un score Φ positif, les moins bonnes ont un score négatif.

Dans notre cas nous voulons évaluer les besoins de chaque pays, à partir des critères retenus. Le score Φ peut servir à comparer ces besoins et à classer ainsi les pays.

L'objectif étant néanmoins d'obtenir une répartition des ressources entre les pays, le calcul doit être adapté.

Notre clé de répartition est obtenue de la façon suivante :

$$Q_x = \frac{Q_T}{n}(1 + \phi_x) \qquad x = 1, \ldots, n$$

Q_x : Quantité allouée au pays x

Q_T : Quantité totale à répartir

n : Nombre de pays

ϕ_x : Flux relatif au pays x

Ainsi, en partant d'une équi-répartition, les comparaisons entre pays mènent à des transferts des pays ayant les besoins les moins élevés vers ceux qui ont les besoins les plus élevés. Au final, les pays ayant un Φ positif recevront des quantités plus élevées et ceux ayant un Φ négatif en recevront une plus faible.

Tableau 2.11 : Facteurs pertinents relatifs à chaque pays

	Signe	Poids (%)	Egypte	Soudan	Ethiopie	Erythrée	Kenya	Tanzanie	Ouganda	Burundi	Rwanda	R.D. du Congo
Aire du bassin (en km²)	+	3	287100	1818300	348000	17400	34800	110200	223300	14500	23200	23200
Précipitations (10⁹ m³ / an)	-	12	51,07	1042	936	45,16	366	1012	284,4	35,46	31,92	3618
Ressources en eau renouvelables internes (10⁹ m³ par an)	-	12	1,8	30	122	2,8	20,7	84	39	10,06	9,5	900
Dépendance hydrologique vis-à-vis de l'extérieur (en %)	-	12	97,97%	51,72%	0,00%	56,84%	31,52%	9,69%	39,29%	19,15%	0,00%	29,06%
Ressources en eau réelles totales par habitant (2004) (m³/an)	-	6	794,4	1879	1685	1466	947	2469	2472	1774	1120	23577
Ressources en eau réelles totales par habitant (2015) (m³ / an)	-	6	661	1466	1255	1086	695	2039	1575	1183	841	16449
Prélèvement en eau par habitant (2004) (m³ par an)	+	5	1008	1187	81	135	87	143	12	46	19	7
population ayant accès aux sources améliorées d'eau potable (en millions)	-	5	71,15	24,5	16,63	2,39	20,77	27,45	15,57	5,77	6,5	25,71
Population totale en millions (2004)	+	12	72,6	35,5	75,6	4,2	33,5	37,6	27,8	7,3	8,9	55,9
Population totale en millions (2015)	+	12	88,2	44	97,2	5,8	44,2	45,6	41,9	10,6	11,3	78
Indicateur du développement humain (2004)	+	5	0,702	0,516	0,371	0,454	0,491	0,43	0,502	0,384	0,45	0,391
PIB (2004) (en PPA en milliards de $)	+	5	305,9	62,2	52,9	4,1	38,1	25,4	41,1	4,9	11,2	39,4

2.9.4 Application du modèle

Pour l'application du modèle (PWAM) nous avons fait appel à des données empiriques relatives à différents Etats riverains du Nil. Les données utilisées dans cette étude ont été tirées de deux sources principales : une base de données statistiques sur les ressources en eau, AQUASTAT (FAO, 2005-2006) et du rapport sur le développement humain du programme des Nations-Unies pour le développement (PNUD, 2006).

Le logiciel utilisé pour l'obtention de Φ est Decision Lab : un logiciel multicritère d'aide à la décision. Les différents calculs relatifs à la quantité allouée à chaque pays sont effectués par l'utilisation du logiciel Microsoft office « Excel ».

2.9.5 Les résultats du modèle

Les divers résultats du modèle seront présentés par les différentes figures données par le classement complet PROMETHEE II. Ces résultats seront utilisés pour pouvoir offrir des alternatives politiquement viables dans le contexte nilotique. Notre approche se veut concrète et réaliste. Nous tiendrons compte dans notre analyse, pour une issue à court terme pour le partage des eaux du Nil, des besoins en eau existants et des différentes utilisations de chaque population pour ne pas hypothéquer aucune marche vers le développement.

L'accord de 1959, signé entre l'Egypte et le Soudan, reconnaît l'existence du droit des autres riverains d'une façon explicite et annonce que chaque fois qu'une revendication est faites par un des riverains non signataires, celle-ci doit être prise en considération par les deux Etats signataires de l'accord. Tout volume d'eau que les deux pays alloueront aux nouveaux demandeurs sera déduit à parts égales des attributions de l'Egypte et du Soudan telle qu'elles seront mesurées à Assouan (Article 3, paragraphe 2).

Si le plan global d'aménagement des sources éthiopiennes du Nil - bonification de 2 millions d'ha de terres irriguées et mise en valeur de l'énergie hydroélectrique - venait à être réalisé, 11 milliards de m³ d'eau par an seraient exigés par l'Ethiopie.

Nous nous concentrons dans un premier temps sur l'Egypte, le Soudan et l'Ethiopie puisque la gestion de l'eau dans ces pays se pose à court terme.

Supposons que la demande éthiopienne trouvera un écho positif auprès des responsables politiques égyptiens et soudanais. Nous effectuerons les calculs pour l'obtention des quote-parts relatives à l'Egypte et au Soudan, à l'aide de la formule utilisant les flux relatifs à chaque pays, sur la quantité du débit restant après déduction des 11 milliards de m³ destinés à l'Ethiopie (Voir tableau 2.12).

Figure 2. 4: Le classement complet PROMETHEE II pour l'Egypte et le Soudan

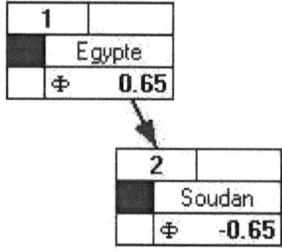

Le score Φ nous a permis de comparer les besoins et classer l'Egypte et le Soudan. Grâce aux valeurs de Φ : 0,65 pour l'Egypte et – 0,65 (Voir la figure 2.6) pour le Soudan nous pouvons obtenir une répartition des ressources entre ses deux pays.

Tableau 2.12: Les différentes clés de répartition du débit du Nil entre l'Egypte, le Soudan et l'Ethiopie (en milliards de m³)

	Egypte	Soudan	Ethiopie
Les accords de 1959 Débit = 74 10^9 m³	55,5	18,5	0
Clé de répartition de Waterbury-Whittington – Mcclelland Débit = 80 10^9 m³	52,5	15,5	12
Notre clé de répartition Débit = 74 10^9 m³	52	11	11
Notre clé de répartition Débit = 80 10^9 m³	57	12	11
Notre clé de répartition subordonnée aux accords de 1959 Débit = 80 10^9 m³	55,5	13,5	11
Notre clé de répartition Débit = 85 10^9 m³	61	13	11
Notre clé de répartition subordonnée aux accords de 1959 Débit = 85 10^9 m³	55,5	18,5	11

Le tableau 2.12 indique les différentes clés de répartition du débit du Nil entre l'Egypte, le Soudan et l'Ethiopie.

La clé de répartition proposée par Waterbury-Whittington-Mcclelland tient compte des besoins hydriques de l'Ethiopie, de l'Article 3 paragraphe 2 de l'accord de 1959 et d'un débit total du Nil, mesuré à Assouan, de 80 milliards de m³. La viabilité de cette clé de répartition, à court terme, est compromise puisque le débit préconisé par les auteurs est subordonné à la construction de deux réservoirs l'un sur le Nil Bleu et l'autre sur le Nil Blanc. La construction de ces deux réservoirs qui permettra un gain de 6 milliards de m³ d'eau ne peut s'achever qu'à long terme.

Dans un premier temps, notre modèle est testé, avec différents niveaux de débit, pour déterminer la quote-part de l'Egypte et celle du Soudan puisque la quote-part de l'Ethiopie est fixée, à l'avance, à 11 milliards de m³ d'eau. Avec un débit total de 74 milliards de m³ d'eau, notre clé de répartition se présente de la façon suivante : une quantité de 52 milliards de m³ d'eau revient à l'Egypte et une autre de 11 milliards de m³ d'eau revient au Soudan. Ces deux débits attribués, respectivement, à l'Egypte et au Soudan sont inférieurs à ceux accordés aux deux pays par les accords de 1959. Toutefois, avec un débit de 80 milliards de m³ d'eau, l'Egypte se trouve avec un surplus de 1,5 milliards de m³ par rapport aux accords de 1959 et le Soudan avec un déficit de 6,5 milliards de m³ d'eau par rapport à ces mêmes accords. Le transfert du surplus égyptien vers le Soudan ramènera la quote-part de ce dernier à 13,5 milliards de m³ d'eau. Enfin, un débit de 85 milliards de m³ d'eau permettra à l'Egypte de disposer de 61 milliards de m³ d'eau et le Soudan de 13 milliards de m³ d'eau. Le transfert du surplus obtenu par l'Egypte pour compenser le déficit soudanais nous ramène vers les quote-parts fixées par les accords de 1959.

Dans un deuxième temps, la quote-part de l'Ethiopie n'est pas fixée à l'avance et les besoins de ce pays sont évalués à partir des mêmes critères retenus pour l'Egypte et le Soudan, le classement complet PROMETHEE II se présentera de la façon suivante (Voir la figure 2.7) : un premier classement complet concernera les Etats riverains du Nil Bleu et un deuxième concernera les Etats riverains du Nil Blanc. La quote-part de l'Ethiopie qui n'est pas concernée par le Nil Blanc sera calculée à partir du flux donné par le premier classement en fonction du débit du Nil Bleu. Les quote-parts de l'Egypte et du Soudan, quant à elles, seront calculées à partir des flux, relatifs à chaque pays, donnés respectivement par les deux classements en fonction du débit relatif à chaque fleuve. Les débits du Nil Bleu et le Nil Blanc sont estimés, respectivement, à 86 % et à 14 % du débit total du Nil.

Figure 2. 5: le classement complet PROMETHEE II pour l'Egypte, le Soudan et l'Ethiopie

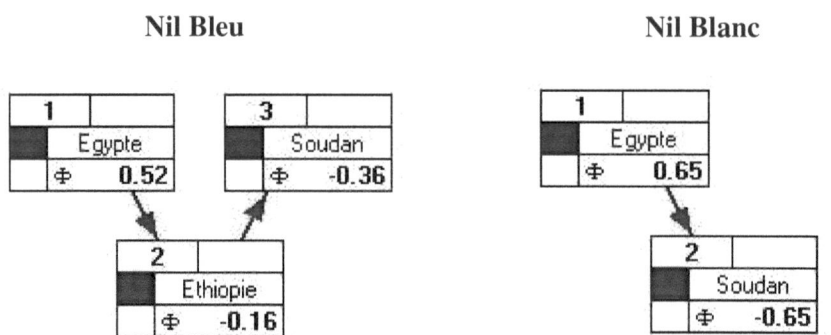

Tableau 2.13: Répartition des eaux du Nil entre l'Egypte, le Soudan et l'Ethiopie sur base de l'article 6 de la Convention de 1997 (en milliards de m³)

	Egypte	Soudan	Ethiopie
Débit = 74 10^9 m³			
Nil Blanc	8,55	1,81	0
Nil Bleu	32,20	13,60	17,80
Total	40,75	15,41	17,80
Débit = 80 10^9 m³			
Nil Blanc	9,24	1,96	0
Nil Bleu	34,90	14,70	19,26
Total	44,14	16,66	19,26
Débit = 89 10^9 m³			
Nil Blanc	10,28	2,18	0
Nil Bleu	38,80	16,30	21,40
Total	49,08	18,48	21,40
Débit = 101 10^9 m³			
Nil Blanc	11,67	2,47	0
Nil Bleu	44,00	18,50	24,3
Total	55,67	20,97	24,3

Le tableau 2.13 indique les différents résultats obtenus par notre clé de répartition en fonction d'un certain nombre de débits. L'application de cette clé de répartition montre à quel point l'accord de 1959 était injuste à l'égard de l'Ethiopie et à quel point il était avantageux pour l'Egypte. Avec un débit de 74 milliards de m³ d'eau, notre modèle fait passer la quote-part de l'Ethiopie de 0 à 17,80 milliards de m³ d'eau, celle de l'Egypte de 55,5 à 40,75 milliards de m³ d'eau et celle du Soudan de 18,5 à 15,41 milliards de m³ d'eau. Il faut des débits de 89 et de 101 milliards de m³ d'eau pour permettre respectivement au Soudan et à l'Egypte de retrouver leur quote-part actuelle.

A moyen et à long terme, l'Ouganda, la Tanzanie et le Kenya qui enregistrent une forte croissance démographique se décideront à tirer un meilleur profit des eaux du lac Victoria où le Nil Blanc prend sa source. En tenant compte, en plus de l'Egypte du Soudan, des besoins en eau futurs de l'Ouganda, de la Tanzanie et du Kenya les résultats de notre clé de répartition seront présentés par la figure et le tableau 16. L'Ouganda, la Tanzanie et le Kenya ne sont concernés que par le Nil Blanc, donc, leur quote-part sera calculée uniquement en fonction du débit de ce fleuve.

Figure 2. 6 : Le classement complet PROMETHEE II pour les Etats riverains du Nil Blanc

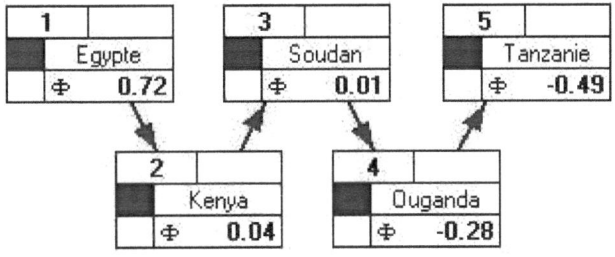

Figure 2. 7 : Le classement complet PROMETHEE II pour les Etats riverains du Nil Bleu

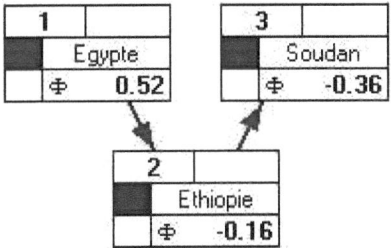

Tableau 2. 11: Répartition des eaux du Nil entre l'Egypte, le Soudan, l'Ethiopie, l'Ouganda, le Kenya et la Tanzanie sur base de l'article 6 de la Convention de 1997

	Egypte	Soudan	Ethiopie	Ouganda	Kenya	Tanzanie
Débit = 74 milliards de m³ Nil Blanc						
Nil Bleu	3,56	2,09	0	1,49	2,15	1,06
Total	32,20	13,60	17,80	0	0	0
	35,76	15,69	17,80	1,49	2,15	1,06
Débit = 80 milliards de m³ Nil Blanc						
Nil Bleu	3,85	2,26	0	1,61	2,33	1,14
Total	34,90	14,70	19,26	0	0	0
	38,75	16,96	19,26	1,61	2,33	1,14
Débit = 89 milliards de m³ Nil Blanc						
Nil Bleu	4,28	2,51	21,40	1,79	2,59	1,27
Total	38,80	16,30	0	0	0	0
	43,08	**18,81**	21,40	1,79	2,59	1,27
Débit = 115 milliards de m³ Nil Blanc						
Nil Bleu	5,54	3,25	0	2,32	3,35	1,64
Total	50,11	21,00	27,69	0	0	0
	55,65	24,25	27,69	2,32	3,35	1,64

Le tableau 2.14 montre que la prise en compte des besoins et des usages de l'Ouganda, du Kenya et de la Tanzanie, pour un débit de 74 milliards de m³ d'eau, fait reculer la quote-part du Caire à 35,76 milliards de m³ d'eau et celle du Khartoum à 15,69 milliards de m³ d'eau.

Pour permettre au Soudan de retrouver sa quote-part actuelle il faut des aménagements permettant de ramener le débit total du Nil à 89 milliards de m³. Ces aménagements sont possibles mais politiquement difficiles puisque leur réalisation dépend de l'accord de tous les Etats riverains du Nil.

Toutefois, la reprise des travaux relatifs aux canaux de Jongleï, Bahr al Ghazal et Bahr al Jabal commencés par le Soudan et l'Egypte, et, interrompus pour cause d'instabilité politique au Sud-Soudan, permettraient de réaliser des gains avoisinants les 12 milliards de m³ d'eau à partager entre ces deux Etats. Ces travaux permettraient aux Soudanais de disposer d'une quantité de 21,69 milliards de m³ d'eau et aux Egyptiens d'atteindre 41,76 milliards de m³ d'eau.

Pour pouvoir disposer de 55,5 milliards de m³ d'eau, l'Egypte doit plaider pour des aménagements portant sur l'ensemble du bassin nilotique. Ces aménagements doivent permettre d'atteindre un débit de 115 milliards de m³ d'eau mesuré à Assouan. Ces aménagements sont très coûteux, politiquement difficiles et leur réalisation prendra quelques décennies alors que la question de l'eau en Egypte se pose sur le court terme.

Les vraies solutions à court terme passent par la réduction de la demande. Cette dernière consiste, dans un premier temps, à promouvoir des programmes de sensibilisation de la population. Ces programmes doivent porter sur le contrôle démographique et l'utilisation d'une agriculture efficiente qui utilise des méthodes d'irrigation très peu gourmandes en eau et des grains qui résistent à la sécheresse et la salinité. Dans un deuxième temps, les autorités égyptiennes doivent convaincre la population d'Egypte, plus particulièrement les nationalistes, de l'Etablissement d'un marché public régional de l'eau et d'importer des produits agricoles dont la production nécessite beaucoup d'eau.

Les observateurs estiment que « le moyen le moins cher pour l'Egypte de se procurer plus d'eau est d'acheter la partie non utilisée de la quote-part qui sera attribuée à l'Ethiopie » (THE ECONOMISTE, 28 mars 1992). Ce marché deviendra opérationnel une fois qu'un droit de propriété sur les eaux du Nil sera attribué à l'Ethiopie. L'élargissement de ce marché à l'ensemble des Etats du bassin serait la seule et la plus importante innovation qui pourrait être introduite dans un nouvel accord.

Pour des raisons sociales et politiques, l'importation des produits agricoles pose des vrais problèmes pour les décideurs politiques égyptiens. Pour des raisons sociales tout d'abord : la population rurale qui travaille dans le secteur agricole est encore très importante dans la région. Supprimer leur activité économique signifie les pousser à l'exode vers les villes dont les infrastructures ne suffisent déjà plus à la demande et où ils finiront par faire le lit des intégristes. Pour des raisons politiques ensuite : l'autosuffisance alimentaire en Egypte n'est pas seulement un slogan nationaliste, mais aussi un axiome politique pour le peuple égyptien et plus particulièrement après l'embargo économique vécu par le peuple irakien durant les années 1990.

L'utilisation de notre clé de répartition a permis l'opérationnalisation de l'article 6 de la Convention de 1997. Cette clé permettra aux différents Etats de comprendre la position des uns et des autres durant les négociations portant sur le partage des eaux du Nil. L'utilisation d'un logiciel multicritère d'aide à la décision fait de notre modèle la première tentative, de ce genre, utilisée pour opérationnaliser un article d'une Convention internationale.

L'important dans cette approche n'est pas les résultats obtenus mais plutôt la méthodologie utilisée pour y arriver.

Ce modèle répond à toutes les interrogations qui se sont posées et qui se posent dans le cadre de l'IBN concernant les divergences qui subsistent et qui concernent les quotas d'eau de chaque pays riverain. « Faut-il les calculer en fonction de la superficie du pays, de sa démographie, ou des autres ressources en eau disponibles ? » (KHALED, D., octobre 2001)

A travers ce modèle nous avons présenté un outil flexible qui peut être manié par les négociateurs en fonction des différents contextes de négociation.

Conclusion

L'Egypte se trouve, actuellement, dans une situation très difficile vis-à-vis des autres Etats riverains du Nil non signataires de l'accord de 1959. Bien qu'elle tire déjà un avantage considérable de l'accord de partage des eaux du Nil, elle n'arrive pas à faire face à ses besoins. A ces problèmes de nature quantitative s'ajoutent d'autres de nature qualitative, sociologique, juridique et politique.

Tous les pays riverains du bassin du Nil font ou feront face à la forte augmentation de leur population et aux besoins en eau de l'agriculture, secteur stratégique pour ces pays en proie à une instabilité politique.

L'utilisation de l'eau ne se fait pas souvent de façon efficiente : les eaux stagnent dans les canaux qui constituent des foyers où pullulent toutes sortes de parasites. De plus, ces canaux retiennent les limons, engrais naturels et l'utilisation des eaux souterraines provoque une hausse de la salinité.

La création d'un Etat au Sud-Soudan suscite une grande crainte du côté égyptien. Cette sécession du Sud-Soudan remettra en cause de facto l'accord de 1959 et *les droits acquis* sur les eaux du Nil.

Un autre point de discorde important et déterminant pour l'échec ou la réussite des négociations : le volet juridique. Les Egyptiens et les Soudanais considèrent le Nil comme un fleuve international en se basant sur le fait qu'il est navigable sur plusieurs parties de son cours. Si le Nil est reconnu comme un fleuve international, l'Ethiopie est tenue de respecter *les droits acquis* de chacun des Etats de l'aval du fleuve à savoir le Soudan et l'Egypte ainsi que les accords de 1959. Dans le cas contraire, l'Ethiopie pourrait aménager et exploiter la partie du fleuve qui traverse son territoire sans en référer aux Etats de l'aval.

Les projets de construction de barrages en Ethiopie sans l'accord des Etats de l'amont seraient très mal perçus, particulièrement par l'Egypte qui depuis Nasser à Moubarak a menacé plusieurs fois l'Ethiopie de riposte militaire.

Dans un cours d'eau qui touche dix Etats, un accord intervenant entre deux de ces Etats ne constitue pas un règlement définitif. La gestion d'un cours comme le Nil doit tenir compte de la situation d'ensemble de tous les Etats riverains du cours, afin qu' « à l'unité hydrologique pourrait correspondre une certaine unité juridique » (WOLFORM, M., 1967). De plus, l'accord de 1959 reconnaît l'existence du droit des autres riverains d'une façon explicite. Cette reconnaissance devrait ouvrir la voie à une négociation multilatérale. Et pourtant, pour leur survie, le Soudan et, particulièrement, l'Egypte ont tendance à refuser une renégociation de l'accord de partage. Le gouvernement égyptien motive son refus par l'incapacité des Soudanais et des Ethiopiens, due à leurs instabilités politiques et économiques, de rendre crédible leurs engagements à l'égard de l'Egypte. Il ajoute qu'il a besoins de garanties pour que les concessions consenties, aujourd'hui, en termes d'eau par Le Caire ne vont pas être les premières d'une longue série qui va être exigée dans le futur par les différents Etats riverains.

Pour assurer la participation de tous les pays nilotiques à des programmes de développement des eaux du Nil et préparer le terrain pour un accord portant sur l'ensemble du bassin et relatif à tous les Etats riverains deux objectifs sont indispensables : restaurer la confiance et instaurer un cadre institutionnel. Seule la réussite de l'Initiative du Bassin du Nil assurerait aux Etats situés en aval la sécurité d'un approvisionnement durable en eau, donnant aux pays situés en amont une chance de développement et permettrait de doter les Etats riverains du Nil d'un partenariat institutionnel.

Comme le signale KHALED DAWOUD (2001) le dialogue peut-il être un don du Nil. Actuellement, toutes les parties sont convaincues des avantages comparatifs de la négociation multilatérale. Elles estiment qu'il vaut mieux mettre ses différents sur la table que de les laisser en suspens comme ce fut le cas durant près d'un demi-siècle.

L'eau qui devait être une source de conflit entre les Etats du Nil selon les partisans des scénarios alarmistes; pourrait bien devenir un remède aux tensions et une source de dialogue.

« Il nous faudra changer de mode de pensée pour que l'humanité survive »
Albert Einstein

CHAPITRE 3

LE BASSIN DU JOURDAIN ENTRE GUERRE ET PAIX

Introduction

A l'heure où l'on cherche une solution au conflit israélo-arabe, la question du partage des ressources en eau peut présenter un obstacle important sur le chemin de la paix. Par contre, comme le signale Hillel SHUVAL (1992), professeur à l'Université hébraïque de Jérusalem : « si l'on parvient à trouver, aux graves pénuries d'eau dont souffrent les deux parties, une solution qui soit juste et équitable et profite à tous, sur le plan économique et social, le processus de paix s'en trouvera fortement accéléré ».

Au Moyen-Orient, cette ressource chargée de symbole, de culture et de spiritualité est caractérisée par sa rareté. Car cette région constitue avant tout une vaste zone aride et semi-aride, caractérisée par des précipitations faibles et irrégulières, combinées à une forte évaporation.

Elisabeth PICARD (1992) souligne que « la rareté de l'eau est inhérente à l'histoire de la région, qu'elle a donné naissance à une culture ingénieuse et raffinée, liée à sa préservation tant en milieu désertique que dans les oasis et dans les villes ».

Actuellement, la rareté de cet *or bleu* pose un grand problème du fait qu'il est géré en fonction de stratégies politiques et non en fonction des réalités hydrologiques régionales.

Le problème de l'eau, dans cette région, se pose dans des termes très différents que celui lié à l'occupation territoriale. L'eau est une ressource rare et vitale pour le développement. Seul un véritable consensus sur le meilleur moyen de partager cette ressource et des solutions macroéconomiques et techniques peuvent assurer à court terme la paix. Dans cette optique, Shimon PERES (1994) déclare : « Israël n'aura pas recours à l'eau des fleuves arabes mais au dessalement de l'eau de mer car cela lui coûtera moins cher que des guerres ». Seule la mise en œuvre des grands ouvrages de la paix, le canal de la paix proposé par Sadate et les pipe-lines de la paix suggérés par le gouvernement turc, peuvent assurer une paix juste et durable.

3.1 Le projet sioniste: de la conquête de la terre au contrôle de l'eau

«Dés l'origine, la maîtrise de l'eau a constitué dans l'idéologie sioniste, puis dans la fondation d'Israël, l'un des socles essentiels sur lequel s'est articulé le concept de sécurité nationale de l'Etat hébreu. (…) Sans eau, la Terre promise demeurait un désert inculte et inhospitalier» (CHESNOT, C., 1993).

Les fondateurs du mouvement sioniste s'étaient d'ailleurs vite rendus compte, que le couple indissociable eau/terre était indispensable à l'installation du futur Foyer national juif en Palestine.

Avant même la tenue de leur 1er congrès, les dirigeants du mouvement sioniste ont toujours revendiqué pour leur futur Etat des frontières qui tiennent compte des sources d'eau.

En 1867, la Fondation d'exploration de la Palestine organisa sa première expédition d'ingénieurs sionistes chargés d'évaluer le potentiel hydrologique de la région. Prenant en considération tous les bassins de la région, la commission estima, dans son rapport remis cinq ans plus tard en 1871, que la Palestine disposait de suffisamment d'eau pour intégrer des millions d'immigrés et que l'eau du nord pouvait être acheminée vers le sud pour irriguer le désert du Néguev[30].

« Si l'Etat ne se débarrassera pas du désert, le désert se débarrassera de l'Etat (…). Le désert est l'allié naturel de nos ennemis; plus le désert est grand, plus grand est le danger. » (AVI-HAÏ, A., 1988)

Dès 1880, les premiers pionniers juifs, fuyant les pogroms de Russie et d'Europe de l'Est, s'étaient installés en Palestine. La plupart de ces immigrés étaient influencés par les théories du sionisme socialiste de Ber Berochov, auteur de *Notre plate-forme* et *Classe et Nation*. En Palestine, ces jeunes socialistes imprégnés d'une idéologie communautaire, trouvent une terre pour mettre leur idéal en application. La première ferme *révolutionnaire* est Degania. Cette ferme entièrement collectiviste (Kibboutz) sera construite à l'endroit où le Jourdain sort du lac de Tibériade, entre les collines de la Galilée et les montagnes de Syrie. Donc la mise en valeur agricole a commencé. Comme le signale CHESNOT C., (1999) « cette avant-garde, par son idéalisme et son ardeur à défricher le désert, allait créer dans la mentalité israélienne une sorte de « mystique » de la terre, sinon de la « religion » du développement agricole, encore bien vivace aujourd'hui. »

---

[30] Un siècle plus tard (1867-1967), l'Etat d'Israël devient à la suite de la guerre des Six Jours de 1967, le pays de l'amont du haut Jourdain en contrôlant tous ses affluents, ainsi que le plateau du Golan. Aujourd'hui, à quelques détails près, l'infrastructure hydraulique de l'Etat hébreu correspond aux conclusions du rapport remis en 1871. Actuellement, les eaux du Jourdain stockées dans le lac de Tibériade sont acheminées du nord vers le sud du pays et selon la formule consacrée, elles ont permis *de fleurir le désert*.

Chaïm WEIZMAN (1948), premier président d'Israël notait dans ses mémoires que : « le centre de notre travail est et devra toujours être la colonisation agricole. C'est au village que l'âme véritable d'un peuple – sa langue, sa poésie, sa littérature, et ses traditions – surgit du contact intime entre l'homme et la terre. »

L'œuvre des colons de Degania qui a fasciné tant de générations d'israéliens et continue de faire leur fierté, nous permet de comprendre l'attachement des Israéliens à l'agriculture et les enjeux que l'eau représente pour eux. L'agriculture a permis à ces pionniers d'occuper physiquement le terrain et d'assurer l'autosuffisance alimentaire de leur Kibboutz. Sans un approvisionnement suffisant en eau, ces deux objectifs seraient restés lettre morte. Pour confirmer la vocation agricole du peuple juif et couper court aux préjugés qui ont longtemps reproché « aux Juifs de ne vivre que dans les villes, en ghetto, et de ne savoir que tailler le tissu ou manier l'argent » (CANS, R., 1997), le Ministère de l'information et de l'intégration israélien publia en 1968, un document intitulé *Israël, faits et chiffres* où il signale que : « les traditions agricoles du peuple juif sont amplement mentionnées dans la Bible et dans la littérature juive post-biblique. L'ancienne civilisation juive, en effet, était profondément enracinée dans le sol et il était naturel que le retour à la terre fût à la base du sionisme moderne. »

Aujourd'hui, la distribution spatiale des colonies correspond à l'occupation des terres les plus fertiles ou les plus propices à une agriculture intensive, donc aux terres irriguées. C'est donc l'eau qui incita les pionniers à se diriger vers le nord du pays.

Dès 1916, le mouvement sioniste plaide auprès de la Grande-Bretagne pour que le Litani constitue la frontière nord du futur Foyer national juif et pour inclure l'ensemble des sources du Jourdain dans ce Foyer. Cette requête étant complètement ignorée par les grandes puissances, le Congrès juif mondial multiplia les tentatives. Il revint à la charge en 1919 à la Conférence de paix de Versailles. Chaïm Weizman, l'un des leaders du mouvement sioniste, reformule le vœu de ses prédécesseurs dans une lettre au Premier ministre britannique de l'époque, Lloyd George et insiste sur le rôle de l'eau dans la survie du futur Etat juif. Il estimait que « les frontières (du Foyer national juif) ne sauraient être tracées exclusivement sur des limites historiques (bibliques) (…) Nos prétentions vers le Nord sont impérativement dictées par les nécessités de la vie économique moderne (…) Tout l'avenir économique de la Palestine dépend de son approvisionnement en eau pour l'irrigation et pour la production de l'électricité (…). Et l'alimentation en eau doit essentiellement provenir des pentes du Mont Hermon, des sources du Jourdain et du fleuve Litani (…) Nous considérons qu'il est essentiel que la frontière nord de la Palestine englobe la vallée du Litani sur une distance de 25 miles (40,2 kilomètres environ[31]), ainsi que les flancs ouest et sud du Mont Hermon. » (Middle East Review, 16 novembre 1973)

Cette revendication fut rejetée par Clemenceau. Mais comme le signale Habib AYEB (1999) « sans céder directement à ce qui pourrait ressembler à une sorte de lobbying politique sioniste, et bien que la Conférence de Paris ait ignoré les revendications des leaders sionistes de l'époque, le tracé des frontières mandataires de la Palestine correspond bien aux desseins de ceux-ci (…) Par ailleurs, seule la persistance de la France à garder le Sud-Liban et l'ouest du Mont Hermon, ainsi que les sources du Hasbani et du Banias dans l'aire géographique de son mandat, priva les mouvements sionistes et l'Etat d'Israël, à partir de 1947, d'un accès direct aux eaux du Litani. »

Considéré comme *un corps étranger* par ses voisins arabes qui lui promettaient sa destruction, Israël, qui se trouvait dans un environnement géographique et géopolitique hostile tiendra compte dans ses stratégies de conquêtes de deux éléments : une sécurité militaire maximale et une occupation maximale des sources d'eau disponibles dans la région.

Dès le 2 septembre 1953, l'Etat hébreu annonce le démarrage d'un chantier d'aménagement et de drainage du lac Houleh pour mettre à exécution ses stratégies de conquêtes. Ce projet n'est rien d'autre que la réactualisation d'un plan mis au point dans les années 1930 par des experts sionistes avec l'aide des experts internationaux. Ce plan prévoyait déjà de drainer les marécages autour du lac Houleh vers le lac de Tibériade. Ce projet comportait la construction de deux stations de dérivation ou de détournement des eaux du Jourdain. La station la plus importante était celle de Jisr Banat Yaakoub (Pont des filles de Jacob) au sud du lac Houleh (Zone démilitarisée). Cette station joignait à l'aide d'un canal un réservoir situé au nord-est de Nazareth, et de là un conduit la reliait au Yarmouk. La décision de construire une station de dérivation au niveau de Jisr Banat Yaakoub fut adoptée pour deux raisons : la première est que le dénivelé entre le lac Houleh et le reste du pays est très important et que l'acheminement des eaux ne nécessite de ce fait aucune consommation d'énergie. La seconde est que le captage de l'eau en l'amont du lac Tibériade qui présente une salinité élevée permettait d'avoir une eau douce pour la consommation humaine et pour l'irrigation.

Le lac Houleh qui était au cœur de leur projet se trouvait dans une zone démilitarisée. Donc il était impossible aux Israéliens de drainer le lac Houleh

---

[31] La deuxième invasion, 1982, du Liban par l'armée israélienne avait pour objectif officiel l'éloignement des forces palestiniennes 40 kilomètres au-delà de la frontière israélienne et la création d'une zone de sécurité. Depuis l'invasion et jusqu'au retrait de l'armée israélienne du Sud-Liban en juin 2000, le Litani a constitué une *ligne rouge* au deçà de laquelle l'état hébreu estime que sa sécurité peut être menacée.

sans porter préjudice aux paysans syriens situés au sud de ce lac. Mais ce faisant, ce projet suscitait la colère et la réprobation des Etats arabes et plus particulièrement de la Syrie. L'armée syrienne qui tentait d'empêcher le détournement des eaux du Haut Jourdain, riposta par des tirs sur les chantiers ce qui amena à chaque fois une réplique israélienne.

Les risques d'aggravation du conflit poussèrent les Nations-Unies à adopter une résolution sur demande arabe, et particulièrement syrienne, exigeant qu'Israël mette fin à son projet. Même les Américains, plus fidèle soutien et principal bailleur de fonds de l'Etat d'Israël, se montrèrent hostiles au projet et demandèrent à l'Etat hébreu d'arrêter le chantier. Pour Habib AYEB (1999) « les Américains de leur côté, cherchaient à l'époque à éviter tout dérapage de la situation dont les conséquences auraient pu bénéficier à l'URSS dans le contexte de la guerre froide qui était à son apogée». Il ajoute que les Etats-Unis faisaient comprendre aux Israéliens « que les intérêts d'Israël et les stratégies occidentales, dans le cadre de la guerre froide, pouvaient ne pas toujours coïncider».

Pour montrer sa détermination, le président Eisenhower menaça en novembre 1953, le gouvernement israélien qui poursuivait, malgré toutes les protestations, la réalisation du projet du drainage du lac Houleh, de suspendre l'aide financière américaine, qui s'élevait à l'époque à 50 millions de dollars par an et dont les Israéliens ne pouvaient pas se passer.

C'est la première crise grave dans l'histoire des relations israélo-américaines[32].

Face à ces pressions, les Israéliens rangèrent pour un temps leur projet dans un tiroir. Plus tard, ils continuèrent les travaux d'assèchement du lac Houleh tout en abandonnant la construction de la station de dérivation.

Les eaux du Jourdain continuèrent à couler jusqu'au lac de Tibériade où une prise d'eau fut installée en territoire israélien loin de la ligne de front avec les Syriens, au lieu dit Eshed Kinroth, près de Capharnaüm, sur la rive nord-ouest du lac de Tibériade.

« Cette situation a obligé les ingénieurs à faire des prouesses car ils devaient utiliser comme château d'eau un lac (lac de Tibériade) dont le niveau de surface culmine à -212 mètres d'altitude (…). L'eau du lac de Tibériade est prélevée par une conduite de béton de 3 mètres de diamètre. Une puissante station de pompage la porte de -212 mètres à 44 mètres, où elle est ensuite libérée dans un

---

[32] La deuxième crise grave se produisit en 1991, lorsque le Premier ministre israélien Ithzak Shamir fit savoir à l'administration Bush qu'il ne participerait pas à la conférence de paix sur le Proche-Orient qui allait se tenir à Madrid. Ce n'est qu'en utilisant un chantage financier que le Président américain a pu amener une délégation israélienne à la table de négociation. La dernière crise date de 1992 lorsque le président Bush menaça de ne pas accorder un prêt de 10 milliards de dollars à Israël destiné en principe à l'intégration des Juifs soviétiques. Les Américains redoutaient que l'argent du prêt ne serve à construire de nouvelles implantations israéliennes dans les Territoires occupés et à compromettre les chances de la paix du côté arabe.

canal à ciel ouvert de 16 kilomètres de long, taillé dans la montagne. Deux énormes siphons ont dû être construits pour passer les obstacles principaux du parcours. Le canal déverse finalement son contenu dans un réservoir (800 000 m^3), qui sert de château d'eau de réseau. De là, une conduite souterraine transporte l'eau sur 130 kilomètres de la Galilée au désert du Néguev » (CANS, R., *op. cit.*).

C'est par un article du Jerusalem Post du 23 octobre 1959, que les Etats arabes prirent connaissance du nouveau plan israélien et se rendirent compte des dangers d'une telle entreprise. *La défense des eaux arabes* commença au Caire le 8 décembre. Un avant-projet qui avait déjà eu l'approbation du Liban et de la Jordanie fut recommandé à la Ligue des Etats arabes. Ce projet, élaboré par des ingénieurs égyptiens et syriens, permit l'édification d'un barrage en Syrie pour détourner le fleuve Banias avant son entrée en Israël, ce qui mettait à sec le lac de Tibériade.

Les Israéliens pour qui la formation du Jourdain se fait à l'intérieur d'Israël et pour qui le Banias, qui a sa source en Syrie, ne fournit qu'un cinquième de l'eau du fleuve, se moquèrent ouvertement de la décision arabe. Cette attitude accentua la colère du Monde arabe qu'un éditorial du Caire formula comme suit : « Allons nous vivre et voir mourir Israël, ou bien Israël va-t-il vivre et nous voir mourir? » Humilié par l'attitude israélienne, le gouvernement jordanien, après avoir expliqué la gravité de la situation aux diplomates étrangers, demanda au Liban de détourner le cours du Hasbani vers les territoires syriens et jordaniens.

De son côté, Israël avait pris cette demande très au sérieux. Au lendemain de l'annonce par le Liban de la mise au point du plan de détournement du Hasbani, Madame Golda Meir, ministre des affaires étrangères israéliennes, déclara à la Knesset (Parlement israélien) que le travail pour dévier les eaux vers le Néguev continuerait.

Le 6 janvier 1960, Madame Golda Meir, en visite à Paris, déclara dans une conférence de presse pour commenter l'annonce du plan de détournement du Hasbani que « les tentatives de détourner les sources du Jourdain en Syrie et au Liban ne seraient pas seulement jouer avec de l'eau, mais avec le feu.» (GOICHON, A., M., 1964)

Le 6 février 1960, les représentants des cinq pays arabes, Jordanie, Liban, Iraq, Syrie et Egypte firent savoir à Monsieur Dag Hammarskjöld, le Secrétaire général des Nations-Unies, leur opposition à la dérivation des eaux du Jourdain vers le désert du Néguev. Pour eux, l'utilisation d'un cours d'eau hors de son bassin naturel allait à l'encontre des dispositions du droit international.

Trois jours plus tard, le conseil de la Ligue des Etats arabes, réunit au Caire, étudia le plan destiné à *couper l'eau*, c'est-à-dire empêcher Israël d'utiliser les eaux du Banias et du Hasbani.

Le Président égyptien Jamal Abdel Nasser, qui n'oubliait pas que les sources du Nil sont en dehors de l'Egypte, ne prit pas parti pour ce qui risquait de créer un précédent dangereux. Il donna son approbation tacite au Liban pour agir de son propre chef (GOLDSHMITH, F., 30 avril 1960).

Le 11 février, en l'absence de l'Iraq et de la Tunisie à cause de leur différend avec l'Egypte, la Ligue des Etats arabes se réunit secrètement.

Après l'étude du plan de diversion d'Israël et des rapports des experts arabes sur les barrages destinés à s'y opposer, la Ligue arabe décida à l'unanimité de déclarer la guerre à Israël s'il procédait au détournement des eaux du Jourdain vers le Néguev. Malgré les menaces arabes, Israël continua la construction du pipe-line.

L'ensemble des résolutions prises par la Ligue des Etats arabes demeurèrent lettre morte jusqu'au sommet arabe du Caire de janvier 1964. Ce sommet avait pour objet l'étude des mesures à prendre par l'ensemble des pays arabes pour assurer l'exécution des résolutions de 1961, à savoir coordonner un contre-projet arabe de diversion des eaux du Jourdain et de ses affluents car pour la Ligue des Etats arabes « la question du Jourdain n'est qu'un aspect du grand problème de la Palestine et ne peut être traité isolément.» (GRUEN, G., E., décembre 1964)

Les Etats arabes pensaient que laisser à Israël le plein droit pour détourner les eaux du Jourdain vers le Néguev sans réagir, servirait à consolider la colonisation israélienne au détriment des Palestiniens.

Au cours de ce sommet, pour joindre la parole aux actes, les dirigeants arabes s'étaient mis d'accord sur un plan assurant l'exécution du détournement des eaux du Haut Jourdain (Hasbani et Banias) vers le Yarmouk.

Dans cette optique, la Jordan Valley Authority (JVA) placée sous l'autorité directe du secrétaire de la Ligue des Etats arabes, le Fonds arabe pour l'aménagement du Haut Jourdain, le Haut commandement militaire unifié arabe chargé de veiller à la bonne marche et à la sécurité des ouvrages hydrauliques arabes, ainsi que l'Organisation de Libération de la Palestine (OLP)[33], furent créés pour assurer l'exécution de ce plan.

Mais, les différends politiques au sein de la Ligue arabe envoyèrent aux oubliettes le plan arabe de détournement des sources du Jourdain.

Quatre mois plus tard, la station de pompage du canal de Tibériade-Yarkoun-Néguev fut inaugurée par les autorités israéliennes, l'année même où les Egyptiens inauguraient le barrage d'Assouan.

La réaction arabe à cette inauguration fut immédiate. Un sommet fut convoqué par le Président Jamal Abdel Nasser au mois de septembre de la

---

[33] L'OLP fut crée par la Ligue arabe pour tenter de récupérer les groupes palestiniens organisés dans le cadre du Fatah crée par Yasser Arafat. Les Etats arabes n'ont jamais accepté que les Palestiniens se prennent en charge et assurent d'une manière autonome la lutte pour la libération de leur patrie. Les dirigeants arabes considéraient que la libération de la Palestine revenait de «fait et de droit» aux Etats Arabes existant au moment du partage de 1947. Il fallu attendre 1974 au sommet des chefs d'Etats arabes qui eut lieu à Rabat au Maroc pour que l'OLP soit reconnue comme «seul représentant légitime du peuple palestinien».

même année à Alexandrie. La décision prise à ce sommet fut le démarrage immédiat des chantiers hydrauliques. Très vite, ces chantiers furent lancés.

Le 1er janvier 1965, un commando palestinien Al Assifa (la tempête), branche du Fatah, signe sa première opération le long des installations amenant le Jourdain vers le Néguev. « L'attaque, restée sans effet, met l'armée en alerte. Les autorités israéliennes ont la confirmation que la sécurité du pays passe par la protection de l'approvisionnement en eau. » (CANS, R., *op. cit.*)

Face au démarrage des chantiers et aux opérations menaçantes de ses voisins arabes, la réaction israélienne, aussi immédiate que ferme, est communiquée par la voix de son Premier ministre, Levy Eshkol, le 15 janvier 1965, qui déclare que : « toute tentative des Arabes d'empêcher Israël d'utiliser la part qui lui revient des eaux du Jourdain serait considérée par nous comme une attaque contre notre territoire. J'espère donc que les Etats arabes n'appliqueront pas les décisions qu'ils ont prises à la Conférence du Caire. S'ils les appliquaient, toutefois, une confrontation militaire sera inévitable.»

Les Etats arabes et les commandos du Fatah qui menèrent en janvier et en février de 1966 de nombreuses opérations de sabotages contre des stations de pompages en Israël, n'ont pas compté avec la détermination de l'Etat d'Israël qui décida d'intervenir par tous les moyens, y compris militaires, pour empêcher la construction de tout ouvrage hydraulique sur les sources du Jourdain.

L'armée israélienne est intervenue à plusieurs reprises pour empêcher la mise en œuvre des chantiers. Le 17 avril 1967, le barrage Khaled Ibn Al Walid construit par les Syriens et les Jordaniens pour recevoir les eaux du Yarmouk, du Hasbani et du Banias et épargné jusqu'au là, fut bombardé et complètement détruit.

Cependant, les projets de diversion arabe et la réaction israélienne à leur édification créa ce qu'un politologue de Harvard appela « une réaction en chaîne prolongée de violence limitrophe qui est directement liée aux événements qui ont conduit à la guerre de juin 1967.» (COOLEY, K., 1992)

Le 6 juin 1967, la guerre des Six Jours éclata. Elle se solda par l'écrasement de toute l'armée arabe. Cette guerre qui a permit à Israël d'occuper le Sinaï, la bande de Gaza, la Cisjordanie y compris Jérusalem-Est, et les plateaux du Golan, porte dans le Monde arabe un nom tristement célèbre Al Hazima (la défaite). Même s'il a permis à l'Etat hébreu d'accentuer son emprise sur les eaux du Jourdain cette guerre que les Arabes surnomme *la guerre de juin*, était considérée par les Israéliens comme une demi victoire, car un des plus importants affluents du Jourdain, le Hasbani, et le fleuve Litani tellement convoité sont restés en dehors de leur portée.

Depuis l'invasion du Liban et jusqu'en juin 2000, date du retrait de l'armée israélienne du Sud-Liban, le troisième affluent du Jourdain et le plus grand fleuve du Liban[34] ont été contrôlés de facto par l'Etat hébreu par l'intermédiaire de la *zone de sécurité* installée par Israël au Sud-Liban.

Concernant les motivations israéliennes vis-à-vis de l'occupation des territoires Cisjordanie, Bande de Gaza, plateau du Golan et Sud-Liban, deux analyses complètement opposées ont vu le jour. Certains experts estiment qu'on ne peut pas voir dans l'orientation de la stratégie territoriale d'Israël une prise en compte du problème de l'eau. Ils refusent de souscrire à certaines analyses qui présentent la création des colonies comme un moyen visant uniquement à l'exploitation des ressources en eau au profit des Juifs et au détriment des Arabes (DIECKOFF, A., 1987). Pour eux, ces territoires présentent un atout considérable en matière de géostratégie (la géographie et le rapport des forces militaires) (SHALEV, A., 1985). En d'autres termes, avant 1967, la topographie desservait complètement Israël.

Avant la guerre des Six Jours, la ligne de cessez-le-feu établie à la suite des accords de Rhodes de 1949 n'était pas facile à surveiller. La bande de Gaza, sous administration égyptienne, et la Cisjordanie, alors rattachée au royaume hachémite, furent la base de départ de commandos palestiniens. Enfin, le plateau du Golan surplombant toute la Galilée orientale était soumis aux tirs répétés des soldats syriens (DIECKOFF, A., printemps 1992).

Le général Thomas Kelly, chef des opérations militaires au Pentagone pendant l'offensive alliée *Tempête du Désert*, a lui-même reconnu l'importance des territoires occupés pour garantir la sécurité de l'état hébreu (Jerusalem Post, 7 novembre 1991).

D'autres arguments sont avancés par ces experts : le déséquilibre des forces militaires en faveur des Arabes. La constitution d'un front oriental qui regrouperait l'Iraq, la Syrie et la Jordanie a toujours été avancée comme argument pour continuer à occuper ces territoires.

La présence de l'armée égyptienne au Yémen du Nord, en 1967, où une guerre civile opposait les « imâmistes » soutenus par les Saoudiens aux « républicains » soutenus par les Egyptiens, explique une des raisons de la guerre des Six Jours.

Le Yémen du Nord se situe sur la mer rouge et dicte donc les lois d'entrées au golf d'Akaba et au canal de Suez où l'armée égyptienne interdisait l'accès aux navires israéliens et à ceux se dirigeant vers Israël. « Une éventuelle victoire de l'Egypte et de ses alliés yéménites lui aurait donné un avantage

---

[34] A Propos du Litani, plusieurs soupçons pèsent sur Israël. Certains observateurs accusent Israël d'utiliser les eaux du Litani. Ce que les Israéliens ont toujours nié. Toutefois, Habib AYEB signale que «ce n'est pas un secret qu'un projet israélien d'exploitation des eaux du Litani existe bel et bien. Il s'agit d'un projet de creusement d'un canal souterrain reliant Deir Minas à la plaine Houleh, entre Jisr Banat Yaakoub et Soultan Ibrahim. Selon les termes de ce projet, le pompage devrait se faire au rythme de 480 millions de mètres cubes d'eau par an qui seront acheminés vers le lac de Tibériade d'où ils repartiraient, avec les eaux du Jourdain, vers le reste du pays et surtout vers le Sud».

militaire considérable sur Israël, d'autant plus qu'en 1967, l'Union soviétique était déjà lourdement présente sur la Mer Rouge, en Egypte et au Sud-Yémen et se préparait à occuper plus de terrain en Afrique de l'Est et en Syrie. D'où cette réaction violente et efficacement menée par l'armée israélienne.» (AYEB, H., *op. cit.*)

Les experts militaires israéliens prétendaient aussi que les Arabes étaient en possession d'armes nucléaires et d'armes non conventionnelles.

Pour les autres experts qui soutiennent la thèse hydrologique, le déroulement des événements est tellement éloquent qu'ils peuvent facilement démontrer que l'occupation des territoires arabes par Israël n'avait d'autres raisons que le contrôle et l'exploitation des eaux de ces territoires.

Grâce à ses victoires militaires de 1967, Israël a pu s'assurer le contrôle des ressources hydrologiques du Golan syrien, des affluents du Jourdain, ainsi que de la quasi-totalité des sources et des nappes aquifères de la Cisjordanie et de la bande de Gaza.

Certains auteurs, comme Antoine Mansour, pensent que : « le besoin d'Israël en eau constitue l'un des facteurs fondamentaux déterminant la politique israélienne dans les Territoires occupés. Les restrictions imposées à ces territoires sur le plan de leur développement économique ont pour objet, entre autres, de réduire la consommation d'eau de la population palestinienne. La question de l'eau est, plus que toute autre, liée à un problème politique. Le contrôle politique et militaire de la Cisjordanie permet en fait à Israël de s'assurer le contrôle des nappes aquifères situées sur le versant occidental de la Cisjordanie. Tout retrait israélien de cette région lui ferait perdre le contrôle de ces ressources et causerait ainsi de graves préjudices à l'économie israélienne et plus particulièrement à son agriculture. C'est dans ce cadre que pourrait être comprise l'annexion du Golan, car, d'une part, le contrôle du Golan faciliterait à Israël le contrôle du fleuve du Litani au Sud-Liban et, d'autre part, parce que la perte du Golan menacerait le pompage israélien des ressources en eau du fleuve du Jourdain.» (MANSOUR, A., 1983)

Zeev Schiff, le chroniqueur militaire du journal israélien Haaretz, a mis en garde Israël en cas d'un possible retrait des Territoires occupés en déclarant : « sans une garantie de coopération et sans ajustements spécifiques sur sa frontière est permettant de mettre à l'abri une part de ses ressources d'eau, Israël ne devrait accepter aucun retrait de Cisjordanie. Il est important que les experts en eau jouent un rôle décisif dans la détermination des frontières définitives d'Israël.» (Le Monde, du 29 janvier 1992)

Dans cette même optique, face à la formule qui réclame « les territoires contre la paix », l'ancien Premier ministre israélien Itzhak Shamir aurait proposé une autre formule à l'ancien secrétaire d'Etat américain James Baker, à la conférence de paix de Madrid : « l'eau contre la paix.» (MAJZOUB, T., 1994)

Dans le même ordre d'idées, Shimon Pérès déclarait au quotidien égyptien Al Ahram du 17 novembre 1992, « qu'Israël a plus besoin d'eau que de terre. »

Si la valeur stratégique des Territoires occupés fait l'objet en Israël d'un consensus depuis 1967, c'est une vision des choses que ne partagent pas les membres du camp de la paix en Israël, un nombre important de chancelleries occidentales et la partie arabe. Leur analyse est simple : à l'époque des missiles et des armements sophistiqués, le facteur distance est réduit. Le développement de la technologie militaire a considérablement réduit l'importance de la géographie et donc du rôle de territoires occupés dans la sécurité d'Israël. La guerre du Golf, au cours de laquelle des villes israéliennes ont été atteintes par des Scud lancés depuis Bagdad (à peu près 650 kilomètres de distances), démontre, selon eux, que ces territoires ne constituent pas un atout militaire.

Beaucoup de dirigeants israéliens en sont d'ailleurs conscients, notamment les experts militaires. Ainsi, le général Amoun Chahek affirmait qu'Israël était en mesure de se défendre sans le Golan. En plus, la crainte de voir se constituer un front oriental regroupant l'Iraq, la Syrie, l'Egypte et la Jordanie n'est plus à l'ordre du jour. La disparition du régime de Saddam Hussein a éloigné toute menace concernant Israël du côté irakien. Quant à l'Etat syrien, il a vu son rôle régional affaibli après le démantèlement de l'union soviétique. Le désengagement de la Russie rend inaccessible l'ambition syrienne de parvenir à la parité stratégique avec Israël. Enfin, l'Egypte et la Jordanie sont désormais liées par des accords de paix à Israël.

Concernant l'arsenal militaire, les craintes israéliennes sont sans fondement. Avec un budget de défense de l'ordre de 7,3 % du PIB, des forces stratégiques estimées à 200 têtes nucléaires (Missiles sol-sol : Jéricho 1/2) (BONIFACE, P., et al., 1998), des armes biologiques et chimiques fabriquées depuis 1952 (News From Within, novembre 1998), des accords militaires avec la Turquie devenue incontestablement depuis la guerre du Golfe une des plus importantes puissances régionales, et une assistance militaire américaine en matière technique et financière, Israël ne peut plus justifier son rôle de victime.

3.2 Les « eaux de la discorde »

Nous ne parlerons que de trois fleuves qui jouent un rôle dans l'hydropolitique de la région, à savoir le Litani, le Jourdain et le Yarmouk et les eaux souterraines des Territoires occupés.

3.2.1 Le Jourdain

Le bassin du Jourdain (voir la carte 3.1) est commun à quatre Etats (Liban, Syrie, Israël et Jordanie) et aux Territoires occupés. Il est abrité dans une vallée enfoncée dans une dépression extrêmement profonde qui atteint 395 mètres au-dessus du niveau de la mer, à l'embouchure du fleuve dans la Mer Morte. Cette situation entraîne des conséquences climatiques, ainsi que des difficultés causées par le relief dans l'emploi de l'eau (GOICHON A. M., 1964).

A ces problèmes s'ajoutent d'autres difficultés de nature politique qui tiennent au fait que les sources du Jourdain se trouvent hors des pays que ce fleuve alimente. Le nom Jourdain n'est donné qu'à la rivière sortant du lac Houleh.

Ce bassin long de 360 kilomètres, naît de l'union de trois cours d'eau (Hasbani, Banias et Dan).

Le Hasbani, le plus long de ces trois, prend naissance dans le Mont Hermon (Jabbal el Cheikh) a sa source, ainsi que la plus grande partie de son cours, au Liban qu'il parcourt sur une distance de 21 kilomètres avant de participer à la formation des deux bras du Haut Jourdain.

Quant au Banias, dont la source est localisée plus au sud des pentes de l'Hermon, il est d'origine syrienne. Il a une longueur de 30 kilomètres dont, avant 1967, les deux cinquième se trouvaient en Israël.

Enfin, le Nahr Leddan plus connu sous le nom de Dan, est devenu israélien depuis l'annexion de sept villages libanais en 1949 (CHIPAUX F., 1992). Il réunit les eaux de plusieurs sources importantes dont un certain nombre se trouvent sur les hauteurs du Golan et quelques unes en territoire israélien. Son cours est de 10 kilomètres, mais son débit est deux fois plus puissant par rapport aux deux autres rivières précédentes.

Ces trois cours d'eau se rejoignent en un endroit situé en amont de ce qui était le lac Houleh avant d'être asséché par les autorités israéliennes, et forment le Haut Jourdain. Le débit moyen annuel de ce fleuve selon Charles T. Main est de 650 millions de m^3 à sa sortie de la vallée de Houleh. Sur quelques 17 kilomètres qui séparent le lac Houleh du lac de Tibériade, appelé aussi mer de Galilée ou lac de Kinnereth, le Jourdain perd 14 % de son eau. Son débit, avant de rencontrer l'extrémité septentrionale du lac Tibériade, n'est déjà plus que de 550 millions de m^3.

Le lac de Tibériade, avec 45 mètres de profondeur et une superficie de 166 kilomètres carrés, possède un degré de salinité de 300 mg/l (AYEB H., 1998). La salinité du lac, malgré les 230 millions de m^3 (MAZJOUB T., 1994) apportés par des sources souterraines chaque année, est aggravée à la fois par une évaporation maximale atteignant les 300 millions de m^3 par an, par le détournement des affluents du Jourdain qui l'alimentaient en eau douce et qui en réduisaient ainsi le taux de salinité et enfin par la soustraction de 60 millions de m³ par an à l'aide des canaux d'irrigation de la plaine de Beissan. En quittant le lac de Tibériade, avec un débit de 440 millions de m³ et à sept kilomètres du lac, le Jourdain rencontre sur sa gauche la rivière du Yarmouk.

Le Yarmouk est un fleuve commun à trois Etats : la Syrie, la Jordanie et Israël. Avec un débit de 440 millions de m³, il se présente comme le plus grand affluent du Jourdain. Il prend ses sources dans le Djebel Druze en Syrie qui lui apportait 400 millions de m³ par an jusqu'à la construction du canal du Ghor oriental. Le Yarmouk devient jordanien 50 kilomètres plus loin à Maqarin. Il coule encore une vingtaine de kilomètres en territoire jordanien avant de se jeter dans les eaux du Jourdain à Naharayim où son débit atteint 492 millions de m³. Après Naharayim, le Jourdain reçoit les affluents de la rive gauche ainsi que ceux de la rive droite. Ceux de l'Est, du côté jordanien, sont pour la plupart des torrents, le plus important étant le Wadi Zarqa. Ce dernier, avec un débit de 95 millions de m³ par an et dont les eaux sont retenues derrière un barrage, prend sa source dans la région d'Amman. Parmi les affluents de l'Ouest, tous assez courts, trois sont en Israël et les autres en Cisjordanie. Le Jourdain, avant de se jeter dans la Mer Morte à la hauteur de la ville de Jéricho (Ariha), au niveau du pont Allenby, atteint un débit de 1 471 millions de m³ (Voir le tableau 3.1). Sur ce débit total, 77 % sont originaires des Etats arabes d'avant 1967, et 23 % d'Israël.

Aux contentieux politiques sur le Jourdain vient s'ajouter le vide juridique. Le droit international fluvial qui s'est articulé autour de la navigation se trouve désarmé face au Jourdain. En effet, tous les différents qui ont surgi entre les riverains de ce fleuve non navigable se rapportent à l'utilisation agricole (irrigation) et industrielle (production d'énergie hydraulique). Mais les juristes internationaux affirment sans hésitation que le Jourdain est un « cours d'eau international».

Tableau 3. 1: Les débits du Jourdain et de ses affluents

SOURCES	Pays	Débits (millions de m³)		
		Apports	Pertes	total
Haut Jourdain				
Dan	Israël	245		
Hasbani	Liban	138		
Banias	Syrie	121		
Jourdain (Houleh)				504
Irrigation vallée (Houleh)	Israël		100	
Cours d'eau (Jisr Banat Yaakoub)	Israël	140		
Débit à l'entrée du lac de Tibériade				544
Lac de Tibériade				
Sources locales	Israël / Syrie	70		
Pluies	Israël	65		
Sources dans le lac	Israël	65		
Evaporation sur le lac	Israël		270	
Ecoulement vers le Jourdain				474
Yarmouk	Syrie / Jordanie	492		966
Wadi et sources	Jordanie/ Israël	505		**1477**

Source : (NAFF T., et MATSON R., 1984)

3.2.2 Le Yarmouk

Le Yarmouk (voir la carte 3.1) est un fleuve commun à trois Etats : Syrie, Jordanie et Israël. Son débit représente à peu près le tiers de celui du Jourdain. Il est le seul affluent du Jourdain qu'Israël ne contrôle pas sur la totalité de son cours.

En occupant le plateau du Golan en 1967, qu'il annexe en 1981, ainsi que le Sud-Liban en 1979 et puis une deuxième fois en 1982, Israël est devenu l'Etat amont du Haut Jourdain, ce qui lui assure la maîtrise des rivières Hasbani au Liban, du Banias en Syrie et du Dan en Israël. Malgré son retrait d'une grande partie du Sud-Liban en juin 2000, Israël continue à contrôler de facto les affluents du Jourdain.

Vu ses besoins croissants en eau, Israël n'a jamais cessé de convoiter le Yarmouk et de menacer de représailles les Etats qui mettraient en œuvre des projets sur ce fleuve. Israël n'a pas tardé à mettre ses menaces à exécution. Au cours de la guerre des Six Jours en 1967, l'aviation israélienne a détruit le barrage Khaled Ibn Al Walid, achevé en 1966. Ce barrage faisait partie des objectifs fixés par un accord signé en 1953 entre la Syrie et la Jordanie et qui prévoyait la construction de deux barrages sur le Yarmouk. Malgré la détermination de l'Etat hébreu à prendre des représailles contre la Syrie et la Jordanie, ce projet n'a pas été abandonné.

En 1987, les Syriens et les Jordaniens signent un accord qui prévoit l'édification d'un barrage nommé « Sad Al Wahda » (barrage de l'unité). Ce nouveau barrage aurait, selon les experts, une capacité de retenue de 220 millions de m³ par an. Son but consisterait à irriguer plusieurs milliers d'ha dans la Vallée du Jourdain, fournir 50 millions de m³ d'eau pour les agglomérations d'Amman et Zarqa et produire de l'énergie électrique dont la Syrie bénéficierait à hauteur de 75 %.

Pour la Jordanie, qui connaît déjà un degré d'exploitation de 125 %, une consommation moyenne par habitant de l'ordre de 213 m³ par an et une consommation annuelle totale d'un milliard de m³ (contre 2,1 milliards de m³ pour Israël pour à peu près la même population) (Statistical Abstract of Israel, 2002), l'exploitation du Yarmouk constituerait une bouffée d'air. De plus, la construction du barrage pourrait donner à Amman 120 millions de m³ d'eau par an. Ce projet jugé réaliste par les experts rencontre l'opposition de l'Etat hébreu sans lequel la Banque mondiale refuse d'accorder le moindre financement. Le blocage de ce projet plonge la Jordanie dans un avenir hydraulique alarmant.

Avec une population qui devrait doubler dans les vingt prochaines années, les ressources hydrauliques, comme le signale le Jordan Times, « constituent le facteur-clé du développement socio-économique jordanien. Un déficit ou une diminution de l'apport en eau grèverait lourdement l'effort de développement général. Par conséquent, développer le secteur hydrologique est crucial pour l'évolution des autres secteurs et figure en tête des priorités de la politique gouvernementale. Les décideurs et les planificateurs jordaniens sont soumis à d'énormes pressions pour pouvoir résoudre le problème que constitue la faiblesse des ressources hydrauliques. Situation aggravée par le retour en masse de quelques 400 000 travailleurs jordaniens et de leurs familles des pays du Golfe après la crise du Golfe, qui a entraîné une augmentation de la demande annuelle de 60 millions de m³».

Un scénario chaotique a été évité aux Jordaniens avec la signature de l'accord sur l'eau jordano-israélien. Cet accord signé dans le cadre des accords de paix entre Israël et la Jordanie en 1994, donne droit à ce dernier à 165 millions de m³ d'eaux supplémentaires, provenant du Yarmouk et du Jourdain. Cette quantité d'eau supplémentaire ramènera la quote-part de la Jordanie dans ces deux fleuves à 295 millions de m³.

Beaucoup d'observateurs souhaitent que cet accord ne soit pas une exception mais un modèle à suivre dans toute la région.

3.2.3 Le Litani

Historiquement, le Litani a toujours été inclus, contrairement au Jourdain, dans les frontières internationalement reconnues du Liban, ce qui en fait un cours d'eau exclusivement national (Voire la carte 3.2).

Long de 170 km, le Litani est l'un des cours d'eau libanais les plus importants. Avec un débit annuel moyen de 987 millions de m³, il constitue la principale ressource en eau douce du Sud-Liban. Il prend sa source au nord de Baalbek, traverse la plaine de la Bekaa, puis atteint la localité de Deir Minas au sud de la ville de Marjeyoun. Il bifurque ensuite vers l'ouest et s'écoule jusqu'à son embouchure dans la Méditerranée, au nord de la ville de Tyr, à une vingtaine de kilomètres de la frontière israélo-libanaise.

Ce fleuve joue un rôle primordial dans l'irrigation des cultures du Sud-Liban qui constituent la base de son économie, ainsi que dans la production électrique du pays. Plus des deux tiers de toute l'hydroélectricité produite au Liban provient du système Litani-Awali.

Les visées israéliennes sur ce cours d'eau ont toujours été un secret de polichinelle. Le Litani a depuis longtemps intéressé le mouvement sioniste et s'est inscrit ensuite dans les stratégies israéliennes. Dès 1916, le mouvement sioniste demandait à la Grande-Bretagne d'inclure le Litani dans la frontière du futur Etat juif. A la Conférence de Versailles de 1919, Chaïm Weizman, Président du Congrès juif mondial adresse une lettre au Premier ministre britannique, David Lloyd George, où il spécifie le minimum nécessaire pour la réalisation du Foyer national juif comme promis dans la déclaration Balfour deux ans auparavant. Cette revendication a été rejetée par Clemenceau. Le rejet de cette revendication n'a pas pour autant découragé les dirigeants sionistes.

Depuis 1948, Israël a multiplié les tentatives pour avoir la mainmise sur les eaux du Litani. L'Etat d'Israël voyait dans les eaux du Litani un apport supplémentaire qui permettrait l'approvisionnement des villes et des colonies du Nord de la Galilée, et donc pallierait le manque d'eau dans l'Etat hébreu. L'ancien Premier ministre israélien Levy Eshkol justifia cette convoitise par le fait « qu'un demi-milliard de m³ des eaux du Litani se dirigeaient inutilement vers la mer chaque année, au lieu d'être utilisées par les habitants de la région ».

La réaction libanaise ne s'est pas fait attendre. Dès son entrée au Parlement libanais, en 1953, Raymond Eddé incite le gouvernement libanais à l'action. En 1954, l'office national du Litani est créé, avec pour objectif l'exploitation d'une partie du débit du fleuve pour l'irrigation du sud du pays, l'usage domestique et industriel et la production électrique.

Cet office, qui est à l'origine de l'édification du barrage de Karaoun en 1968, et d'un certain nombre de centrales électriques (Markola, Joun et Awali) n'a pourtant pas mis fin aux convoitises de l'Etat d'Israël.

L'éclatement du Liban avec la guerre civile déclenchée en 1975, servira les stratégies de l'Etat hébreu à propos du Litani. Un plan visant à déstabiliser le Liban est révélé par une journaliste israélienne, Livia Rokach, dans une étude parue aux Etats-Unis en 1986. Selon cette étude, l'ancien Premier ministre israélien Moshe Sharette, signale dans ses mémoires que les chefs sionistes se sont réunis à plusieurs reprises à partir de 1954, en vue de décider la déstabilisation du Liban. Pour ces chefs sionistes, il s'agissait de provoquer le démantèlement du Liban afin d'annexer le sud du pays pour récupérer les eaux du Litani.

Il n'est pas donc étonnant que l'intervention israélienne au Sud-Liban, déclenché en réponse à une attaque suicide de commandos palestiniens dans la nuit du 13 au 14 mars 1978, ce soit déroulée sous le nom de code *opération Litani*.

L'objectif annoncé de l'opération était de démanteler toute l'infrastructure de la résistance palestinienne installée au Liban après la répression du *septembre noir*[35] de 1970. L'opération fut un succès total. 25 000 soldats israéliens ont franchi la frontière libanaise et se sont arrêtés sur les berges du Litani. Depuis, le fleuve constitue une *ligne rouge* en-deçà de laquelle l'Etat d'Israël estime que sa sécurité peut être menacée, et donc ne tolère aucune présence étrangère, qu'elle soit palestinienne ou syrienne. Cette invasion a permis à Israël de prendre le contrôle du Wezzani, une petite rivière qui alimente le Jourdain. Elle a aussi abouti à la mise en place des pompes et des canalisations destinées à augmenter le débit du Hasbani, un autre affluent du Jourdain.

Le 6 juin 1982, l'armée israélienne intervient une deuxième fois au Liban. Cette opération était destinée officiellement à éloigner les forces palestiniennes de 40 km au-delà de la frontière israélienne et à créer une zone de sécurité. Elle aboutira à une entrée des forces israéliennes dans la capitale libanaise et contraindra Yasser Arafat à quitter Beyrouth vers Tunis. Mais les observateurs se sont aperçus que les autorités israéliennes avait déjà mis sur pied un projet politique au Sud-Liban qui rappelle, sous plusieurs aspects, celui qui fut mis en place lors de l'occupation des territoires palestiniens (Cisjordanie et Gaza) et syriens (plateaux du Golan) en 1967.

Les autorités militaires israéliennes ont, par l'intermédiaire du major Hadad, interdit aux fermiers de la région d'effectuer de nouveaux forages de puits et d'approfondir ceux déjà existants. Ce processus de *cisjordanisation* du Sud-Liban, comme le qualifie Tarek MAZJOUB (1994) allait prendre forme si le retrait de l'armée israélienne de juin 2000 n'avait pas eu lieu.

---

[35] En septembre 1970, au terme de combats acharnés, l'armée jordanienne écrase l'Organisation de libération de la Palestine (OLP) à Amman pour mettre fin à l'influence grandissante des Palestiniens qui menacent l'autorité du roi Hussein de Jordanie.

3.2.4 Les eaux souterraines

La structure géologique de la Cisjordanie est constituée d'une couche de calcaire surmontant des roches imperméables. L'aquifère montagneux se situe dans cette couche calcaire. Son aire de recharge est située, pour la majeure partie, dans le sous-sol des territoires occupés, mais qui s'écoule, suivant une pente naturelle, au-delà de la ligne verte vers le nord-est et l'ouest d'Israël. La nappe phréatique se trouve à une profondeur de 200 à 400 m.

L'aquifère montagneux représente la principale source des eaux souterraines en Israël et dans les territoires occupés. Il s'étend du nord au sud, de la vallée de Jezréel près de la ville d'Afula à la vallée de Beersheba, et d'ouest en est, de la côte méditerranéenne au Jourdain. Cet aquifère lui même est composé de trois aquifères : l'aquifère occidental, l'aquifère oriental et l'aquifère nord-oriental (Voir la carte 3.1).

L'aquifère occidental est le plus important en Israël et dans les territoires occupés (Cisjordanie et Bande de Gaza). Il coule vers la Méditerranée. Connu sous le nom de Nahr al Awja et Nahr el Zarqa (Yarkon-Taninim), il assure une production annuelle moyenne de 350 millions de m^3, y compris 40 millions de m^3 par an d'eau saumâtre (contenant plus de 400 mg/l de solides dissous) (SHUVAL H., 1992). Son alimentation est assurée par deux groupes principaux de sources : Ras al-ayn (Rosh Ha'ayen), qui alimente les rivières al Awja (Yarkon) et al Timsah (Taninim).

L'aquifère nord-oriental, appelé Jabal Fuqou'a Beit She'an (Shem-Giboa), part des environs de Naplouse, s'écoule vers Jabal Fuqou'a (les monts de Giboa) et la vallée de Jezréel au nord-est. Il a un débit estimé à environ 130 millions de m^3 par an. « La majeure partie de l'aquifère montagneux se trouve donc dans les territoires occupés. Il n'a pas été fait d'étude précise mais on peut estimer en gros que les eaux souterraines de l'aquifère provenant des chutes de pluies à l'intérieur des territoires palestiniens fournissent de 60 à 80 % de l'aquifère occidental - Yarkon-Taninim - et à peu près la totalité des aquifères oriental et nord-oriental - Shem-Giboa -» (SHUVAL H., 1992).

L'aquifère oriental qui s'écoule vers le Jourdain et se réapprovisionne à partir de la Cisjordanie, présente un débit de 200 millions de m^3 par an, dont la moitié est saumâtre.

L'aquifère de Gaza ou l'aquifère côtier ne peut pas se mesurer en termes de débit à celui de la Cisjordanie (Voir le tableau 3.2). La partie de la nappe phréatique qui s'étend sur le territoire de Gaza a une capacité de 60 millions de m^3 mais a été surexploitée depuis 1967 par les colons israéliens ce qui a provoqué des infiltrations de l'eau de mer.

Tableau 3. 2: Le potentiel d'exploitation des nappes souterraines de Cisjordanie et de Gaza (en millions de m³)

	Autres auteurs	Boneh et Baida	Shwarz	Accord de Taba	UE[36]	USG/DS[6]
Nappe de Cisjordanie	680	610-710	541-608	679		
Aquifère occidental	350	367-391	335	362		
Aquifère nord	130	120-145	128-148	145	80-90	
Aquifère oriental	200		78-125	172		
Nappe de Gaza	60	123-174	70-90			
Total	740		611-698			850

Sources : (BONEH Y., et BAIDA U., 1977-1978), (SHWARZ J., 1982), (European Community, 1993), (Article 40 annexe III et Schedule 10, des accords d'Oslo II, 1995)

---

[36] UE (Union européenne) et USG/DS (United States Government/Department of State)

Carte 3.1: L'eau en Israël et en Palestine

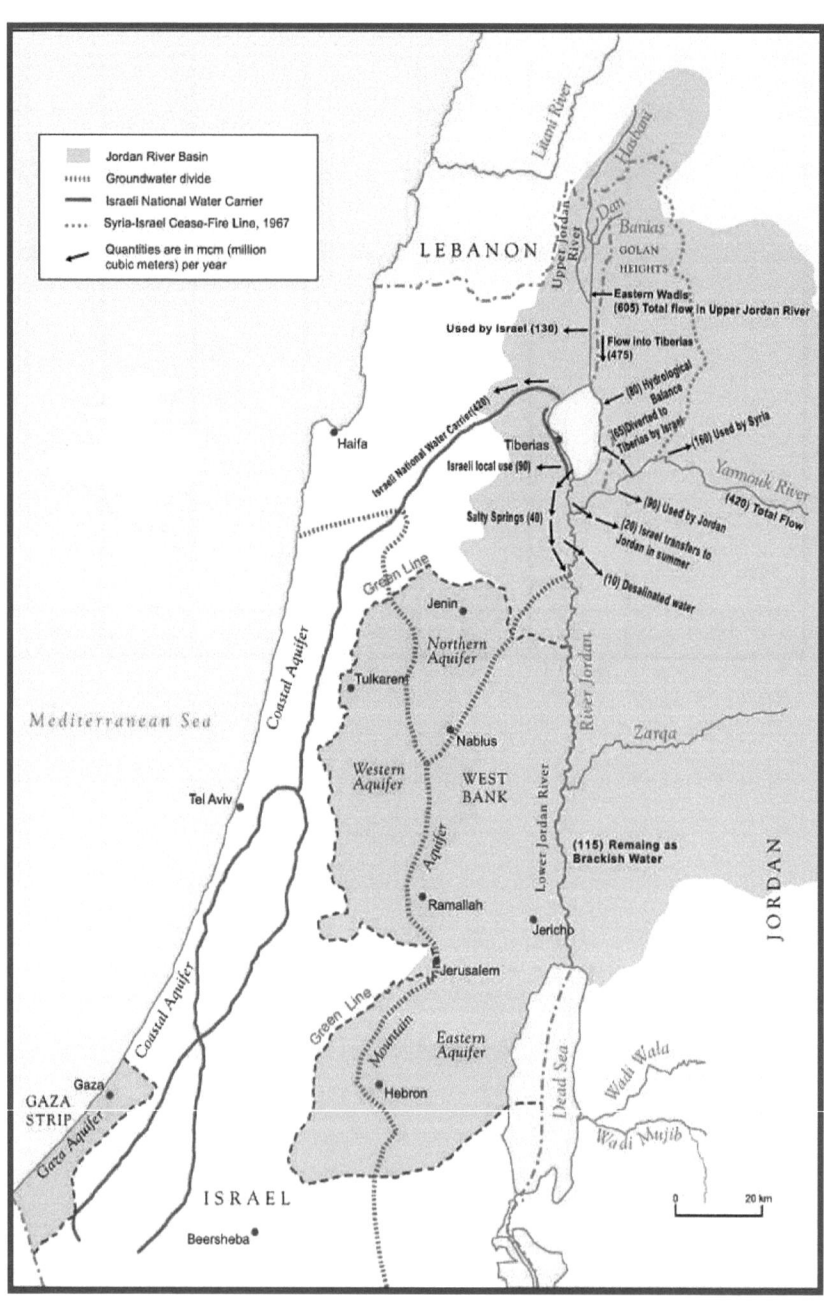

Source: Adapté d'après Water and War in the Middle East, info paper n°5, juillet 1996, Centre for Policy Analysis on Palestine, The Jerusalem Fund, Washington DC.

Carte 3.2: Les fleuves et l'Etat de l'agriculture au Liban

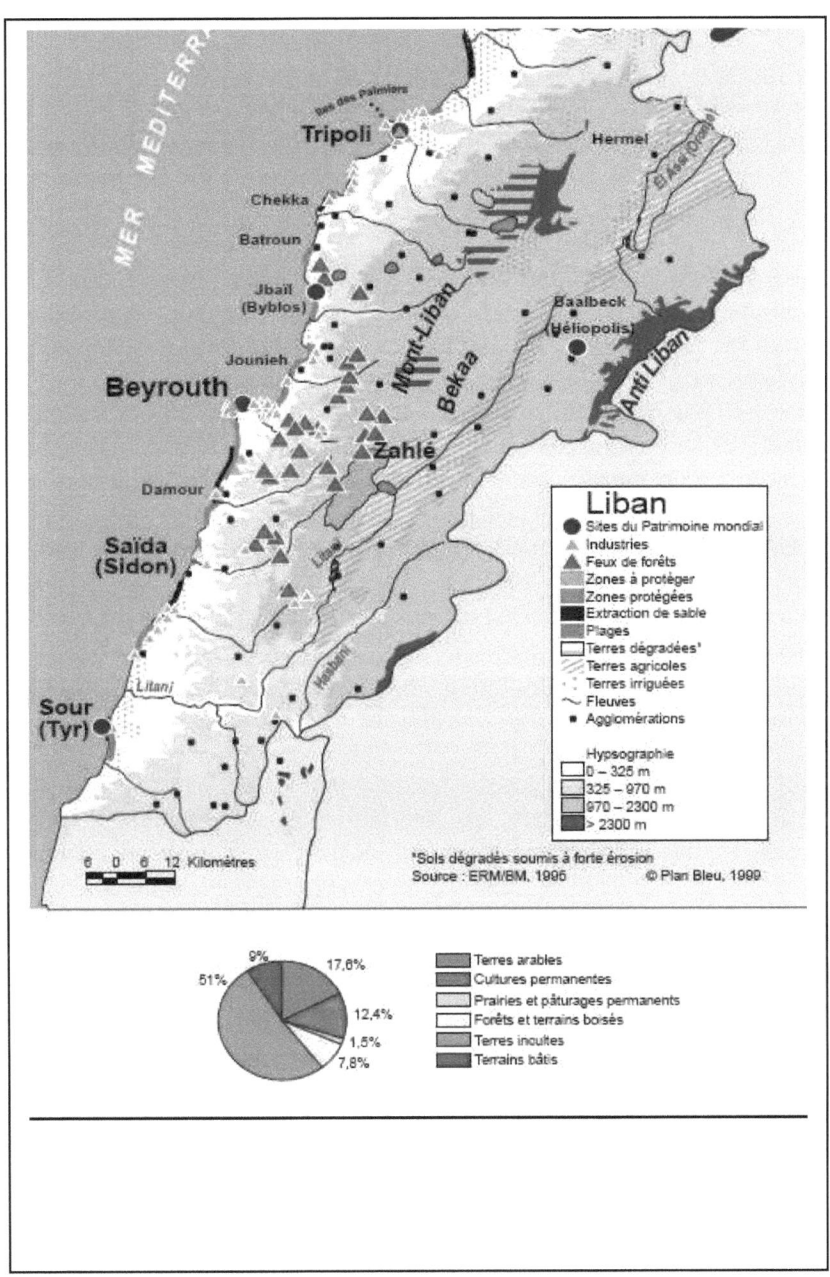

Source : Plan Bleu – PNUE, 2000

3.3 Les différents plans de mise en valeur et de partage des eaux du Jourdain[37] : une perspective historique

Dès la fin de la première guerre mondiale, la protection de l'utilisation des eaux du Jourdain a fait l'objet d'accords internationaux tel que l'accord du 2 février 1922 entre la France et le Royaume-Uni. Cet accord stipule que les habitants de la Syrie et du Liban auront les mêmes droits de pêche et de navigation que les habitants de la Palestine sur les lacs Houleh et de Tibériade et sur le Jourdain entre ces deux lacs et que tout droit existant sur l'utilisation des eaux du Jourdain par les habitants de la Syrie sera maintenu tel quel. Ainsi, pour l'approvisionnement en eau des villes et les travaux hydrauliques, l'administration du mandat britannique en Palestine et en Transjordanie (Jordanie) procéda à l'attribution d'une série de concessions.

Les premiers pas pour l'utilisation des eaux du Jourdain ont été franchis en 1926, quand le Haut Commissaire pour la Palestine a accordé une concession de soixante dix ans à un ingénieur juif, Pinhas Rutenberg, pour l'exploitation des eaux du Jourdain et du Yarmouk pour la production de l'énergie hydroélectrique. Des concessions de ce genre ont été refusées, auparavant, aux Musulmans et aux Chrétiens de Palestine. La concession de Rutenberg, connue publiquement sous le nom de « Electric Corporation », produisait 173 millions de kWh par an en 1944.

C'est ainsi que sont nés de nombreux plans pour utiliser les eaux du bassin du Jourdain dont le plus important : le plan Eric JOHNSTON (Voir le tableau 3.3).

Du temps où la Syrie et la Palestine faisaient parties de l'Empire Ottoman, la vallée du Jourdain a été négligée. Le Jourdain a été utilisé uniquement pour répondre aux besoins d'une petite irrigation locale. Toutefois, le potentiel d'un développement agricole de la vallée a été apprécié par la bureaucratie locale.

---

[37] Le passage en revue de ces differents plans a été tiré, en partie, des travaux de (IONIDESM., G., 1953), (KALLY E., 1965), (STEVENS G., G., 1965), (NIMORD Y., 1966), (BLASS S., 1973), (KHOURIER., G., 1981), (NAFF T., and MATSON C., R., 1984), (LOWI M., 1993), (KLIOT N., 1994), (MAZJOUB T., 1994), (AYEB H., 1998), (SOFFER A., 1999), (AYMANO., 2004) et (HAMBRIGHTK., D.,et al., 2006).

Tableau 3. 3: Chronologie des principaux plans de mise en valeur du Jourdain

Plan	Année	Bailleur de fonds
Plan Franghia	1913	Empire ottoman
Plan Mavromatis	1922	Grande-Bretagne
Rapport Henrique	1928	Grande-Bretagne
Palestine Land Development Company	1935	Organisation sioniste mondiale
Enquête d'Ionides	1939	Transjordanie
Plan Lowdermilk	1944	Etats-Unis
Plan Savage	1946	Comité d'enquête anglo-américain
Plan Hays	1948	Organisation sioniste mondiale
Rapport Mac Donald	1950	Jordanie
Plan d'ensemble israélien	1951	Israël
Plan Bunger	1952	Jordanie / Etats-Unis
Plan septennal israélien	1953	Israël
Plan Main	1953	UNRWA
Plan Cotton	1954	Israël
Plan arabe	1954	Comité technique de la ligue arabe
Plan Baker – Harza	1955	Jordanie
Plan unifié (Plan Eric Johnston)	1955	Etats-Unis
Plan décanal israélien	1956	Israël
Plan national israélien des eaux	1956	Israël
Projet du grand Yarmouk	1957	Jordanie
Détournement des sources du Jourdain	1964	Ligue arabe

Source : (NAFF T., et MATSON R., C., 1984)

Un plan d'aménagement, proposé en 1913 par Georges Franghia, directeur des travaux publics en Palestine, suggérait d'utiliser le Jourdain pour l'irrigation et la production de l'hydroélectricité. Le plan prévoyait le détournement des eaux du Yarmouk vers le lac de Tibériade et la construction d'un canal d'une capacité annuelle de 100 millions de m^3 pour l'irrigation de la vallée du Jourdain et de deux centrales d'énergie pour la production de l'hydroélectricité.

Le démembrement de l'Empire Ottoman, après la première guerre mondiale, a mis fin à ce projet.

Un projet très ambitieux a été envisagé par Mavromatis en 1922. Il proposa un plan plus élaboré pour irriguer la zone autour du lac Houleh et assécher les marécages, détourner les eaux du Yarmouk vers le lac de Tibériade, construire deux barrages pour produire de l'électricité et construire des canaux d'irrigation sur les deux rives du Jourdain. En 1928, Henrique proposa dans son rapport l'irrigation du triangle du Yarmouk.

Avec l'immigration massive des Juifs d'Europe vers la Palestine durant les années 1930, la question de l'eau devenait très urgente. Le nombre de plans a augmenté remarquablement après 1936, date du déclenchement de la grande révolte arabe. Ces projets avaient un double objectif: estimer la quantité d'eau disponible et proposer des méthodes pour optimiser l'utilisation de l'eau du Jourdain (NAFF T., et MATSON R., C., 1984).

Le plan Ionides, publié à Amman en 1939, a estimé pour la première fois la quantité d'eau disponible et la superficie des terres irrigables dans la vallée du Jourdain. Il partageait les revendications arabes qui signalaient que les ressources en eau de la région sont insuffisantes pour soutenir un Etat juif.

Le plan Lowdermilk, publié en 1944, proposa :

- de détourner les eaux du haut Jourdain, du Yarmouk et du Wadi Zarqa pour irriguer le désert de Néguev,
- de drainer le lac Houleh, assainir la région et la mettre en culture,
- de diriger les eaux du Litani, inutilisées par le Liban, vers le nord de la Palestine puis vers le Néguev ;
- enfin, de pomper l'eau dans la Méditerranée, près de Haïfa, puis l'amener par un canal jusqu'à la Mer Morte pour remplacer les eaux soustraires du Jourdain. La dénivellation de 400 mètres permettrait la production d'énergie hydroélectrique et les sels contenus dans l'eau de mer permettraient d'entretenir les richesses minérales de la Mer Morte.

Le succès du plan conforterait l'idée juive qui affirmait qu'il y assez d'eau dans la région pour pouvoir accueillir 4 millions de réfugiés juifs en plus du 1,8 million d'Arabes et de Juifs déjà installés en Palestine.

Le Plan Hays Savage de 1948 a été préparé par deux ingénieurs de la Tennessee Valley Authority (TVA) à la demande de l'Organisation sioniste mondiale pour fournir aux ingénieurs des détails pour la réalisation du plan Lowdermilk. Par rapport au plan de Lowdermilk, le plan Hays-Savage proposa, en plus, l'exploitation des eaux souterraines, des sources de la plaine côtière et le captage des eaux du Yarkon. Ces eaux seront acheminées par deux pipelines vers le Néguev.

Ni la résolution 181 pour le partage de la Palestine historique, voté en 1947 par l'Assemblée générale de Nations Unies, ni les fragiles accords d'armistice, signés par des Etats arabes et Israël en 1949, n'ont abordé la question de l'eau. En conséquence, chaque Etat riverain du Jourdain s'est engagé à exploiter les eaux de ce fleuve de façon unilatérale.

L'afflux massif des réfugiés palestiniens de 1948 posait des graves problèmes et nécessitait des mesures urgentes. Au début des années 1950, le gouvernement jordanien et l'agence onusienne (UNRWA) chargée des réfugiés palestiniens ont mis sur pied un projet d'irrigation pour permettre l'amélioration de l'agriculture et l'installation des réfugiés palestiniens.

A la fin des années 1950, le gouvernement jordanien recevait un rapport de la part d'un consultant britannique, Sir Murdoch Macdonald. Le rapport se base sur le principe général selon lequel les eaux d'un bassin fluvial ne peuvent être utilisées en dehors de ce bassin, tant que les revendications de ceux qui utilisent ou doivent utiliser les eaux dans le bassin même n'ont pas été satisfaites. Ce rapport propose le détournement des eaux du Yarmouk vers le lac de Tibériade et la construction de deux systèmes de canaux pour l'irrigation des deux vallées du Jourdain.

En 1952, un plan réalisé pour le compte de l'UNRWA par un ingénieur américain, Mills Bunger, envisageait la construction d'un barrage d'une capacité de stockage de 480 millions de m^3 sur le Yarmouk à Maqarin. L'eau stockée serait conduite par un canal jusqu'à Addassiya où un second barrage serait construit pour régulariser le débit du canal du Ghor oriental qui gagnerait ensuite la Mer Morte. Ces deux barrages serviraient, aussi, à produire de l'énergie électrique. Enfin, Un troisième barrage serait construit sur le Jourdain et alimenterait le canal du Ghor occidental.

Bunger considérait que la réalisation de ce projet permettrait l'irrigation de 43 500 ha en Jordanie et 6 000 ha en Syrie et la production de 28 300 kWh par an grâce aux deux barrages. Les experts ont estimé que le Plan Burger aurait permis l'installation de 100 000 personnes sur les deux rives du Jourdain (NAFF T., et MATSON R., C., *op. cit.*).

En mars 1953, la Jordanie et l'UNRWA ont signé un accord pour exécuter le plan Bunger. Trois mois plus tard, la Jordanie et la Syrie se sont mises d'accord pour le partage des eaux du Yarmouk. Avant même le début des travaux, les Israéliens ont protesté en signalant que leurs droits dans le Yarmouk en tant que riverain de ce fleuve n'étaient pas reconnus par le plan Bunger. Alors que seulement la zone démilitarisée du triangle du Yarmouk possède une façade de 10 km sur ce fleuve.

3.3.1 Les plans d'aménagement et de partage internationaux

Devant les difficultés que présentait le plan Bunger, le directeur de l'UNRWA, soumis aux pressions des Etats-Unis, élabora une étude d'ensemble des opportunités d'aménagement du Jourdain. Ce travail a été confié à la Tennessee Valley Authority (TVA), le seul organisme, à l'époque, capable de relever se défi.

Le Président américain Eisenhower délégua immédiatement son envoyé spécial, l'ambassadeur Eric Johnston, pour soumettre aux gouvernements concernés le nouveau plan élaboré par Charles T. Main pour le compte de la TVA. Basé sur le même esprit que celui du plan Marshall en Europe, ce plan cherchait à réduire le potentiel de conflit autour du Jourdain par la promotion de la coopération et le développement et la stabilité économique. Le plan préconisait :

- la construction d'un barrage sur le Hasbani permettant l'irrigation de la Galilée et la production de l'hydroélectricité,
- la construction de deux barrages l'un sur le Dan et l'autre sur le Banias permettant l'irrigation de la Galilée,
- le drainage des marécages du lac Houleh,
- la construction d'un barrage à Maqarin avec une capacité de stockage de 175 millions de m³ qui serait utilisée pour la production de l'énergie électrique,
- la construction d'un barrage à Addassiya pour détourner l'eau vers le lac de Tibériade et vers la zone Est du Ghor,
- construction d'un petit barrage à la sortie du lac de Tibériade pour augmenter la capacité de stockage du barrage,
- la construction des canaux permettant à l'eau de se déplacer, sous l'effet de gravité, vers les deux rives du Jourdain pour irriguer la zone située entre le Yarmouk et la Mer Morte,
- le contrôle des travaux et des canaux pour pouvoir exploiter les flux en provenance des wadis.

Le plan Main avait pour objectif la mise en valeur de la vallée du Jourdain. Ce plan ne concernait pas le désert du Néguev ni le fleuve Litani. Les 1,213 milliard de m³ du Jourdain qui auraient pu irriguer 41 000 ha en Israël, 49 000 ha en Jordanie et 3 000 ha en Syrie étaient répartis de la façon suivante : 774 millions de m³ pour la Jordanie, 394 millions de m³ pour Israël et 45 millions de m³ pour la Syrie.

Après avoir pris connaissance des propositions du plan Main, les Arabes l'ont contesté en affirmant qu'il n'était équitable ni sur le plan de la répartition des ressources hydrauliques disponibles ni sur celui des modalités de ce partage.

Les Etats arabes s'étonnaient qu'Israël puisse bénéficier de 33 % des eaux du Jourdain alors que seuls 23 % provenaient de son territoire. Malgré ces critiques, la Ligue des Etats arabes acceptait le principe de la négociation sur un plan régional du partage des eaux.

En mars 1954, un contre-projet arabe a vu le jour. Dans sa forme définitive, le plan arabe contenait les éléments suivants: l'utilisation des eaux du Yarmouk et l'utilisation des eaux du Jourdain au nord et au sud du lac de Tibériade. Ce plan attribuait 182 millions de m³ d'eau aux Israéliens (SOFER A., 1999) et le reste a été attribué aux Arabes. En dehors des considérations techniques sur les modalités du partage des eaux du Jourdain proposé par le plan arabe, ce qu'il faut retenir est que, pour la première fois, les Etats arabes acceptaient d'accorder à l'Etat israélien un droit sur une ressource régionale, reconnaissant ainsi implicitement son droit à exister.

La réaction israélienne ne s'est pas faite attendre. Trois mois après la publication du plan arabe, l'Etat hébreu a publié un plan pour le partage des eaux de la région. Le plan israélien était élaboré par un ingénieur américain, Joseph Cotton. Ce plan qui considérait que « les frontières hydrographiques n'ont aucun sens technique réel » proposait de tenir compte de toutes les eaux régionales disponibles. Joseph Cotton prenait en considération les eaux du Yarmouk, du Jourdain ainsi que les eaux souterraines et le tiers du débit du Litani. Ce plan qui était favorable à Israël prévoyait la reprise des travaux dans la zone démilitarisée. La réalisation de ce plan devait permettre l'irrigation de 49 000 ha en Jordanie, 35 000 ha au Liban, 3 000 ha en Syrie et 179 000 ha en Israël. L'ensemble des propositions israéliennes fut rejeté par la Ligue des Etats arabes.

En 1954, les Jordaniens élaboraient un plan connu sous le nom de Baker-Harza. Ce plan était conçu pour l'irrigation et la production de l'énergie électrique. Il envisageait la construction du barrage de Maqarin, un réservoir dans le lac de Tibériade pour stocker le surplus d'eau du Yarmouk et des canaux sur les deux rives de la vallée du Jourdain.

Les différents plans présentés par Main, Cotton et la partie arabe sont pourtant notables parce qu'ils ont la caractéristique commune d'être des plan régionaux. Tous les plans reconnaissent les droits des riverains à l'utilisation des eaux.

3.3.1.1 Le plan Eric Johnston

Le 19 février 1955, après avoir su persuader le gouvernement israélien d'abandonner toute revendication sur le Litani et d'accepter le principe d'un contrôle international sur la répartition des eaux, Eric Johnston annonça qu'il avait conclu un accord préliminaire avec les représentants de l'Egypte, de la Jordanie, de la Syrie et du Liban.

Tableau 3. 4: Répartition des eaux du Jourdain et de ses affluents selon différents plans (en millions de m³)

	Liban	Syrie	Jordanie	Israël	Total
Plan Main	0	45	774	394	1213
Plan arabe	35	132	698	182	1047
Plan Cotton	450,7	30	575	1290	2345,7
Plan Eric Johnston	35	132	720	400	1287
Hasbani	35				35
Banias		20			20
Jourdain (ruisseau principal)		22	100	375	497
Yarmouk		90	377	25	492
Les wadis			243		243

Source : (NAFF T., et MATSON R., C., 1984)

Le plan Johnston de 1955 prévoit un partage des eaux du Jourdain et de ses affluents entre les pays riverains selon les quotas suivants (Voir le tableau 3.4): 56 % d'eau reviendraient à la Jordanie, 31 % à Israël, 10 % à la Syrie et 3 % au Liban.

Le plan Eric Johnston qui a été accepté par les comités d'experts a été refusé par le Conseil de la Ligue des Etats arabe et Israël pour des raisons essentiellement politiques. Toutefois, ce plan restera une base de référence pendant des années pour le partage de l'eau du Jourdain et de ses affluents.

Malgré le refus politique du Conseil de la Ligue des Etats arabe à accepter le plan Johnston, celui-ci est considéré par les parties comme « un régime coutumier légal pour les eaux de surface de la vallée du Jourdain » au moins dans les relations Jordano-israélienne (DELLAPENNA J., W., 1989). En Jordanie, en Israël et dans les Territoires occupés palestiniens, où la dépendance à l'égard des eaux du Jourdain est très importante, les quantités d'eau attribuées par le plan Johnston sont devenues la base pour une discussion sur un partage des eaux entre les parties.

Après le rejet du plan Johnston par les Arabes et les Israéliens, l'Etat hébreu a décidé de reprendre son plan de déviation des eaux du Jourdain vers le Néguev par la construction du canal national. Ces travaux d'aménagement israéliens ont provoqué un accroissement de la salinité et une diminution du volume d'eau disponible du Jourdain inférieur. En conséquence ces travaux ont été la cause des dommages significatifs aux autres riverains et ne respectent pas le principe de l'utilisation équitable et raisonnable des eaux du Jourdain. Dans le même ordre d'idée un rapport du Secrétaire général des Nations Unies constate que le détournement du Jourdain ainsi que le prélèvement du Yarmouk, en ayant diminué le débit du Jourdain et augmenté son taux de salinité, ont réduit les possibilités d'utilisation à des fins domestiques ou pour l'irrigation (A/39/326, 29 juin 1984).

Les travaux de détournement des eaux du Jourdain vers le Néguev ont eu des répercussions négatives même sur le niveau de la Mer Morte. Sharif ELMUSA (1997) affirme que, même si la sécheresse des années 1980 est responsable en partie de cette baisse, les travaux de détournement du Jourdain ont eu un impact significatif sur le niveau des eaux de cette mer intérieure.

Les relations en matière d'eau entre les différents riverains du Jourdain ne se fondent pas sur le principe de l'utilisation équitable et raisonnable. Ces relations se sont aggravées après la guerre des Six Jours lorsque l'Etat d'Israël a eu la main mise sur les principaux affluents du haut Jourdain en rendant impossible tout projet arabe dans le bassin du Jourdain. Durant la période 1969-1971, Israël a été responsable de bombardements sur les installations jordaniennes. L'Etat hébreu pour justifier ses raids aériens sur les installations hydrauliques jordaniennes a soutenu que la Jordanie était responsable d'une sur-utilisation des eaux du Yarmouk et qu'elle violait les quotas assignés par le plan Johnston à Israël. Toutefois, Stephen C. MACCAFFREY (1997) signale qu'au cours des années « Israël a prélevé environ 25 % des eaux du Yarmouk, bien que le plan Johnston en allouait seulement 5 % ».

A la fin des années 1980, dans un contexte de pénurie structurelle, la Syrie et la Jordanie ont signé un nouvel accord, modifiant celui de 1953, qui prévoit la construction d'un barrage sur le Yarmouk, appelé barrage Al Wahda (l'Unité). Ce nouveau barrage aurait dû permettre d'augmenter la quantité d'eau pour les Jordaniens et produire de l'énergie électrique pour les Syriens. Le financement de cet ouvrage devait être assuré par la Banque mondiale à condition de disposer des consentements de la Syrie, de la Jordanie et d'Israël. Mais l'Etat hébreu n'a jamais été d'accord avec la réalisation de ce barrage prétextant que la réduction du Yarmouk puisse ne pas respecter son quota prévu par le plan Johnston.

L'éclatement de la première guerre du Golfe ainsi que la dégradation de la situation économique jordanienne ont sonné le glas de la réalisation du barrage Al Wahda.

3.4 Les effets des politiques d'occupation et de colonisation israéliennes sur les ressources en eau palestiniennes

Au niveau mondial, l'eau est utilisée selon un système des droits d'usage. Dans un certain nombre de pays, le propriétaire foncier a le droit à l'eau qui se trouve dans les sous-sols de sa propriété, alors qu'en Israël un système de quota de répartition détermine la quantité d'eau qui doit être utilisée sur une base annuelle ou saisonnière en fonction des fermes (ARLOSOROFF S., 2000).

En 1959, après sept ans de débat à la Knesset, les Israéliens ont voté une loi qui a fait de l'eau « une propriété publique (...) soumise au contrôle de l'Etat». Elle contraste avec les lois ottomane, jordanienne et britannique qui étaient déjà en vigueur durant la période du mandat de la Palestine. Cette loi a initié un dispositif qui empêche les Arabes israéliens de disposer librement de leurs ressources en eau, instaurant par ce dispositif une discrimination systématique. Le droit de creuser de nouveaux puits, par exemple, nécessite un permis, délivré par le bon vouloir des autorités israéliennes.

Les conquêtes territoriales d'Israël, la bande de Gaza, Cisjordanie et le plateau du Golan en 1967 avec l'annexion de ce dernier en 1981, ne peuvent être exemptes d'arrières-pensées au regard des ressources en eau. En effet, la guerre des Six Jours a permis à l'Etat hébreu d'avoir la mainmise sur toutes les ressources hydriques de la vallée du Jourdain ainsi que l'aquifère montagneux de la Cisjordanie. Comme le rappelle Jacques SIRONNEAU (1996) « la conquête du plateau du Golan, outre des considérations stratégiques a obéi à une volonté de prise de contrôle de la principale source d'alimentation en eau, vitale pour Israël. Un tiers de l'eau consommée en Israël provient en effet du Golan ». Il ajoute qu' « un autre objectif majeur a été l'aquifère de Cisjordanie dont l'aire de recharge se situe dans les sous-sols des Territoires occupés. »

Au lendemain de la guerre, le 15 août 1967, le commandement militaire israélien a promulgué une ordonnance portant le n° 92 qui confère aux autorités militaires des pouvoirs impératifs en matière de réglementation relative à l'eau. L'eau y est considérée comme une ressource stratégique (UNA/AC.183, 1992). Cette ordonnance prévoyait une impressionnante série de restrictions visant essentiellement les Palestiniens :

- interdiction de forer de nouveaux puits sans l'autorisation préalable des autorités militaires ;
- fixation des quotas de prélèvements et mise en place de mécanismes pour contrôler l'utilisation faite de l'eau par les Palestiniens (le dépassement des quotas est sévèrement sanctionné par des amendes);
- expropriation des puits et des sources appartenant à des *Palestiniens absents*;

- interdiction faite aux agriculteurs palestiniens d'irriguer après 16 heures.

Cette ordonnance a été suivie par l'ordonnance militaire n° 158 du 30 octobre 1967 qui stipule dans son article 4 paragraphe a qu' « il est interdit à quiconque de mettre en œuvre ou de détenir des installations hydrauliques sans avoir préalablement obtenu une autorisation auprès du commandement militaire. »

L'ordonnance n° 291 de 1968, quant à elle, visait à modifier fondamentalement les lois et les réglementations relatives à l'eau qui étaient en vigueur en Cisjordanie, dans la bande de Gaza et sur le plateau du Golan. Auparavant, les propriétaires fonciers de ces territoires pouvaient revendiquer des droits de propriété privée ou des droits acquis équivalents sur les eaux situées sur leurs terres ou dans leurs sous-sols. Cette règle ne fut plus admise par le législateur israélien qui considéra que toutes les ressources en eau étaient propriété publique.

Les ressources hydrologiques en Israël sont administrées par la Commission israélienne de l'administration de l'eau, dirigée par le Commissaire aux ressources en eau, qui relève du ministre de l'Agriculture. Les principales composantes de cette commission sont la Mekorot (Compagnie israélienne des eaux) et le Tahal (Compagnie de planification des ressources en eau d'Israël)[38]

Le domaine principal de discrimination est celui des restrictions imposées aux forages des puits. 350 puits palestiniens fonctionnent actuellement en Cisjordanie (ELMUSA S., *op. cit.*) dont 23 ont été forés depuis le début de l'occupation, au profit exclusif de colonies de peuplement. Selon diverses sources, 5 à 10 permis de forage, seulement, ont été concédés depuis 1967 aux Palestiniens. De même, depuis 1975, le nettoyage des puits est soumis à des autorisations israéliennes, pratiquement jamais accordées.

De plus, la facturation de l'eau dans les Territoires occupés est effectuée de façon identique à celle établie en Israël alors que les Palestiniens sont exclus du bénéfice des subventions accordées aux agriculteurs israéliens. La Mekorot fait payer 0,53[39] dollar le m³ d'eau pour l'usage domestique, 0,35 dollar le m³ d'eau fraîche pour l'usage agricole et 0,19 dollar le m³ d'eau traitée pour l'agriculture aux Israéliens, alors que les Palestiniens qui ne bénéficient pas de prix

---

[38] La Mekorot a été créée en 1937 par l'Agence juive, la Fédération générale des travailleurs hébreux (Fédération Histadrut) et le Fonds national juif. En 1962, elle est devenue officiellement la Compagnie nationale de distribution d'eau. En 1967, le gouvernement israélien et l'Histadrut possédaient chacun 33 % de son capital, le reste étant détenu à égalité par l'Agence juive et le Fonds national juif. Le Tahal a été créé en 1952 par le gouvernement israélien qui possède la majorité de ses parts (52 %), le reste étant détenu à égalité par l'Agence juive et le Fonds national juif. (UNAC/AC. 183, 1992)

[39] Le taux de conversation shekel/dollar est de 4,312 shekels pour un dollar (Bank of Israel, 3 août 2007).

différencié doivent payer, eux, 1,12 dollar le m³. « D'aucuns estiment que de telles pratiques discriminatoires n'avaient pas pour autre objectif que de contraindre les Palestiniens à quitter ces territoires.

Dans les Territoires occupés de 1967, les ressources en eau existent mais il faut y avoir accès. Les blocus et les couvre-feux conduisent à des situations dramatiques.

L'eau des trois aquifères cisjordaniens est sous contrôle de la Société israélienne de la distribution d'eau, Mekorot. Cette dernière distribue la ressource hydrique de ces aquifères de la façon suivante : 110 millions de m³ d'eau par an aux 1,5 million de Palestiniens soit 73 m³ d'eau par an et par personne, 3 millions de m³ d'eau aux 140 000 colons soit 214 m³ d'eau par an et par personne. Les 460 millions de m³ restants partent en Israël.

D'aucuns estiment que de telles pratiques discriminatoires n'avaient pas pour autre objectif que de contraindre les Palestiniens à quitter ces territoires» (SIRONNEAU J., *op. cit.*).

Pour déterminer la protection internationale relative aux ressources en eau concernant les Territoires occupés par Israël depuis 1967, on s'appuiera sur le droit relatif à l'occupation militaire tel qu'il est exprimé dans le règlement de la Haye de 1907, la IVe Convention de Genève de 1949, le principe de la souveraineté permanente des peuples sur les ressources naturelles, réaffirmé par la résolution 1803 (XVII) de l'ONU de décembre 1962 et le Pacte international relatif aux droits économiques, sociaux et culturels, adopté par l'Assemblée générale de l'ONU le 16 décembre 1966.

Afin de justifier la non-applicabilité *de jure* de la IVe Convention de Genève, Israël soutient que la Jordanie et l'Egypte ont occupé illégalement la Cisjordanie, une partie de Jérusalem et la bande de Gaza en 1948. Par conséquent, ces territoires n'appartenaient pas en droit à ces pays lors de la guerre de 1967, quand l'Etat hébreu en a pris la possession *de facto* (SHAMGAR M., 1971).

Néanmoins l'article 4 de la IVe Convention de Genève protège toutes les personnes se trouvant «(…) au pouvoir d'une Puissance occupante dont elles ne sont pas ressortissantes ». Ces dispositions ne font aucune référence au statut juridique du territoire qui précédait l'occupation[40].

Dans le cadre de la guerre des Six Jours, Israël a occupé les territoires de la bande de Gaza, de la Cisjordanie y compris Jérusalem Est, le plateau du Golan et le Sinaï. Ces territoires n'appartenaient pas à Israël en vertu des accords d'armistice de 1949.

La Cour suprême israélienne considère que la IVe Convention de Genève ne s'applique pas *de jure* aux Territoires occupés. Toutefois, depuis 1971 le

---

[40] Au sens de l'article 2 de la IVe Convention de Genève il y a «occupation» si au cours d'un conflit armé, quels que soient sa nature et le nom que les parties lui donnent, un territoire qui se trouvait sous l'autorité de fait d'une des parties passe sous l'autorité de la partie adverse.

gouvernement israélien déclare l'application *de facto* de cette Convention aux Territoires occupés (SHAMGAR M., *op. cit*.) et cette approche est confirmée par la jurisprudence de la Cour suprême israélienne (DINSTEIN M., 1988).

Le Conseil de sécurité ainsi que l'Assemblée générale des Nations-Unies ont affirmé à travers un certain nombre de résolutions que la Cisjordanie, la bande de Gaza et les autres territoires occupés depuis 1967 par Israël, constituent des territoires occupés soumis aux règles de droit international humanitaire.

Les accords d'Oslo I et Oslo II signés entres l'Etat d'Israël et l'Organisation de libération de la Palestine (OLP) n'ont pas modifié le statut juridique de la Cisjordanie et la bande de Gaza qui restent des territoires occupés. Le 5 décembre 2001, le Comité international de la Croix Rouge lors de la Conférence des Hautes Parties contractantes à la IVe Convention de Genève a déclaré que « cette Convention, qui a été ratifié par Israël en 1951, reste pleinement applicable et pertinente ».

Dans le même ordre d'idée Jeffrey D. DILLMAN (1989), expert juridique, déclare que l'ordonnance militaire n° 291, qui fait passer les ressources en eau palestiniennes de la propriété privée à la propriété publique conformément à la loi israélienne de 1959 par laquelle les ressources en eau ont été nationalisées en Israël, n'est pas conforme aux droits et aux obligations d'une puissance occupante stipulés par le droit international.

L'une des règles les plus importantes du droit international humanitaire est que la puissance occupante exerce une autorité *de facto* et non *de jure* sur le territoire occupé et réglemente de manière précise les obligations de cette dernière (Article 42 du règlement de la Haye, 1907). En d'autres termes, le régime d'occupation a un caractère temporaire où l'Etat occupant exerce ses pouvoirs et compétences conformément au droit humanitaire international. Dès lors, il ne peut pas exercer son autorité pour poursuivre ses propres intérêts nationaux et prolonger ainsi son occupation (TIGNINO M., mai 2004).

Après avoir expliqué l'applicabilité des règles du droit international humanitaire aux Territoires occupés, nous tenterons d'examiner les relations entre ces règles et le principe de la souveraineté permanente sur les ressources naturelles.

Dans le Pacte relatif aux droits économiques, sociaux et culturels nous pouvons lire : « Pour atteindre leurs fins, tous les peuples peuvent disposer librement de leurs ressources et de leurs richesses naturelles ».

La Convention de Vienne sur la succession en matière de traités (Article 13, 23 août 1978) et la Convention de Vienne sur la succession en matière des biens et archives et dettes d'Etats (Article 15, 7 avril 1983) signalent que l'emploi de l'adjectif « permanente » indique que la souveraineté sur les richesses et ressources naturelles est un droit inaliénable appartenant au peuple titulaire du droit à l'autodétermination. Ces deux Conventions interdisent toute dérogation à ce principe, et cette obligation est une caractéristique des règles de *jus cogens*[41], selon les termes de l'article 53 de la Convention de Vienne sur les droits des traités.

Depuis 1972, l'Assemblée générale a proclamé l'appartenance du droit de la souveraineté permanente sur les ressources naturelles aux peuples soumis à l'occupation, à la domination étrangère ainsi qu'à l'apartheid. Dans sa résolution 3005 (XXVII) du 15 décembre 1972, l'Assemblée générale de l'ONU a reconnu, pour la première fois, l'appartenance du droit de la souveraineté permanente sur les ressources naturelles aux populations des territoires occupés par les Israéliens lors de la guerre des Six Jours. Cette résolution recommande aux Etats et aux organisations internationales de ne pas reconnaître ni coopérer avec Israël dans l'exploitation des ressources naturelles situées dans les Territoires occupés.

Une autre résolution de l'Assemblée générale de l'ONU (3175 (XXVIII), 17 décembre 1973) met en relief les conséquences économiques, dans les Territoires occupés, de l'exploitation des ressources naturelles conduite par Israël. Ce texte mentionne le droit des pays arabes ainsi que leurs peuples, dont les territoires sont situés sous l'occupation israélienne, à en exiger la restitution par Israël et réclamer de celle-ci une compensation pour l'exploitation et pour les éventuels dommages causés aux ressources naturelles durant l'occupation.

Ces deux résolutions de l'Assemblée générale de l'ONU donnent une nouvelle ampleur aux règles du droit international humanitaire en faisant émerger le droit à la réparation des Syriens et des Palestiniens pour l'utilisation israélienne de leurs ressources naturelles. Même le Conseil de sécurité de l'ONU s'est intéressé aux conséquences de l'utilisation des ressources naturelles par Israël et il a crée une Commission chargée d'enquêter sur l'exploitation et sur les dommages causés à celles-ci dans les territoires occupés (Résolution 465, 1er mars 1980).

Comme le signale Mara TIGNINO (mai 2004) : « La prise en compte du principe de souveraineté permanente sur les ressources naturelles réduit les marges d'action laissées à la Puissance occupante dans l'administration des Territoires occupés. Tant le droit international humanitaire que le droit sur la souveraineté permanente sur les ressources naturelles visent à protéger, pendant l'occupation, les véritables titulaires des droits souverains sur les richesses naturelles contre les dommages causés par la Puissance occupante ». Il ajoute que « si la Puissance occupante ne respecte pas les obligations découlant du règlement de la Haye de 1907 et de la IVe Convention de Genève ainsi que du

---

[41] Selon l'article 53 de la Convention de Vienne sur le droit des traités, une règle de *jus cogens* est une norme impérative du droit international général «acceptée et reconnue par la communauté internationale des Etats dans son ensemble, en tant que norme à laquelle aucune dérogation n'est permise».

principe de la souveraineté permanente sur les ressources naturelles, elle est responsable d'un acte illicite entraînant une réparation ».

Dans le même ordre d'idée les différentes résolutions adoptées par le Conseil de sécurité et l'Assemblée générale des Nations-Unies reconnaissent aux peuples palestinien et syrien le droit d'exiger une réparation « en cas d'exploitation, de destruction, d'épuisement ou de mise en péril de leurs ressources naturelles ».

3.5 « La diplomatie de l'eau » : le temps des incertitudes et des tentatives de paix

Sans être la seule, la question de l'eau est au cœur des négociations qui se sont succédées au sein des forums bilatéraux et multilatéraux instaurés par la Conférence de Madrid en novembre 1991.

Les discussions multilatérales ont débuté à Moscou en janvier 1992. Durant cette rencontre cinq groupes multilatéraux de travail ont été mis en place. Ces groupes traitaient de la gestion régionale des ressources en eau, la question des réfugiés, les problèmes de l'environnement, le développement économique régional et le contrôle des armes.

Durant les différentes rencontres du groupe multilatéral sur l'eau, les responsables se sont penchés sur des questions techniques telles que les échanges des données hydrologiques, les moyens d'améliorer l'offre de l'eau, la gestion de l'eau et de son stockage et la planification des projets régionaux au lieu d'aborder la question des droits et du partage de la ressource en eau. De son côté, le groupe multilatéral sur les problèmes de l'environnement s'est focalisé sur la lutte contre la pollution marine, la lutte contre la désertification, la garantie de l'approvisionnement à la population en eau potable et la gestion des eaux usées.

On peut affirmer que ces rencontres multilatérales ont marqué une nouvelle étape dans les relations politiques entre les pays du Moyen-Orient ce qui a rendu possible, dans un premier temps, l'Accord intérimaire israélo-palestinien et ensuite le traité de paix jordano-israélien.

3.5.1 Les accords israélo-palestiniens et la question de l'eau

La politique hydraulique israélienne et ses conséquences sur l'approvisionnement en eau dans les Territoires occupés par Israël montrent l'importance de parvenir à un partage équitable et raisonnable des ressources en eau entre les Israéliens et les Palestiniens.

Dés le début du processus de paix, les dirigeants israéliens et l'OLP ont fait savoir que leurs négociations en matière d'eau seraient guidées par deux importantes règles du droit des cours d'eau internationaux, à savoir le principe de l'utilisation équitable et raisonnable et la nécessité de coopérer dans la gestion des eaux partagées.

La Déclaration de principes (Declaration of Principles on Interim Self Government) signée, en 1993, à Washington entre l'Etat d'Israël et l'OLP, fait référence à l'eau de façon ambiguë et ne précise pas le domaine des compétences des Palestiniens en la matière. Elle a identifié l'utilisation équitable et raisonnable et la gestion de l'eau seulement comme principes sans les définir (Annexe III, Article 2, Déclaration de principes, 1993). La traduction de ces principes en termes de quantités, de taches de gestion et de mécanismes institutionnels serait l'objet des négociations. Cette déclaration de principes a permis la mise sur pied d'un comité permanent israélo-palestinien de coopération économique dont la tâche principale est d'assurer la coopération entre les deux signataires dans le domaine de la gestion de l'eau en Cisjordanie (Accord sur la bande de Gaza et la zone de Jéricho, 4 mai 1994).

Les accords d'Oslo II de 1995 prévoient que les ressources hydrauliques situées dans les Territoires occupés soient développées par les autorités palestiniennes de manière à ne pas causer de dommages significatifs aux ressources en eau. Cet article est conforme aux dispositions de la Convention de New York de 1997 notamment à la règle de l'interdiction de causer des dommages significatifs.

A la lumière de l'article 40 par. 3 de l'annexe III, les accords d'Oslo II reconnaissent les droits des Palestiniens sur les eaux souterraines des aquifères situés en Cisjordanie mais ils laissent leur définition aux négociations finales. Ils décident le maintient des quantités d'utilisation des eaux en ne prenant en considération que les quantités d'eau supplémentaires destinées aux Palestiniens.

Les accords d'Oslo II, en ne mettant pas en œuvre une nouvelle distribution entre les parties, maintiennent les écarts très larges dans la disponibilité des eaux qui existait entre les Palestiniens et les Israéliens : les premiers disposeraient de 125-130 millions de m^3 d'eau par an, en revanche, les seconds de 580-650 millions de m^3 d'eau par an (ABOUALI G., 1996-97). L'article 40 par. 3 de l'annexe III des accords d'Oslo II annonce que les deux parties estiment les besoins futurs des Palestiniens à environ 70-80 millions de m^3 d'eau par an.

L'estimation des besoins futurs des Palestiniens à 70-80 millions de m^3 d'eau apparaît très basse aux yeux des experts.

Selon DONKERS M., (1997) ces quantités d'eau sont destinées exclusivement à satisfaire les besoins domestiques et non industriels ni agricoles des Palestiniens et ne prennent pas en compte la croissance démographique de cette population.

Une partie de cette quantité prévue pour les Palestiniens, 28,6 millions de m^3, doit être fournie durant la période intérimaire pour faire face aux besoins immédiats. Ces accords prévoient, aussi, le partage des responsabilités entre les deux parties signataires afin de fournir les quantités d'eau additionnelles. Israël doit fournir selon l'accord 4,5 millions de m³ d'eau, le reste étant du ressort de l'autorité palestinienne.

B'Tselem (2000) affirme dans un rapport que l'Autorité palestinienne n'est pas en mesure de fournir toute la quantité d'eau prévue par l'accord intérimaire à cause des problèmes de distribution et de l'inexistence d'un système de transport d'eau reliant les différents villages palestiniens.

Les accords d'Oslo II prévoient aussi la création d'un Comité mixte pour l'eau (Joint Water Commission) chargé de superviser la délivrance des permis pour le forage de nouveaux puits, de contrôler la quantité d'eau pompée et de garantir la sauvegarde de la qualité des eaux des aquifères situées en Cisjordanie (Annexe III Article 40 par. 11). De plus, ces accords soumettent toute utilisation d'eau en Cisjordanie par les Palestiniens au droit de veto israélien. De cette façon les accords d'Oslo II instaurent un régime inégalitaire entre les Israéliens et les Palestiniens et violent le principe de la souveraineté permanente sur les ressources naturelles appartenant aux Palestiniens.

Selon Ariel Dinar (1999) les accords d'Oslo II étendent le veto israélien à tous les projets sur l'eau initiés par l'Autorité palestinienne y compris ceux initiés par l'USAID. Eran FEITELSON (1997), quant à lui, signale que le contrôle israélien sur le Comité mixte de l'eau a empêché la mise en œuvre d'un accord sain sur l'eau entre les deux parties.

En plus, les accords d'Oslo II ont mis sur pied des équipes de supervision (Joint Supervision and Enforcement Teams) chargées de vérifier le respect des dispositions des accords ainsi que les décisions du Comité mixte sur l'eau en Cisjordanie (Schedule 9 Annexe III). A ce sujet Sharif ELMUSA (1997) signale que l'activité de contrôle exercée par les équipes de supervision implique un aspect aussi politique que technique étant donné que ces inspections se passent seulement dans les territoires palestiniens.

Enfin, les accords d'Oslo II prévoient que le Comité mixte sur l'eau exerce la fonction de résolution des différends relatifs aux eaux fraîches et usées entre les deux parties (Annexe III Article 40 par. 12 f). Ce Comité constitué uniquement de Palestiniens et d'Israéliens risque d'en compromettre le bon fonctionnement.

Aucune référence dans les accords d'OSLO II aux droits des Palestiniens sur les eaux du Jourdain. La Cisjordanie, en tant que pays riverain du Jourdain, a droit à une utilisation équitable et raisonnable des eaux de ce fleuve. Le plan Johnston attribuait une quote-part des eaux du Jourdain à la Cisjordanie qui faisait partie de la Jordanie. Selon des estimations, ce plan attribuait 70 millions de m³ d'eau à la Cisjordanie.

Il est donc indispensable que les négociations sur le statut final entre Israël et l'OLP prennent en compte les droits des Palestiniens sur les eaux du Jourdain ainsi que leur droit à la réparation à la suite de l'utilisation illicite de leur quota par Israël.

3.5.2 Le traité de paix israélo-jordanien et la question de l'eau

Durant les années 90', la Jordanie a entamé des négociations directes avec Israël dans le but d'arriver à un accord sur la répartition des eaux du Jourdain lui permettant de disposer d'une bonne eau potable, particulièrement, pour la ville d'Aman. Le 25 octobre 1994, un accord de paix a été signé entre Israël et le Royaume de Jordanie contenant une clause séparée consacrée à l'eau.

L'article 6 de l'Accord de paix consacre les principes du droit fluvial : l'utilisation équitable (par.1), l'obligation de ne pas causer de dommages significatifs (par.2) et la nécessité de coopérer entre lsraël et la Jordanie (par.3). La prise en compte des eaux du Jourdain, du Yarmouk et de la nappe souterraine de l'Arava/Araba (par.1) démontre que les parties ont pris conscience de l'importance des ressources dans leur ensemble et de la nécessité d'appliquer les mêmes principes aux eaux qu'elles soient de surface ou souterraines.

L'annexe II du traité de paix détaille les critères pertinents permettant d'établir une clé de répartition des ressources en eau entre Israël et la Jordanie. L'article 1er par. 1 de cette annexe précise que la Jordanie et Israël se sont mis d'accord sur le partage et la distribution des eaux du Yarmouk entre eux de la façon suivante : chaque année du 15 mai au 15 octobre (Eté), Israël pompera 12 millions de m³ d'eau du Yarmouk et le reste va à la Jordanie. Chaque année du 16 octobre au 14 mai (Hiver), Israël pompera 13 millions de m³ le reste revient de droit aux Jordaniens. Durant la période d'hiver une quantité supplémentaire de 20 millions de m³ peut être pompée par Israël du Yarmouk vers le lac de Tibériade et en retour Israël fournira à la Jordanie la même quantité du Lac de Tibériade durant l'Eté.

Les deux Etats se sont mis d'accord en des termes similaires sur le partage des eaux du Jourdain. Durant l'été Israël accepte de transférer 20 millions de m³ d'eau du Jourdain à la Jordanie en contre partie une quantité similaire sera pompé par Israël dans le Yarmouk durant l'hiver.

D'après l'article 1er par. 2 de l'Annexe II, la Jordanie, durant l'hiver, est en droit de stocker une quantité moyenne minimale de 20 millions de m³ d'eau des eaux de crue du Jourdain avec son confluent avec le Yarmouk et, pendant l'été, elle reçoit 20 millions de m³ d'eau du Jourdain.

En plus de la répartition des ressources en eau du Yarmouk et du Jourdain, le traité de paix signale que « la coopération serait bénéfique aux deux parties et contribuerait à réduire leur insuffisance en eau » (Article 6 par. 4 annexe II).

Afin d'atteindre ces objectifs, les parties signataires mettent en place une Commission mixte pour l'eau laquelle est composée de trois membres de chaque pays. Cette Commission a pour mission d'entreprendre des études sur le développement des sources additionnelles d'eau au niveau bilatéral, régional et international (Article 6 annexe II). Elle est aussi chargée de garantir l'échange d'informations entre les parties et d'établir si l'utilisation des eaux envisagée par une partie peut causer des dommages significatifs à l'autre partie. Or, l'article 6 du traité de paix se limite uniquement aux dommages qui peuvent être causés « aux ressources en eau de l'autre partie » et ne tient pas compte des dommages qui peuvent être causés à l'environnement de l'autre partie.

Le traité de paix ne met pas en œuvre une redistribution des eaux du Jourdain entre Israël et la Jordanie. Il se penche plutôt sur le « développement des ressources en eau existantes et de nouvelles ressources » que sur une nouvelle distribution des eaux du Jourdain (Article 6 par. Annexe II). La quantité d'eau assignée par le traité de paix à la Jordanie est inférieure à celle préconisée par le plan Johnston (ABOUALI G., *op. cit.*). De plus, ce traité ne considère pas les droits des autres pays riverains sur les ressources en eau du Jourdain.

La Convention de New York de 1997 dans son article 4 signale qu' « un Etat du cours d'eau dont l'utilisation risque d'être affectée de façon significative par la mise en œuvre d'un éventuel accord de cours d'eau ne s'appliquant qu'à une partie du cours d'eau (...) a le droit de participer à des consultations sur cet accord et, le cas échéant, à sa négociation de bonne foi afin d'y devenir partie, dans la mesure où son utilisation du cours d'eau en serait affectée ».

Dans la stratégie de l'Etat hébreu, les accords conclus entre les Israéliens et les Palestiniens et le traité de paix jordano-israélien avaient pour premier objectif de sortir les questions de l'eau du cadre politique de la souveraineté, pour ne leur laisser qu'un simple aspect technique de partage d'une ressource naturelle commune entre des Etats riverains d'un bassin. Ces accords se distinguent par deux aspects importants et particulièrement avantageux pour l'Etat d'Israël. Comme le signale Habib AYEB (1998) « S'ils reconnaissent aux différentes parties des droits légitimes sur les eaux régionales, ils n'abordent guère la question de la souveraineté politique. Par ailleurs, le partage adopté, surtout en ce qui concerne Israël et la Jordanie, n'est qu'une reconnaissance par cette dernière du statu quo qui s'est installé après l'échec des premières négociations qui ont eu lieu par l'intermédiaire des Etats-Unis dans les années 1950. Israël s'est vu ainsi reconnaître une légitimité sur les eaux qu'elle exploitait depuis le début des années 1960 et que les Arabes, et notamment les Jordaniens, l'accusaient d'avoir volées et accaparées par la force militaire.

Ces négociations devaient ou devront prendre en compte les dispositions de la Convention de New York de 1997. Il est important de ne pas perdre de vue, durant les négociations futures israélo-palestiniennes sur l'eau, l'article 6 de cette Convention qui énumère les facteurs pertinents à prendre en compte afin de déterminer un partage équitable et raisonnable des eaux ainsi que l'article 10 qui mentionne que dans le cas de conflit entre les utilisations il faut accorder une *attention spéciale* aux besoins humains essentiels.

3.5.3 Le Mur et ses conséquences sur l'approvisionnement en eau des Palestiniens

L'idée d'ériger *une barrière* qui séparerait physiquement la Cisjordanie de l'Etat hébreu pour limiter les entrées *non surveillées* des Palestiniens en Israël n'est pas nouvelle et a connu plusieurs changements ces dernières années (B'TSELEM, septembre 2002) (Voir la carte 3.3).

En juin 2002, le gouvernement israélien a approuvé la première étape de *la barrière* physique qui séparera la Cisjordanie d'Israël. La raison officielle de cette décision était la vague des attentats suicides commises par des *kamikazes palestiniens* contre la population israélienne depuis le déclenchement de la deuxième Intifada fin septembre 2000. Entre 2002 et 2005, le gouvernement et le cabinet de la sécurité politique ont approuvé des étapes supplémentaires relatives à la barrière qui atteindra à son achèvement 680 km de long (B'TSELEM, décembre 2005). Selon René BACKMANN (2006) le projet de Dany Tirza, concepteur de *la barrière*, devrait atteindre 730 km, alors que « les documents du département des négociations de l'OLP s'en tiennent au chiffre de 680 km, et ceux de l'ONU parlent de 670 km après rectification du tracé, qui avait été évalué à 622 km ». Il ajoute que « dans tous les cas, la longueur de la barrière est plus de deux fois supérieure à celle de la « ligne verte » (315 km) ».

Un rapport des Nations-Unis de 2004 et un autre de B'TSELEM (2006) affirment que le tracé du Mur, construit par les autorités israéliennes en Cisjordanie, suit une logique délibérée : « maximum de terres minimum de population », en vue d'une future annexion des colonies. Cette barrière qui devrait se construire en respectant les accords d'armistices de 1949, ne suit la ligne verte que sur 20 % de son parcours et s'en écarte parfois de 5 km. Selon le rapport de B'TSELEM (2006) la superficie des zones coincées entre la barrière et la ligne verte dépasse 53 000 ha (48 000 ha selon le rapport de l'ONU), soit 9,5 % (8 % selon le rapport de l'ONU) de la superficie totale de la Cisjordanie (Jérusalem-Est comprise). Cette zone contient 21 villages palestiniens où vivent 30 000 résidents et quelques 200 000 Palestiniens qui vivent à Jérusalem-Est et qui possèdent des cartes d'identité israéliennes.

Ce Mur qui devait coûter initialement 1,85 million de dollars (8 millions de shekels) par kilomètre (B'TSELEM, 2002) coûte 3,25 millions de dollars par kilomètre. Le budget total devrait atteindre 2,34 milliards de dollars (BACKMAN R., *op. cit.*).

Les Palestiniens appellent la barrière de séparation le mur de l'apartheid. En Cisjordanie, 17 routes couvrant plus de 120 km sont interdites aux Palestiniens. Près de 250 km requièrent l'obtention d'un permis spécial de déplacement délivré par l'armée israélienne et plus de 360 km sont à usage limité, ce qui implique le passage de check points.

Il est très difficile, aujourd'hui, de tenir une comptabilité des conséquences économiques causées par la construction du Mur. Des milliers d'hectares de terres ont été confisquées, des milliers d'arbres ont été arrachés, des milliers de maisons, de puits et de citernes d'eau détruits. En juin 2003, rien que pour la région de Tulkarem et Qalqiliya, plus de 50 % des terres irriguées sont isolées et plus de 5 % détruites, 50 puits sur 140 et 200 citernes se retrouvent isolés ou en zone tampon, 30 km de réseau d'irrigation et 25 puits citernes ont été détruits affectant 200 000 personnes. Dans le même ordre d'idée, un rapport de l'UNESCWA (2004) indique qu'entre la signature des accords d'Oslo en 1993 et 1999, 780 puits fournissant de l'eau à usage domestique et pour l'irrigation ont été détruits.

Selon une étude effectuée par Applied Research Institute of Jerusalem (2007), Israël contrôle 80 % de l'eau renouvelable chaque année et escompte mettre la main sur 90 % de cette ressource avec l'achèvement du Mur.

Le Mur rend la vie normale de la population civile palestinienne impossible en de nombreux endroits séparant des milliers de personnes de leurs terres et puits d'eau (E/CN.4/2004/10/1dd.2).

La poursuite de l'édification du Mur constitue une atteinte au droit inaliénable du peuple palestinien à la souveraineté permanente sur ses ressources naturelles. C'est dans le souci de préserver ce droit que la Cour internationale de justice a donné le 9 juillet 2004 un avis consultatif sur le Mur. La Cour de la Haye condamnait le Mur qu'Israël construisait en Cisjordanie, soulignait son obligation de le démanteler et de dédommager les Palestiniens lésés. Cet avis qui été ratifié le 20 juillet 2004 par l'Assemblée générale de l'ONU affirmait l'obligation de tous les Etats d'adopter des mesures efficaces afin d'amener Israël à respecter le droit international.

3.6 Vers un partage équitable et raisonnable des eaux du Jourdain et des aquifères montagneux

La rareté de l'eau dans le bassin du Jourdain fait de la répartition de cette ressource une question centrale du conflit israélo-arabe. Cette répartition joue aussi un rôle central dans les discussions relatives à la coopération régionale.

Carte 3. 3: Fragmentation territoriale de la Cisjordanie

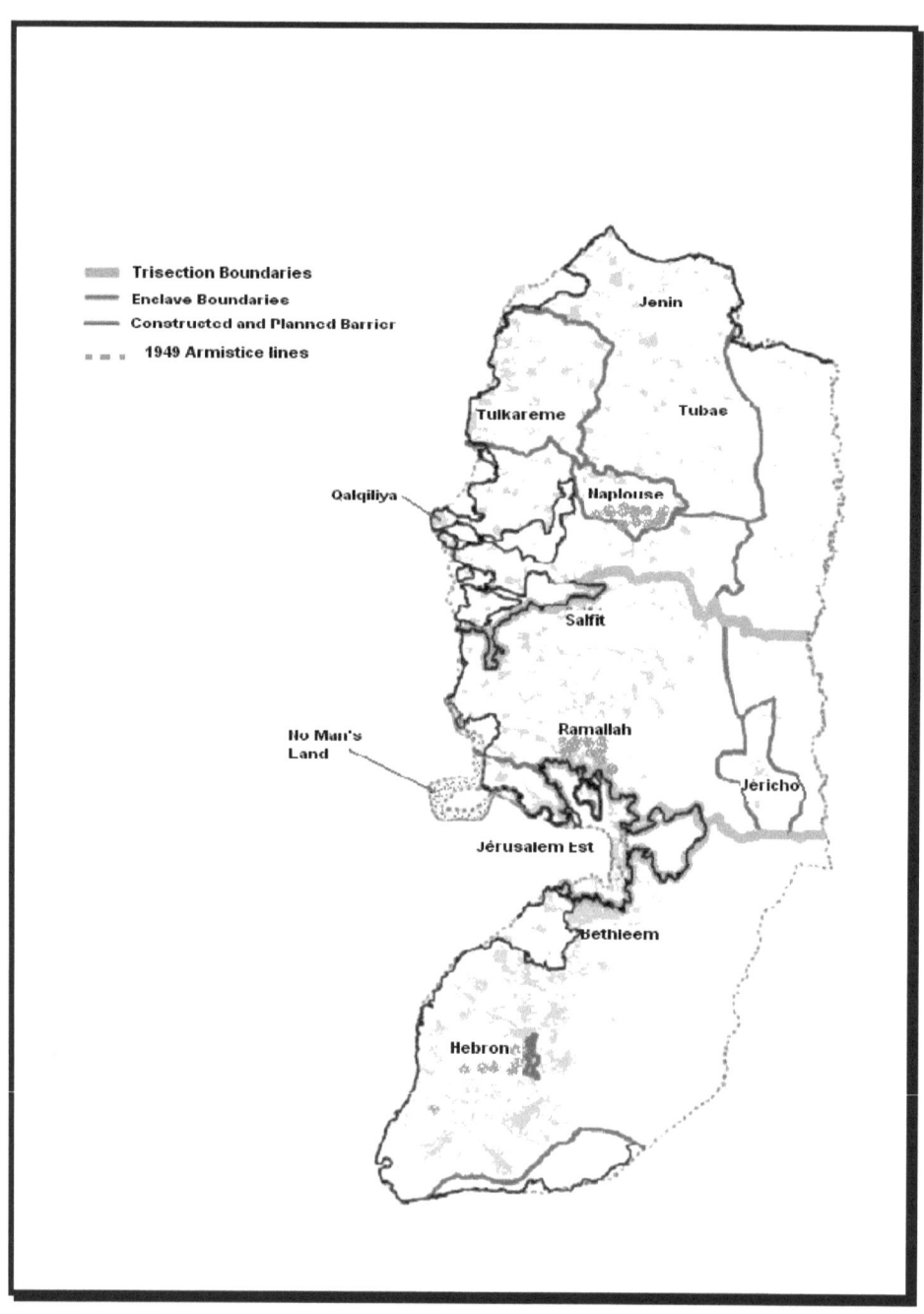

Source : Adapté d'après UN Office for the Coordination Of Humanitarian Affairs, octobre 2006

Hisham ZAROUR et Jad ISAAC (1992) étaient les premiers à proposer une formule mathématique pour la répartition des eaux transfrontalières. Se basant sur le principe de la souveraineté territoriale limitée en matière d'utilisation des ressources en eau et sur le bassin de drainage des eaux de surface et souterraines comme facteur pertinent pour l'analyse tel que préconisé par les règles d'Helsinki de 1966, ils ont développé une clè de répartition qui accorde des droits sur base d'un poids égal pour la contribution à l'offre et à la somme des retraits humains et les pertes naturelles de la ressource. Leur clé de répartition est présentée par la formule mathématique suivante :

$$S_{(i)} = 50 * \left[\frac{B_{(i)}}{B_{(T)}} + \frac{I_{(i)} - L_{(i)}}{I_{(T)} - L_{(T)}} \right]$$

$S_{(i)}$: *La taille du droit / obligation du pays i (en %)*

$B_{(i)}$: *L'aire du bassin / volume de stockage de la ressource à l'intérieur du pays i*

$B_{(T)}$: *L'aire totale du bassin / volume total de stockage du bassin*

$I_{(i)}$: *La contribution du pays i au débit total du bassin*

$I_{(T)}$: *Le débit total du bassin*

$L_{(i)}$: *Les pertes naturelles du bassin à l'intérieur du pays i*

$L_{(T)}$: *Les pertes totales du bassin*

Bien que le manque de données disponibles ait empêché Hisham ZAROUR et Jad ISAAK d'appliquer leur formule de répartition au bassin du Jourdain et à l'aquifère montagneux de Cisjordanie, c'est évident parce que le modèle se focalise principalement sur des données géographiques, hydrologiques et hydrographiques et ignore les aspects économiques et sociaux préconisés par les règles d'Helsinki.

Un certain nombre de formules de convenance a été proposé par différents auteurs. Ces derniers comparent les résultats obtenus par le modèle à ceux escomptés. Si les deux résultats convergent le modèle est retenu.

3.6.1 La répartition des eaux du Jourdain

Pour l'allocation des ressources en eau entre les différents riverains du Jourdain et ceux de l'aquifère montagneux de Cisjordanie nous utiliserons la même méthodologie que celle que nous avons utilisée pour le Nil. Nous garderons les mêmes facteurs pertinents, les poids relatifs à chaque facteur pertinent seront conservés (Voir tableau 3.5) et nous utiliserons le même logiciel.

Pour notre clé de répartition nous avons respecté ce que préconisent beaucoup de spécialistes à savoir « partir du résultat vers la formule et non de la formule vers le résultat ». Nous sommes partis de l'article 6 de la Convention de New York de 1997, le résultat de vingt ans de négociations au sein des Nations Unies, pour mettre sur pied une formule de répartition entre les différents riverains d'un bassin transfrontalier.

Grâce au flux total (Φ) obtenu par le classement complet PROMETHEE II (Voir la figure 3.1), nous pouvons calculer la quote-part de chaque pays riverain du Jourdain par rapport au débit de ce fleuve. Pour la détermination de ces différentes quote-parts nous nous baserons sur un débit de 1,287 milliard de m³ pris en considération par le plan Johnston.

Notre clé de répartition attribue des quote-parts de 298,58 (23,2 %) millions de m³ d'eau à Israël, de 296,01 (23 %) à la Cisjordanie et la bande de Gaza, de 280,57 (21,80 %) millions de m³ à la Syrie et la Jordanie et de 131,27 (10,2 %) millions de m³ au Liban. Cette clé de répartition diverge par rapport à celle proposée par le plan Johnston (Voir tableau 3.5).

Tableau 3. 5: Facteurs pertinents relatifs à chaque pays riverain du bassin du Jourdain

Les facteurs pertinents	Signe	Poids (%)	Israël	Jordanie	Liban	Cisjordanie - Gaza	Syrie
Aire du bassin (en km²)	+	3	1867	7663	664	2344	7301
Précipitations (10^9 m³ / an)	-	12	9,16	9,93	6,87	2,9	46,7
Ressources en eau renouvelables internes (10^9 m³ par an)	-	12	0,75	0,68	4,8	0,25	7
Dépendance hydrologique vis-à-vis de l'extérieur (en %)	-	12	55,10%	22,70%	0,77%	18,00%	80,30%
Ressources en eau réelles totales par habitant (2005) (m³/ an)	-	6	250	160	1190	69	1408
Ressources en eau réelles totales par habitant (2015) (m³ / an)	-	6	212	128	1041	45	1100
Prélèvement en eau par habitant (2004) (m³ par an)	+	5	271	196	402	65	867
Population ayant accès aux sources améliorées d'eau potable (en %)	-	5	100%	97%	100%	56%	90%
Population totale en millions (2004)	+	12	6,6	5,6	3,5	3,6	18,6
Population totale en millions (2015)	+	12	7,8	7	4	5,5	23,8
Indicateur du développement humain (2004)	+	5	0,927	0,76	0,774	0,73	0,716
PIB (2004) (en PPA en milliards de $)	+	5	165,7	25,5	20,7	7,93	67,1
Terres irriguées / Potentiel d'irrigation (%)	-	6	45,33%	18,75%	33,23%	7,69%	24,59%

Sources : AQUASTAT (2007), PNUD (2006) et ELMUSA S., (1997)

Figure 3. 1: Le classement complet PROMETHEE II pour les Etats riverains du bassin du Jourdain

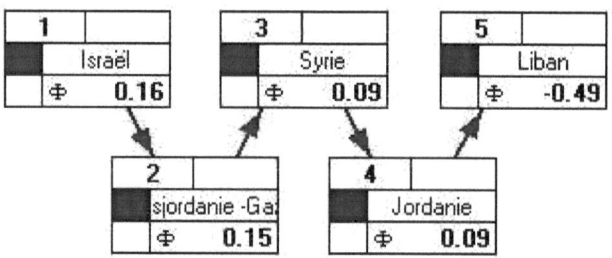

Tableau 3. 6: Les quote-parts obtenues par notre clé de répartition et celles préconisées par le plan Johnston versus la contribution et l'utilisation actuelle du débit du Jourdain par les Etats riverains

Pays	Contribution au débit du fleuve (en millions de m³ et en %)	Johnston plan (en millions de m³ et en %)	Notre clé de répartition (en millions de m³ et en %)	L'utilisation actuelle (en millions de m³ et %)
Liban	128,7 (10%)	35 (3%)	131,27 (10,2%)	20 (1,72%)
Syrie	540,54 (42%)	132 (10%)	280,57 (21,8%)	200 (17,24%)
Israël	283,14 (22%)	400 (31%)	298,58 (23,2%)	690 (59,48%)
Jordanie	308,88 (24%)	505 (39%)	280,57 (21,8%)	250 (21,55%)
Cisjordanie-Gaza	25,74 (2%)	215 (17%)	296,01 (23%)	0
	1287	1287	1287	1160

Sources: (American Friends of the Middle East, 1964), (BUNT REPORT, 1994), (NAFF et MATSON, 1984) et (NAFF, 1991).

Beaucoup d'observateurs estiment que les Libanais et les Syriens seront prêts à renoncer à leurs quote-parts dans le bassin du Jourdain en faveur des autres Etats riverains si Israël accepte de se retirer des territoires occupés libanais, syriens et palestiniens. Les quote-parts des Syriens et Libanais telles que préconisées par le plan Johnston représentent respectivement 0,64 % et 0,8 % de leurs ressources totales renouvelables.

En cas d'intervention d'un accord de paix définitif entre Israël et ses voisins syriens, libanais et palestiniens et en cas du renoncement des Libanais et des

Syriens à leurs quote-parts en faveur des autres Etats riverains, notre clé de répartition se présentera de la façon suivante (Voir la figure 3.2) :

Figure 3. 2: Le classement complet PROMETHEE II en cas d'une paix entre Israël, le Liban, la Syrie et les Palestiniens

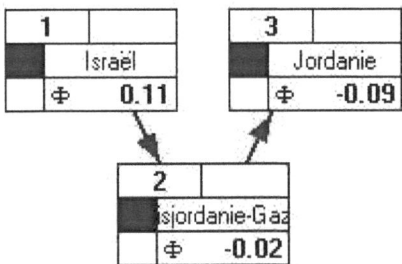

Dans un contexte de paix notre clé permet à Israël d'obtenir 476,19 (37 %) millions de m³, à la Jordanie d'obtenir 390,39 (30,33 %) millions de m³ et à la Cisjordanie-Gaza d'obtenir 420,42 (32,67 %) millions de m³.

3.6.2 Le partage de l'aquifère montagneux de Cisjordanie entre Israël et les Palestiniens

Pour le partage de l'aquifère montagneux entre les Palestiniens et Israël nous garderons les mêmes valeurs de critères pertinents que pour le partage précédent à l'exception de l'aire du bassin. ABD AL SALAM A., (1990) et ORNI E., et EFRAT E., (1973) ont estimé l'aire de l'aquifère montagneux à 4211 km² dont 90% se trouvent en Cisjordanie (Voir tableau 3.7)

Tableau 3. 7: Facteurs pertinents relatifs à Israël et à la Cisjordanie-Gaza

Les facteurs pertinents	Signe	Poids (%)	Israël	Cisjordanie-Gaza
Aire du bassin (en km²)	+	3	421	3790
Précipitations (10^9 m³ / an)	-	12	9,16	
Ressources en eau renouvelables internes (10^9 m³ par an)	-	12	0,75	0,25
Dépendance hydrologique vis-à-vis de l'extérieur (en %)	-	12	55,10%	18,00%
Ressources en eau réelles totales par habitant (2005) (m³/ an)	-	6	250	69
Ressources en eau réelles totales par habitant (2015) (m³ / an)	-	6	212	45
Prélèvement en eau par habitant (2004) (m³ par an)	+	5	271	65
Population ayant accès aux sources améliorées d'eau potable (en %)	-	5	100%	56%
Population totale en millions (2004)	+	12	6,6	3,6
Population totale en millions (2015)	+	12	7,8	5,5
Indicateur du développement humain (2004)	+	5	0,927	0,73
PIB (2004) (en PPA en milliards de $)	+	5	165,7	7,93
Terres irriguées / Potentiel d'irrigation (%)	-	6	45,33%	7,69%

Sources : AQUASTAT (2007), PNUD (2006), ELMUSA S., (1997), (ABD AL – SALAM A., 1990) et (ORNI E., et EFRAT E., 1973).

Le calcul des quote-parts est effectué sur la base du débit de 679 millions de m³ fixé par l'accord de Taba signé entre l'OLP et Israël.

Notre clé de répartition (Voir la figure 3.3) permet à Israël de disposer d'un débit de 342,90 (50,5 %) millions de m³ contre 336,10 (49,5 %) millions de m³ d'eau aux Palestiniens.

Figure 3. 3: Le classement complet PROMETHEE II pour les riverains de l'aquifère montagneux

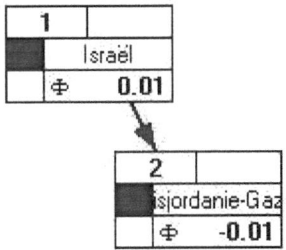

Notre clé de répartition qui attribue à l'Etat hébreu 641,48 millions de m³ d'eau par an (la quote-part dans le Jourdain + celle dans l'aquifère montagneux) contre une utilisation actuelle de l'ordre de 1207,19 millions de m³ d'eau par an, apporte un début d'explication à l'attitude hostile des Israéliens par rapport au droit international[42]. Le partage actuel du Jourdain et de l'aquifère montagneux crée une situation de facto maîtrisée par Israël.

Cette recherche constante par Israël du contrôle des ressources d'eau est justifiée par le fait que 40 % de l'eau consommée en Israël provient de l'extérieur de ses frontières de 1949.

En tant que première puissance militaire du Moyen-Orient et bénéficiant du soutien américain, Israël a pu imposer dans le domaine de la gestion de l'eau les options qui lui paraissent propres à garantir sa sécurité hydrique. Les rapports de force semblent primer dans le bassin du Jourdain, même si des tentatives ont été menées par certains pays dans l'intérêt de la paix dans la région.

---

[42] Les Syriens et les Jordaniens ont ratifié la Convention de New York de 1997 respectivement le 2 avril 1998 et 22 juin 1999, les Libanais ont accès depuis le 25 mai 1999 et les Israéliens se sont abstenus.

3.7 La fin de l'idéologie hydraulique ou l'espoir d'un partage équitable et raisonnable des eaux du Jourdain et de l'aquifère montagneux

Un certain nombre de spécialistes[43] défendent la thèse selon laquelle l'eau possède une dimension idéologique dans la carte cognitive israélienne (Voir la figure 3.4). Ils basent leur argument sur le fait que l'eau est un indispensable input pour l'agriculture qui a été perçue de façon idéologique par le mouvement sioniste.

Itzhak GALNOOR (1980) signale que : « dès le début, l'eau n'a pas été perçue uniquement comme un moyen de production en Israël. Elle s'est vue attribuer, aussi, une position centrale dans l'idéologie sioniste et dans les priorités sociales de l'Etat (...) et des leaders comme Ben Gourion, Eshkol et Sapir se sont intéressés à cette ressource ».

Thomas NAFF et Ruth C. MATSON (1984), de leur côté, signalent que l'agriculture n'est pas un secteur économique ordinaire ni un modèle de style de vie. Ils ajoutent que l'agriculture est liée au problème crucial des colonies. Ces dernières sont perçues comme essentielles pour la sécurité et utilisées comme un premier pas vers la consolidation du territoire et en cas d'attaque comme *frontières de résistance*.

Pour les idéologues sionistes, l'agriculture, plus que l'industrie, devait servir quelques objectifs uniques. En dehors de sa valeur utilitaire comme fournisseur des produits alimentaires et facteur de développement économique, les idéologues sionistes ont perçu l'agriculture comme un moyen pour *la rédemption* de la terre de l'état *désolé*[44] dans laquelle elle se trouvait, comme un moyen pour *faire fleurir le désert*, comme une source du renouveau spirituel pour les immigrants juifs et comme un moyen pour les aider à redécouvrir leurs racines en Palestine.

Etant rare et indispensable pour la réalisation du rêve sioniste, l'eau est devenue *idéologie par association*. Dans le même ordre d'idée Miriam LOWI (1993) signale que « le développement agricole est resté un objectif national incarnant une valeur sociale acceptable et dicté par l'idéologie ».

---

[43] Voir en particulier (GALNOOR I., 1980), (LOWI M., 1993) et (NAFF T., et MATSON R., 1984).
[44] Les leaders sionistes ont utilisé le terme *desolate* dans le texte qu'ils ont présenté à la Conférence de Paix de Paris de 1919 pour la thèse de la création d'un foyer national juif.

Figure 3. 4: La carte cognitive de la perception générale israélienne de la question du Jourdain

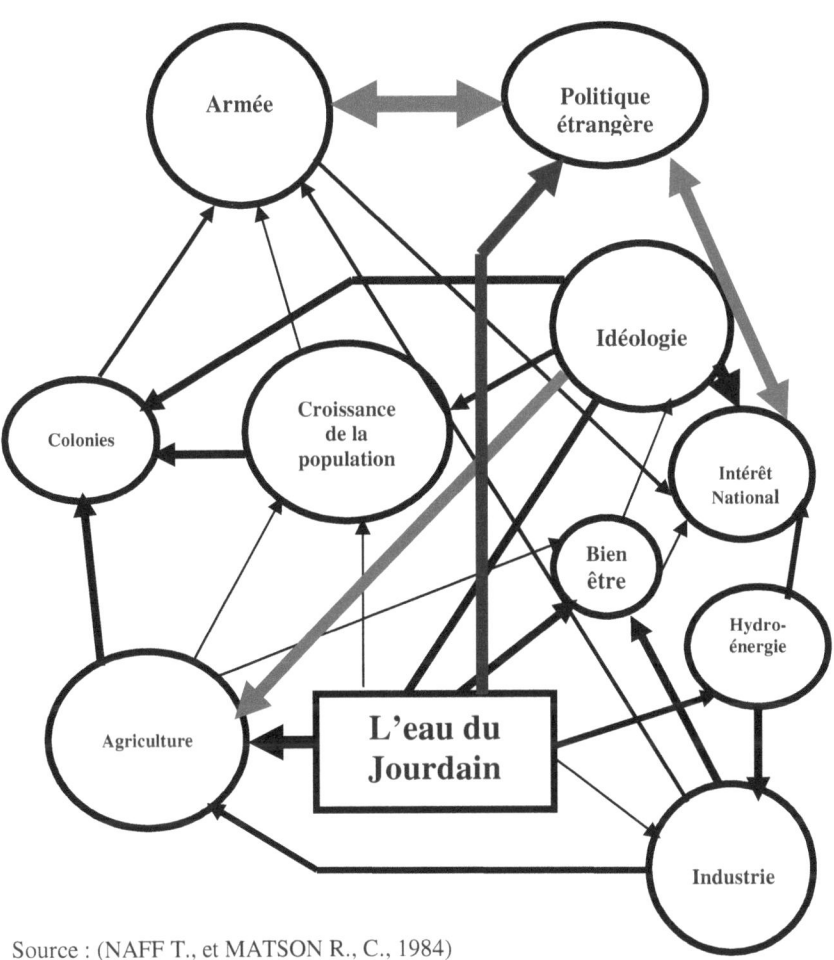

Source : (NAFF T., et MATSON R., C., 1984)

L'analyse qui consiste à dire que l'eau possède une dimension idéologique peut être considérée comme valable pour la période ayant précédé la fondation de l'Etat d'Israël et celle du début de sa création. Continuer à défendre cette analyse comme étant toujours d'actualité, comme le prétendent les auteurs de l'idéologisation de l'eau, c'est induire les gens en erreur. Nous constatons que durant les décennies qui ont suivi la création de l'Etat hébreu, le rôle de l'agriculture et les bases idéologiques agricoles du mouvement sioniste ont considérablement diminué. Le recul du rôle de l'agriculture dans l'économie israélienne, moins de 3 % du PIB, et celui des personnes employées dans l'agriculture, moins de 4 % de la force du travail (Staistical Abstract of Israel, 2006), viennent conforter notre perception. Cependant, l'autosuffisance alimentaire ou la sécurité alimentaire est restée un objectif social et politique en Israël. L'Etat hébreu produit une quantité importante de produits alimentaires pour la consommation locale. Cependant, le futur ne s'annonce pas bien pour les défenseurs de l'autosuffisance alimentaire. Ce sentiment a été exprimé par Avram Katz-Oz (1994), un ancien ministre de l'agriculture israélien et chef de la délégation de l'eau à la négociation de paix de 1994 : « Les idées sur la sécurité ou l'autosuffisance alimentaire appartiennent aux années 50' et 60' et non à l'époque contemporaine ».

Aujourd'hui, il est très difficile de comprendre comment l'agriculture en Israël peut signifier l'enracinement dans la terre quand la grande majorité de la population israélienne est urbaine et quand la proportion la plus importante travaillant dans ce secteur est composée de Palestiniens (ELMUSA S., *op. cit.*).

Un éditorial dans le Jérusalem Post du 4 janvier 1991 expliquait que l'idéologie est *anachronique* et *hors de propos* dans un Etat moderne. Dans une publicité du Ministère de l'agriculture appelant à l'annexion de la Cisjordanie on pouvait lire qu' « il est important de réaliser que la revendication qui prône de continuer le contrôle israélien de la Cisjordanie n'est pas basée sur une fascination extrémiste ou sur un mysticisme religieux mais plutôt sur un instinct de survie rationnel, sain et raisonnable ».

Cette approche vient mettre fin aux analyses qui avançaient que la colonisation de la Cisjordanie s'inscrivait dans une logique idéologique. Pour les spécialistes qui affirmaient que les colonies étaient essentielles pour la sécurité et utilisées en cas d'attaque comme *frontières de résistance*, les événements du Moyen-Orient de ces vingt dernières années ont mis leurs thèses en doute. Ces événements nous ont montré que des villes israéliennes ont été atteintes par des missiles envoyés depuis l'Irak et le Liban et que les colonies de la Cisjordanie et du plateau du Golan n'ont pas joué leur rôle de *frontière de résistance*. Le vrai rôle qui a été joué et qui continue à être joué par les colonies et celui du gardien du château d'eau du bassin du Jourdain et de l'aquifère montagneux de la Cisjordanie. Elles seront amenées, dans le futur, à être échangées contre des territoires de la Galilée, à majorité arabe, pour réduire la pression démographique exercée par les Arabes d'Israël[45] considérés par l'Etat hébreu comme une cinquième colonne.

Travailler la terre a toujours été un moyen de subsistance pour les Etats arabes riverains du Jourdain et pour les Palestiniens. Donc, l'agriculture dans

---

[45] Le taux de croissance démographique des Arabes d'Israël est de 2,7 % par an est celui des Juifs israéliens est de 1,7 %. Cependant, la communauté arabe chrétienne d'Israël possède un taux de croissance de 1,4 % par an et les Musulmans d'Israël possèdent un taux de croissance de 3,0 % par an. (Statistical abstract of Israel, 2006)

cette région ne pouvait être regardée que sous un angle culturel et non idéologique. L'absence d'une idéologie agricole et par association d'une idéologie de l'eau n'a pas empêché le monde rural arabe du Jourdain d'avoir une culture riche et un attachement à la terre pour laquelle les gens sont prêt à mourir comme l'explique le principe Khaldounien de *al aassabiya al kabaliya* (Solidarité clanique).

Selon bon nombre d'observateurs et de spécialistes de la théorie de négociation, la désidéologisation, dans les deux camps : arabes et israélien, de la perception du couple agriculture/eau est une chance pour la paix.

La désidéologisation est une condition nécessaire mais pas suffisante. Pour permettre l'installation de la paix et assurer sa consolidation, la désidéologisation doit être accompagnée des options techniques permettant de réduire la demande et augmenter l'offre de l'eau.

Nous allons revenir en détail sur l'utilisation, au Moyen-Orient, de ces différentes techniques. Toutefois, nous pouvons souligner leur importance mais aussi leurs limites pour les Etats riverains du Jourdain pour des raisons géopolitiques, psychologiques, écologiques et parfois financières. Les limites de ces options techniques pour la région ouvriront la voix aux options coopératives indispensables à la résolution du problème de la pénurie d'eau dans le bassin du Jourdain. Ces options coopératives permettront de ramener l'eau des régions là où elle se trouve en abondance vers des Etats caractérisés par un *stress hydrique* comme Israël, la Jordanie et les Territoires occupés palestiniens.

Conclusion

La situation actuelle de l'eau dans le bassin du Jourdain est lourde de menaces, source d'inquiétudes et obstacle à la coopération. La rareté de cette ressource dans cette région est réelle, même si elle côtoie souvent le gaspillage et l'utilisation inconsidérée.

Dans un contexte où la mobilisation des ressources nouvelles est incertaine, cette rareté ne fera que s'aggraver avec l'accroissement démographique, l'urbanisation, la pollution.

Comme nous l'avons expliqué grâce à la matrice de Frey et Naff, les tensions provoquées par la mauvaise répartition de l'eau ne déboucheront pas sur un conflit armé mais sur une situation très peu propice à la coopération entre les différents riverains.

Seules des négociations pour un rééquilibrage de la répartition des eaux du Jourdain et de l'aquifère montagneux entre les différents riverains concernés, sur base de la Convention de New York de 1997, seront capable de réduire les tensions entre Israël et ses voisins arabes et d'ouvrir la voie à d'autres volets des négociations de la paix. Israël consomme 1,86 milliard de m^3 d'eau par an

(Statistical Abstract of Israel, 2005), alors que ses propres ressources renouvelables n'excédent pas 750 millions de m³ d'eau par an. La différence entre les ressources normalement disponibles à l'intérieur d'Israël et la quantité d'eau réellement consommée provient des territoires syriens, israéliens et palestiniens occupés par l'Etat hébreu.

Le triomphe de la volonté de paix et de coopération autour d'une ressource rare, peut faire face aux futures pénuries qui menacent la région.

L'accroissement de la quantité d'eau disponible est une condition nécessaire mais pas suffisante. Un potentiel pour une meilleure gestion de la ressource existante se trouve à la portée des gestionnaires et des décideurs politiques. Mais il faut mobiliser ce potentiel grâce à la négociation entre les différents Etats riverains et à l'arbitrage politique de la communauté internationale. Ce qui nous fait dire que la question de l'eau dans le bassin du Jourdain est, avant tout, une question politique.

CHAPITRE 4

LES EAUX DU TIGRE ET DE L'EUPHRATE ENTRE MAUVAISE REPARTITION ET INSTRUMENTALISATION D'UNE RESSOURCE

Entre le Tigre et l'Euphrate s'étend la Mésopotamie. Sur les rives de ces deux fleuves se sont épanouies les civilisations de Sumer, d'Akkad et de Babylone. Le Tigre et l'Euphrate, les deux plus grands fleuves du Moyen-Orient, prennent leur source dans les montagnes d'Arménie turque, près de la ville d'Erzurum qui culmine à 2 000 m d'altitude. Ces montagnes arrosées d'Anatolie orientale (Taurus oriental) et leurs affluents venus de la chaîne de Zagros apportent l'eau et la vie dans les plateaux et les plaines steppiques ou désertiques de Syrie et d'Irak. Ils permettent l'extension du *Croissant fertile* dans des zones ou règne l'aridité et de faire face à l'accroissement démographique. Dans la vallée du Tigre et de l'Euphrate vivent environ 40 millions de personnes (AYEB H., 1998).

La quête de l'eau, dans la région, a toujours été une préoccupation majeure et la lutte pour le contrôle du débit du Tigre et de l'Euphrate (dont les apports sont irréguliers pour assurer un développement et une autosuffisance alimentaire) fait partie des priorités nationales des Etats riverains de ces deux fleuves. Des aménagements hydrauliques intervenus tout au long du 20e siècle ont conduit à la domestication du Tigre et de l'Euphrate. Grâce à ces aménagements, la maîtrise des eaux est assurée et la pénurie d'eau n'est pas pour l'instant une menace pour les Etats riverains du bassin du Tigre-Euphrate.

C'est le partage de l'eau entre les riverains principaux de ces deux fleuves qui pose problème pour le moment. Au lendemain de la première guerre mondiale, après avoir fait partie pendant longtemps d'une même entité étatique, l'Empire Ottoman, le Tigre et l'Euphrate sont devenus des fleuves transfrontaliers. Le contrôle et l'utilisation des eaux de ces deux fleuves opposent de plus en plus clairement les trois principaux pays riverains : la Turquie, la Syrie et l'Irak.

4.1 Géographie et hydrologie du Tigre et l'Euphrate

Les deux fleuves jumeaux, le Tigre et l'Euphrate[46], constituent le plus grand système fluvial de l'Asie occidentale (Voire la carte 4.1). Long de 3 000 km (ALLAN T., 2000), l'Euphrate représente le plus long fleuve de cette région. Il résulte de la confluence de deux rivières le Kara Su (450 km) et le Murat Su (650 km), qui prennent leur source à plus de 3 000 m d'altitude. Le fleuve quitte la Turquie après l'avoir traversé sur une distance de 1 230 km et pénètre en Syrie où il s'encaisse légèrement dans un plateau désertique qu'il parcourt sur 710 km. Il n'y reçoit que deux affluents le Balikh et le Khabour. Ensuite, il pénètre en territoire irakien dans la plaine mésopotamienne qu'il parcourt sur une distance de 1 060 km.[47]

Toutefois, les auteurs s'accordent pour estimer le bassin versant de l'Euphrate à 444 000 km², dont 124 320 km² (28 %) en Turquie, 75 480 km² (17 %) en Syrie et 177 600 km² (40 %) en Irak, sans oublier 66 600 km² (15 %) en Arabie Saoudite. Et pourtant, la partie du bassin versant, qui alimente directement le cours d'eau, est de 62 % en Turquie et 38 % en Syrie (ALLAN T., *op. cit.*). Le bassin versant de l'Euphrate est alimenté principalement par trois affluents turcs, le Khabour, le Sajour et le Balikh qui contribuent à 98,6 % du débit du fleuve, les 1,4 % restant proviennent de la Syrie.

Le statut de l'Arabie Saoudite, en tant que riverain du bassin, est souvent ignoré puisque les régions concernées restent pratiquement arides et que le pays ne rejoint le bassin versant qu'au travers de vallées, sans contribuer au débit (ALLAN T., *op. cit.*).

En deuxième position, le Tigre qui prend naissance au sud du lac Van s'écoule sur 1 850 km, dont 400 km en Turquie, 32 km en Syrie, sous forme de fleuve contigu, et 1 418 km en Irak (KLIOT N., 1994). Le Tigre arrose Bagdad puis se jette dans l'Euphrate en Basse Mésopotamie à Garmat Ali. Les eaux issues de la rencontre des deux fleuves constituent, sur environ 170 km, le Chatt el-Arab qui débouche dans le Golfe arabo-persique.

---

[46] Les estimations des débits, les contributions des Etats riverains aux volumes d'eau et même la longueur des fleuves varient en fonction des sources et des critères d'appréciation relatifs à chaque auteur.

[47] Selon Habib AYEB (1998): 2 315km (400 km en Turquie, 475 km en Syrie et 1 440 km en Irak) ou 2 330 km (445 km en Turquie, 675 km en Syrie et 1 200 km en Irak) selon l'ESCWA et selon Georges MUTING (2000): 2 700 km (420 km en Turquie, 680 km en Syrie et 1 235 km en Irak). La différence entre ces différentes sources réside dans le fait d'appréhender le fleuve avec tous ses affluents ou de ne tenir compte que des canaux principaux (DAOUDY M., 2005).

Carte 4. 1: Le Tigre et l'Euphrate, débit naturel et aménagement

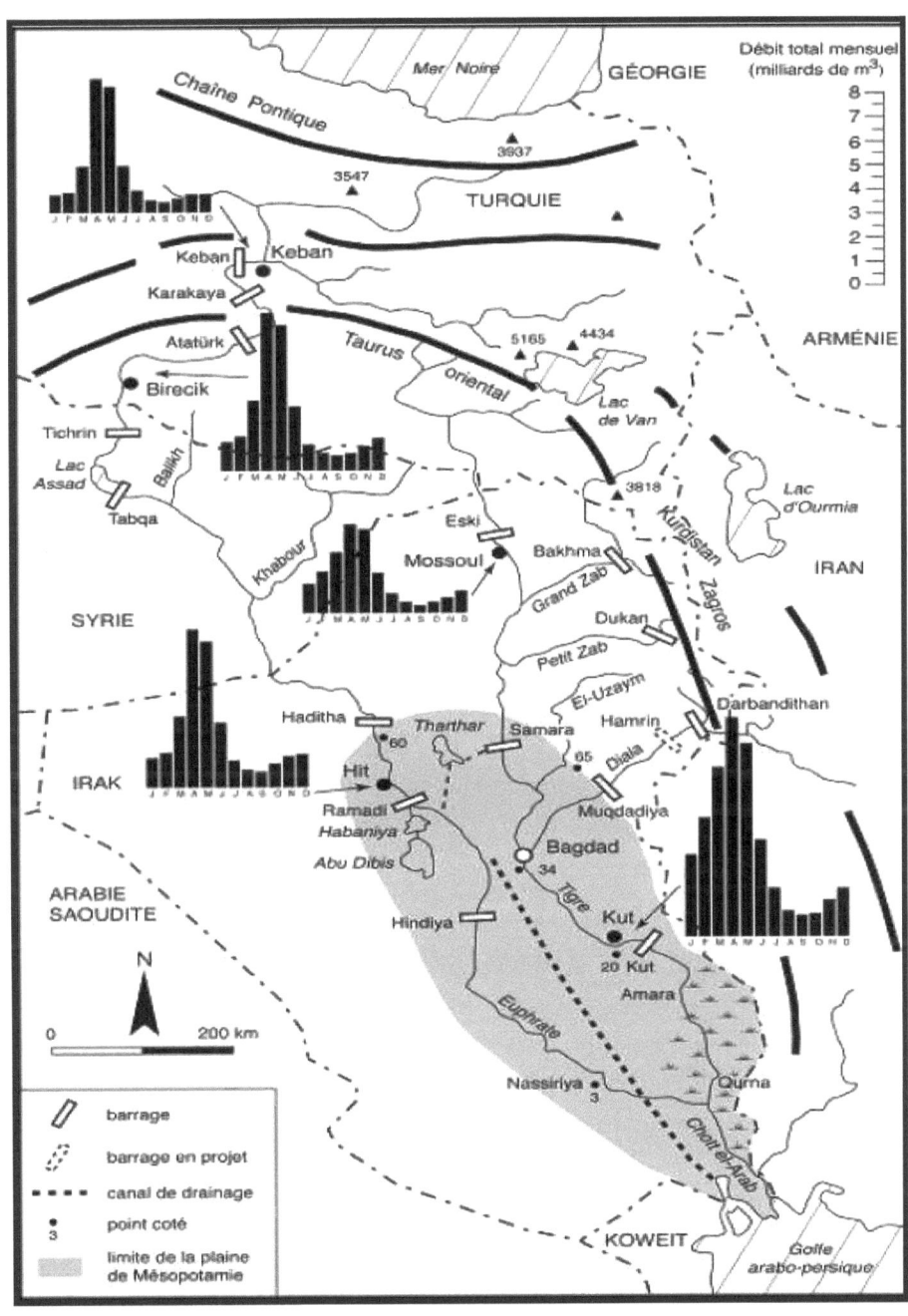

Source : (MUTIN G., 2000)

Tableau 4. 1: Le système Tigre-Euphrate : longueur des deux fleuves et l'aire du bassin à l'intérieur de chaque pays

Fleuves	Etats riverains	Aire du bassin (en km²)	%	Longueur des fleuves	%
Euphrate	Turquie	125 031	28	1240	41
	Syrie	76 021	17	716	24
	Irak	177 047	40	1068	35
	Arabie Saoudite	66 016	15	Wadis	0
Total		444 115	100	3024	100
Affluents de l'Euphrate					
Khabour	Turquie	3 000	23	45	13
	Syrie	10 003	77	261	87
Total		13 003	100	302	100
Balikh	Turquie	1 000	25	81	50
	Syrie	3 000	75	81	50
Total		4 000	100	162	100
Tigre	Turquie	45 013	12	403	21
	Syrie	1 000	1	43	2
	Irak	292 075	78	1427	77
	Iran	37 010	9		
Total		375 098	100	1873	100
Affluents du Tigre					
Grand Zab	Turquie	7 091	35	221	27.5
	Irak	3 300	65	584	72.5
Total		10 391	100	805	100
Petit Zab	Iran	3 000	20	71	20
	Irak	11 904	80	282	80
Total		14 904	100	353	100
Adhaïm	Irak	5 000	100	302	100
Diyala	Iran	2 300	10	252	48
	Irak	20 606	90	272	52
Total		22 906	100	524	100
Total (Tigre/Euphrate)		889 422			
Chatt al Arab (Karun)	Iran /Iraq	–	–	182	
	Iran	90 025	100	806	100

Sources: (IONIDES, M., G., 1937), (ALI, H., M., 1955), (BEAUMONT P., 1978) et (US ARMY CORPS OF ENGINEERS, 1991)

L'Euphrate est alimenté par des affluents irakiens et iraniens, le Grand Zab, le Petit Zab, l'Adhaïm et le Diyala, dans une proportion de 39 % pour l'Irak et 10 % pour l'Iran. La Turquie contribue à 51 % de son débit.

Le bassin du Tigre couvre une superficie turque de 45 000 km² (12 %), syrienne de 1 000 km² (0,2 %), irakienne de 292 000 km² (54 %) et iranienne de 37 000 km² (34 %). Comme pour l'Arabie Saoudite dans le cas de l'Euphrate, le statut de l'Iran est aussi généralement passé sous silence, étant donné l'incapacité du pays à en exploiter les eaux, pour des raisons climatiques et géographiques impliquant des coûts élevés de Stockage. Le bassin versant est constitué à 2 % d'une contribution turque, 0,3 % d'une part syrienne, 31 % pour l'Irak et 48 % pour l'Iran (DAOUDY M., *op. cit.*).

Les régimes des deux fleuves sont identiques. Ils sont marqués par les pluies méditerranéennes de saison froide et la fonte des neiges des montagnes du Taurus en Turquie orientale et du Zargos. Comme le signal Georges MUTIN (2000) les données hydrographiques du Tigre et de l'Euphrate sont très différentes de celles du Nil : les hautes eaux sont moins abondantes et surtout ce sont des crues printanières, trop tardives pour les cultures d'hiver, trop précoces pour les cultures d'été. Les hautes eaux du printemps gênent les moissons des céréales (blé et orge) et provoquent parfois beaucoup de dégâts dans la plaine mésopotamienne. Par contre la période des basses eaux de juillet à novembre correspond à celle où l'agriculture à le plus besoin d'eau.

Georges MUTIN (2000) signale que les écoulements du Tigre et de l'Euphrate présentent trois grandes caractéristiques : Une irrégularité forte et saisonnière, des crues spectaculaires et une décroissance notable du débit d'amont en aval, notamment en Mésopotamie.

Le débit annuel des deux fleuves peut varier dans des proportions très importantes. Pour l'Euphrate à la frontière syro-irakienne, les deux valeurs extrêmes enregistrées sont 382 m³/s en 1930 et 1 140 m³/s en 1941. Pour le Tigre à Bagdad les deux extrêmes sont 499 m³/s en 1930 et 1 670 en 1946 (MUTIN G., *op. cit.*). Les hautes eaux peuvent se placer durant une période de cinq mois et les étiages peuvent s'étaler jusqu'en décembre. L'irrégularité est aussi saisonnière. 53 % des écoulements ont lieu du début mars à la fin mai. Les étiages se placent à la fin de l'été, août et septembre, alors que les besoins en eau pour l'agriculture sont très importants. Comme le fait remarquer Edmond VAUMAS (1955), à la différence du Nil, le Tigre et l'Euphrate n'apportent pas une eau étrangère dans le désert au moment où il fait le plus chaud.

Les crues provoquées par les écoulements des deux fleuves sont de loin supérieures aux possibilités d'évacuation des lits qui ne dépassent pas 2 000 m³/s pour l'Euphrate et 8 000 m³/s pour le Tigre. Ces deux fleuves charrient des quantités énormes de matériaux : pour le Tigre la quantité d'alluvions transportées est estimée à 50 millions de tonnes (SANLAVILLE P., 2000). Les ravages des fleuves peuvent réduire à néant toutes les digues et les canaux d'irrigation. Nous sommes très loin de la vallée du Nil très nettement encaissée qui canalise l'écoulement de la crue.

Comme pour les données géographiques, les données hydrologiques relatives aux débits des deux fleuves se caractérisent par leurs grandes différences. Le Tigre et l'Euphrate sont deux fleuves qui subissent des variations saisonnières et annuelles importantes sous l'effet combiné de températures élevées et de précipitations déclinantes. Cependant, certains auteurs se basent sur le débit naturel[48], tandis que d'autres prennent en considération les flots observés ou les moyennes saisonnières et naturelles. Une autre difficulté, la construction des différents ouvrages hydrauliques en Turquie et en Syrie, vient entraver le calcul des débits des deux fleuves.

Selon les auteurs, les estimations de débit pour un même lieu peuvent varier en ce qui concerne l'Euphrate entre 16,8 et 43,4 milliards de m³ par an à Hit à la frontière syro-irakienne[49]. La station de jaugeage turque de Bireçik, à la frontière syro-turque, enregistre une moyenne variant entre 28,4 et 30,4 milliards de m³ par an (BIRD, janvier 1975), alors que le débit naturel de l'Euphrate est estimé, en moyenne, entre 30,9 et 31,8 milliards de m³ par an à Hit. Le débit des eaux du Tigre, quant à lui, varie entre 43 à 52,6 milliards de m³ par an (UBELL K., 1971 et ALLAN T., 2000), avec une moyenne annuelle établie entre 47 et 49,7 milliards de m³ (AYEB H., *op. cit.*).

Selon les estimations officielles syriennes, le débit naturel du Tigre est de 18,7 milliards à la frontière turco-syrienne. UBELL K. (1971) évaluent ce débit à Mossoul à 23,2 milliards de m³, auxquels se rajoutent 29,4 milliards de m³ annuels apportés par les affluents de ce fleuve en territoire irakien. Cependant, la moyenne du fleuve à Bagdad est estimée à 37,6 milliards de m³.

Selon les estimations de Peter BAUMONT 88 % du débit de l'Euphrate coule en territoire turc et la Syrie y contribue à hauteur de 12 %. Ces estimations sont remises en question par John KOLARS et William MITCHELL qui avancent la répartition suivante : 98,6 % pour la Turquie et 1,4 % pour la Syrie. Selon Marwa DAOUDY (2005), ces deux auteurs ont inclu, parmi les sources d'approvisionnement localisées en territoire turc, les principaux affluents tels que le Khabour, le Sajour et le Balikh.

Pour le Tigre, les différentes estimations tournent, en général, autour des valeurs suivantes : 51 % pour la Turquie, 39 % pour l'Irak et 10 % pour l'Iran.

---

[48] Il a été établi que la mesure du débit naturel diffère nettement des calculs établis pour le débit réel. En effet, le premier correspond aux calculs à long terme du débit des fleuves, tel que constaté avant leur utilisation. La valeur réelle, quant à elle, exprime la quantité maximum théoriquement disponible dans le pays, en tenant compte des prélèvements liés aux activités humaines.

[49] Voir (ALLAN T., 2000), (AYEB H., 1998), (KLIOT N., 1994), (KOLARS J., F., et MITCHELL W., A., 1991), (US CORPS OF ENGINEERS, 1991), (BEAUMONT P., 1978) et (UBELL K., 1971)

Cette guerre des chiffres hydrauliques autour de l'Euphrate s'explique par le fait que le contrôle de la Turquie est d'autant plus marqué sur sa portion de l'Euphrate que sur celle du Tigre. Selon Marwa DAOUDY cette guerre des chiffres pourra être dépassée en établissant un calcul raisonnable sur base d'une harmonisation des paramètres d'étude. Elle ajoute que « cette opération est importante, puisque le débat sur l'allocation[50] des ressources communes s'articule parfois autour de l'origine du fleuve, de la contribution respective au débit et/ou au bassin versant, ainsi que du degré de dépendance sur la ressource ».

L'hydrologie du Tigre et de l'Euphrate n'est pas seulement une question de quantité d'eau, mais aussi une question de qualité. La qualité de l'eau décline de l'amont vers l'aval en passant de moins de 250 mg/l de sel en Turquie à plus de 600 mg/l au nord de l'Irak et à 5 000 mg/l au sud de Bassora (BERSCHORNER N., Hiver 1992/93). La salinisation des sols reste un problème sérieux et un obstacle à la bonification des terres. Les eaux du Tigre et de l'Euphrate charrient une quantité non négligeable de sels dissous et leur utilisation demande de la précaution. De plus, l'écoulement des eaux, notamment celles des nappes phréatiques, s'effectue très difficilement ; d'immenses marais jalonnent la plaine, surtout en Basse Mésopotamie ce qui favorise la salinisation. La salinisation touche près de 70 à 80 % des terres cultivées soit 25 000 ha de perdues chaque année (MUTIN G., *op. cit.*). Selon Murakami MASAHIRO (1997) 1,598 million d'ha de terre sont affectés par la salinisation en Irak.

L'extension de l'irrigation ne peut s'envisager qu'avec la mise en place d'un drainage permettant d'évacuer vers la mer les eaux salées au lieu de les rejeter dans le Tigre et l'Euphrate. L'entreprise est très difficile mais pas impossible.

4.2 Hydropolitique, crises interétatiques et difficile partage des eaux du Tigre et l'Euphrate

L'Euphrate, le Tigre et ses affluents coulent bien en Irak mais ils sont alimentés par des précipitations extérieures. 70 % de ces précipitations sont turques, 7 % sont iraniennes et 23 % seulement sont irakiennes. Cette situation qui ne posait pas de problème jusqu'alors a complètement changé avec les aménagements hydrauliques dans les cours syrien et turc du Tigre et surtout de l'Euphrate.

---

[50] Ce mot est utilisé par les négociateurs turcs qui refusent au Tigre et à l'Euphrate le statut de fleuves internationaux. Les Irakiens et les Syriens qui reconnaissent un statut international au Tigre et l'Euphrate parlent de partage (shearing). L'utilisation du mot allocation (allocating) par un certain nombre d'auteurs ne relève pas forcément d'une prise de position en faveur de la Turquie mais plutôt de l'ignorance de la nuance juridique qui existe entre les deux mots.

La question du partage de l'eau entre les différents riverains du Tigre et de l'Euphrate complique dangereusement les relations politiques, déjà fort délicates entre ces Etats du Moyen-Orient. Elle vient se greffer sur les autres questions en suspens et contribue à aggraver le contexte géopolitique régional. Les crises liées au contexte hydropolitique entre la Turquie, la Syrie et l'Irak ont été fort nombreuses depuis quatre décennies. Elles opposent la Turquie aux deux frères arabes ennemis

La rivalité entre la Syrie, l'Irak et la Turquie puise ses racines dans le passé colonial des deux premiers Etats, sous l'Empire ottoman. La cassure remonte à 1916, avec la révolte arabe dirigée par le Chérif Hussein de la Mecque en collaboration avec les Anglais, désireux de faire éclater l'Empire ottoman. Malgré les promesses d'indépendance données aux Arabes, les Français et les Anglais appliquent à la lettre les accords de Sykes-Picot (1916) sur le partage des territoires de l'Empire ottoman, entre eux.

Cette révolte laissera pendant longtemps un parfum de trahison pour les dirigeants successifs de la nouvelle république de Turquie. Cette république exclura en 1923 de son projet national républicain l'Orient arabe (CHENAL A., 1995) avec lequel elle mettra longtemps à développer des relations de voisinage.

De leur côté, les nationalismes syrien et irakien ont émergés de la lutte contre les régimes des mandats français et britannique sur le Levant, mais aussi contre les tentatives d'ingérence turques (DAOUDY M., op. cit.).

Le partage de l'Empire ottoman s'est poursuivui sous les mandats français et britannique. Ce partage entre les Français et les Britanniques est à l'origine de contentieux territoriaux qui subsistent de nos jours entre, d'une part, la Turquie et l'Irak et, d'autre part, entre la Syrie et la Turquie. Il s'agit des deux régions contestées de Mossoul et du Sandjak d'Alexandrette, province de Hatay pour les Turcs. Ces deux régions représentent des mosaïques de communautés ethniques, de langues et de religions, au cœur des infrastructures pétrolières et hydrauliques.

Mossoul, cette province irakienne riche en pétrole a été mise sous mandat britannique, au détriment des Turcs, en 1918. Les nationalistes turcs seront contraints, sous pression anglaise lors du traité de Lausanne de 1923, d'abandonner leurs revendications face à des Britanniques déterminés de garder sous leur contrôle la riche région pétrolière de Kirkuk. Le régime d'Ankara cèdera après un arbitrage de la Société des Nations (SDN) en faveur de l'Irak en décembre 1926.

Le contentieux entre la Turquie et la Syrie est lié à la province du Sandjak d'Alexandrette devenu le Hatay turc. Cette province a été cédée en 1939 par la France, alors puissance mandataire en Syrie, à la Turquie pour assurer sa neutralité dans le conflit à venir avec l'Allemagne. Alors que l'article 4 du mandat français (accords de San Remo de 1920), approuvé par la SDN en 1923, instituait clairement une protection de l'intégrité territoriale de la Syrie et du Liban (MARDAM BEY S., 1994). Cette attitude de la France est interprétée, par certains historiens, comme faisant partie d'une « invention du mandat dans le cadre de la balkanisation de la Syrie, destinée à en faciliter l'administration » (THOBIE J., 1979).

Adnan AÏTA (1949) estime que l'accord de 1939, entre la France et la Turquie, est juridiquement frappé de nullité puisque « la France est sortie de ses fonctions pour faire valoir ses intérêts propres, elle a agi contrairement à ses obligations ». Dans le même ordre d'idée Elisabeth PICARD (1983) rappelle qu'il s'agissait, en 1939, d'un territoire syrien, « dont la Turquie avait expressément renoncé à réclamer la souveraineté » lors du traité de Lausanne de 1923, et dont la France ne pouvait pas disposer unilatéralement en vertu des accords de San Remo.

La Syrie n'a jamais reconnu cette annexion du Sandjak d'Alexandrette parcouru par la partie aval du fleuve de l'Oronte (Al Assi ou le fleuve rebelle).

La perte de ce territoire pèse et pèsera lourd dans les relations bilatérales turco-syriennes. La Turquie, en annexant le Sandjak d'Alexandrette, a acquis une position de riverain de l'aval de l'Oronte. Ce fleuve prend sa source au Liban dans la plaine de la Bekaa, s'écoule vers la Syrie et traverse ce territoire ensuite pénètre en Turquie dans la province de Hatay. On a là une position inverse à celle de l'Euphrate pour les deux pays. La Syrie est placée en ce cas dans la position avantageuse d'amont contrairement à la Turquie qui est dans une position d'aval. En réclamant sa part dans l'Oronte, la Turquie cherche à provoquer la reconnaissance par la Syrie de sa souveraineté sur la province de Hatay.

Le traité de Lausanne de 1923 stipule dans son article 109 la nécessité de la formation d'une commission mixte regroupant les trois pays riverains du Tigre et de l'Euphrate. Cette commission sera chargée de traiter les problèmes que pourraient engendrer des chantiers de construction d'ouvrages hydrauliques de nature à changer le débit ou l'écoulement des deux fleuves. Il contient aussi une clause stipulant que la Turquie devait prévenir l'Irak avant d'entreprendre des travaux d'aménagement du Tigre et de l'Euphrate. Le traité d'Alep de 1930, quant à lui, évoque les droits de la Syrie sur les eaux de l'Euphrate.

Cependant, il faut attendre le 29 mars 1946 pour voir la signature du premier traité bilatéral entre l'Irak et la Turquie concernant les eaux du Tigre et de l'Euphrate. La même année, les deux pays signent dans la capitale turque un traité d'amitié et de bon voisinage signalant que l'Irak serait consultée par la Turquie avant le lancement de tout projet d'aménagement hydraulique sur le Tigre et l'Euphrate.

Depuis 1962, plusieurs négociations ont été entamées entre les principaux Etats riverains des deux fleuves pour arriver à un accord sur les modalités de partage des ressources hydrauliques communes. Les négociations qui se sont focalisées uniquement sur des questions techniques et sur des considérations liées aux problèmes qui opposent ces Etats sur les frontières et le problème commun du Kurdistan, n'ont pas permis d'aboutir à des résultats définitifs.

En 1964, Ankara invite les Syriens à des négociations pour sceller de façon définitive un accord sur le partage des eaux de l'Euphrate, en contrepartie d'un partage sur l'Oronte. La Syrie qui voyait dans l'acceptation d'une telle proposition une reconnaissance de la souveraineté turque sur la province de Sandjak d'Alexandrette rejette cette offre.

Au mois de septembre 1965 une réunion tripartite a eu lieu à Bagdad. Durant cette réunion, l'Irak exigera 18 milliards de m³ d'eau par an des eaux de l'Euphrate et la Turquie et la Syrie demandèrent respectivement 14 et 13 milliards. La somme de ces demandes est de loin supérieure au débit annuel naturel du fleuve qui se situe à 32 milliards de m³ d'eau au niveau de Hit.

En 1966 survient une scission dans les rangs du parti Baath au pouvoir à Damas et à Bagdad. Cette scission, qui se poursuit jusqu'à aujourd'hui, vient aggraver le conflit sur les eaux du Tigre et de l'Euphrate. Pour Habib AYEB (1998) « les eaux du Tigre et de l'Euphrate et les frontières communes seront à la fois les armes et les prétextes utilisés sans répit par les deux antagonistes ». L'échec des négociations entreprises en 1967 a exacerbé les relations entre Damas et Bagdad. Durant ces négociations, l'Irak réclamait 16 milliards de m³ des eaux de l'Euphrate et la Syrie ne voulait pas concéder plus de 9 milliards de m³ d'eau par an.

L'accord intervenu entre l'Irak et l'Iran le 6 mars 1975, a été perçu comme un casus belli par le régime de Damas. Dans cet accord, les Iraniens s'engageaient à cesser tout soutien aux rebelles kurdes du nord de l'Irak, en contrepartie d'un accord sur les frontières entre les deux pays qui devaient suivre l'axe médian du Chatt al-Arab.

Au mois d'avril 1975, au moment où la Syrie rempli le barrage de Tabqa, 14,2 milliards de m³ d'eau, sur l'Euphrate, l'Irak réagit énergiquement et exige une réunion du Conseil des ministres des affaires étrangères de la Ligue des Etats arabes. L'Irak qui affirma que la Syrie avait, unilatéralement, réduit l'écoulement de l'Euphrate à un niveau bas proposa d'étudier les conséquences de la construction et de la mise en eau de ce barrage sur le débit en aval. Il ajouta que la construction de deux barrages sur l'Euphrate, Keban en Turquie et Tabqa en Syrie, avait réduit le débit du fleuve de 9 milliards de m³ d'eau. D'après Les Irakiens, les Syriens, en faisant passer le débit de l'Euphrate de 920 m³/s à 197 m³/s (NAFF T., 1994), mettaient en danger la vie de trois millions de paysans vivant grâce à l'agriculture irriguée dans la vallée de l'Euphrate (AYEB H., *op. cit.*). La Syrie réfutait ces accusations et assurait que 71 % de l'eau qu'elle recevait de la Turquie passaient directement en Irak. Ne voulant rien entendre, les Irakiens menaçaient de recourir à la force pour rétablir le débit normal du fleuve.

Pour éviter que la situation s'envenime, la Ligue des Etats arabes forma, fin avril 1975, un comité technique composé de la Syrie, de l'Irak et de sept autres Etats arabes, et chargé d'arriver à une solution négociée du différend qui opposait les deux Etats arabes. Le 1ᵉʳ mai de la même année, la Syrie annonça qu'elle ne prendrait pas part à ces négociations.

Il fallu attendre le mois de juin 1975 pour voir la médiation saoudienne aboutir à un accord entre les deux pays *frères arabes*. Il s'agissait d'une déclaration de principe qui ne fut pas suivie d'une signature officielle d'un accord ou d'un traité. Cependant, un accord ou traité bilatéral secret fut trouvé et signé par les deux gouvernements, par lequel les deux Etats se partageaient le débit annuel de l'Euphrate, calculé à la frontière syro-turque, à raison de 58 % pour l'Irak et 42 % pour la Syrie (NAFF T., *op. cit.*).

Derrière les positions de la Turquie, la Syrie et l'Irak, il y a des enjeux internes et externes très importants et des stratégies régionales complexes et souvent paradoxales. Ces divergences de position s'expliquent historiquement, comme nous l'avons vu, par la complexité de la carte politique régionale, conséquence du démembrement de l'Empire ottoman et des politiques coloniales menées par la France et la Grande-Bretagne. Ces *frontières matérialisées* sur le terrain nous renseignent sur l'ensemble des conflits qui opposent les Etats et les peuples de la région et qui, de fait, constituent des obstacles supplémentaires à toute entente sur un partage équitable et raisonnable des ressources hydrauliques du Tigre et de l'Euphrate.

Malgré leur différence, La Syrie et l'Irak exigent, toutefois, de la Turquie un partage équitable et définitif des eaux des deux fleuves.

Actuellement, la Turquie bénéficie d'une position privilégiée par rapport aux deux autres Etats riverains du Tigre et de l'Euphrate. Même si les nouvelles stratégies permettent de relativiser l'importance de la démographie comme critère constitutif des capacités militaires (THOBIE J., 1996), les 72,2 millions d'habitants turcs (PNUD, 2006) présentent néanmoins un paramètre important de la puissance économique du pays. La Turquie est le seul importateur net de produits alimentaires en Méditerranée orientale (SAHINÖZ A., 1996). Elle est aussi devenue une puissance industrielle, convertie à l'économie de marché. De plus, Marwa DAOUDY (2005) souligne que la Turquie est devenue rapidement, dès les années 1930, une région clé de la stratégie occidentale au Moyen-Orient. Ce qui explique la reconnaissance d'Israël par la Turquie dès 1948, son appartenance au Conseil de l'Europe en 1949 et son adhésion à l'OTAN en 1951.

La position politique, économique et militaire de l'Etat turc explique clairement l'échec de toutes les tentatives de négociations pour aboutir à un traité définitif qui l'engagerait à vie.

Depuis l'indépendance de la Syrie et de l'Irak, en 1946, à 1963, les relations turco-arabes connaissent une période de crise (VANER S., 1993). La politique de rapprochement amorcée en 1963, notamment avec la Syrie et l'Irak, a coïncidé avec les débuts d'une « quête d'alliances dans le monde arabe » (VANER S., op. cit.). Cette politique correspond au début des négociations bilatérales et trilatérales, sur le partage des eaux du Tigre et de l'Euphrate. Il faut attendre l'invasion de l'île de Chypre en 1974 par l'armée d'Ankara pour que la Turquie prenne conscience de son isolement depuis les années 1950 et 1960 au sein des pays afro-asiatiques et occidentaux.

La recherche d'adhésion à l'Union européennereprésente la dernière étape vers l'intégration de la Turquie dans le giron occidental. La candidature de la Turquie déposée en 1987 a été refusée en 1989. Cependant, la Turquie a conclu une union douanière avec l'Europe en 1996 et sa candidature à l'adhésion a été réacceptée en 2000. Avec le démembrement de l'Union soviétique et la fin du régime de Saddam Hussein, le rôle de la Turquie en tant que puissance régionale se trouve renforcé.

Toutefois, malgré cet avantage géostratégique, Ankara a fini par signer en 1987 un protocole avec la Syrie et l'Irak par lequel la Turquie accepte de laisser passer vers l'aval un débit moyen de 500 m^3/s des eaux de l'Euphrate.

Plusieurs éléments stratégiques et politiques seront mis en jeu dans le processus de la négociation. Tout d'abord, l'alliance des Syriens avec le mouvement de la rébellion kurde, le PKK, qui prend pour la Turquie une dimension sécuritaire, l'engage à concéder à la Syrie un débit régulier des eaux de l'Euphrate, en échange d'un désengagement de sa politique de soutien aux Kurdes.

C'est à la fin de la construction du barrage Atatürk, en 1990, que les tensions entre la Turquie et ses voisins arabes culminent. Afin de permettre le remplissage du lac artificiel, pendant un mois, la Turquie, malgré l'opposition de l'Irak et de la Syrie, coupe les eaux de l'Euphrate. En dépit du protocole de 1987 assurant un débit minimum, la Turquie ne respecte pas ses engagements.

Dans ce contexte, et menacés par un voisin peu soucieux de leurs intérêts, l'Irak et la Syrie doivent dépasser leurs rivalités politiques et historiques afin de constituer un front commun de défense. Ils scellent à Tunis une alliance et signent un traité répartissant les eaux de l'Euphrate au point où la rivière quitte la frontière syrienne dans une proportion de 58 % pour les Syriens et 42 % pour les Irakiens.

Avec la capture du leader de la rébellion kurde, Abdullah Ocalan, en 1999, la Syrie va perdre un atout majeur dans le poids des négociations. En mars 1996, une nouvelle alliance de collaboration entre la Turquie et Israël est scellée. Comme le signalent Janine et Samuel ASSOULINE (2007) cette alliance est un coup asséné aux riverains arabes qui éloigne les perspectives de coopération et de bon voisinage. Dans le même ordre d'idée Luc DESCROIX et Frédéric LASSERRE (2003) déclarent que « l'alliance entre Ankara et Israël a rendu encore plus délicat le jeu syrien, car désormais les deux théâtres où Damas s'efforçait d'obtenir des succès diplomatiques, l'Euphrate et le Golan, ne sont plus entièrement dissociés ».

4.3 Le droit international, le Tigre et l'Euphrate et les Etats riverains

Le conflit sur les ressources hydrauliques entre les trois Etats riverains principaux du bassin du Tigre et de l'Euphrate tourne autour du statut juridique des deux fleuves et détermine a priori les modalités de partage des eaux disponibles. Pour la Turquie, ni l'Euphrate ni le Tigre ne sont des fleuves internationaux puisqu'aucun des deux fleuves n'est navigable sur toute sa longueur. Inan KAMRAN (Juin 1992), plusieurs fois ministres en Turquie, déclare qu' « aucune réglementation ne s'applique à cette zone ». La Turquie se considère, par conséquent, libre d'utiliser les eaux des deux fleuves comme bon lui semble, sans demander au préalable l'accord des deux Etats de l'aval.

De leur côté, la Syrie et l'Irak tentent de défendre le statut international des deux fleuves en déclarant que les deux fleuves traversent plus de deux Etats qu'ils relient à la mer : le Golfe arabo-persique. Ils ajoutent que les deux fleuves sont navigables[51] sur de longs parcours. Les deux Etats exigent, par conséquent, un partage équitable, raisonnable et définitif des eaux des deux fleuves.

Comme le signale Tarek MAJZOUB (1994) : « Le Tigre et l'Euphrate ne sont pas uniquement deux fleuves, mais aussi « deux cours d'eau ». Il est curieux de voir que, lorsque la question du partage des eaux du Tigre et de l'Euphrate est évoquée, aucune mention n'est faite de cette notion en tant qu'entité. Or, si cette notion avait été évoquée, on ne pourrait pas facilement affirmer qu'il n'existe aucun traité régissant le partage des eaux entre les différents Etats riverains du Tigre et de l'Euphrate ».

Certes, il n'y a jamais eu de traité international concernant le partage des eaux du Tigre et de l'Euphrate. Cependant, il y a eu des conventions qui se sont limitées à énoncer quelques principes généraux et insister sur le droit des pays de l'aval à disposer des eaux qui traversent leurs territoires. Nous essayerons d'examiner, pour l'ensemble du Tigre et de l'Euphrate, leur régime juridique à travers les conventions, avant et après l'indépendance des Etats riverains du bassin. Il existe diverses conventions datant de l'entre deux guerres. « Elles entérinent le principe de la coopération, en établissant la nécessité d'harmoniser les projets de développement avec les droits des riverains inférieurs. En revanche, ces traités ont été exclusivement bilatéraux, ignorant souvent les droits du troisième riverain concerné » (DAOUDY M., *op. cit.*).

---

[51] Il est intéressant de noter qu'au Moyen-Orient, contrairement à l'Europe, il n'existe qu'un seul accord en matière de navigation, celui qui régit les règles de la navigation entre l'Iran et l'Irak, sur le Chatt al Arab.

4.3.1 Les conventions historiques conclues entre riverains du Tigre et de l'Euphrate

Malgré l'absence de mise en valeur du Tigre et de l'Euphrate entre la première et la seconde guerre mondiale, il y a eu toutefois la convention franco-britannique, les accords franco-turcs et le protocole turco-irakien sur les modalités d'utilisation des eaux par les riverains et pour d'éventuels aménagements.

La convention franco-britannique de 1920

Les négociations secrètes franco-britanniques de 1916 comportaient une clause qui garantissait une quantité définie d'eau du Tigre et de l'Euphrate, depuis la Syrie, zone d'intérêt française, vers l'Irak, zone d'intérêt britannique.

La convention de 1920 couvre l'utilisation de l'eau en Mésopotamie, en se basant sur le principe d'accord mutuel et de la protection du droit des riverains inférieurs (HIRSCH A., 1956). L'article 3 de la dite convention, dans l'éventualité où la puissance mandataire française basée en Syrie, entreprenait des projets d'irrigation, « dont la réalisation serait de nature à diminuer notablement les eaux du Tigre et de l'Euphrate à leur arrivée dans la zone du mandat britannique en Mésopotamie », stipule qu'une commission d'experts serait nommée pour évaluer l'impact au préalable.

L'indépendance de la Syrie et de l'Irak, formellement proclamées en 1943, prendront effet en 1946. A preuve du contraire, cette Convention n'a pas été dénoncée par les deux Etats nouvellement indépendants. Selon le principe de succession des Etats en matière de traités, la Syrie et l'Irak héritent de la Convention lors de leur indépendance.

Les accords franco-turcs de 1920-1930

Durant cette décennie, divers accords seront conclus entre la puissance mandataire française et la Turquie. Le premier accord franco-turc du 20 octobre 1921, plus connu sous le nom d'Accord Franklin-Bouillon-Kemal, est signé à Ankara. Cet accord concernait l'utilisation des eaux du bassin fermé du Koveik pour l'approvisionnement de la ville d'Alep avec possibilité de dérivation des eaux de l'Euphrate. Son article XII (Société des Nations, 1926-1927) stipule que « les eaux du Koveik seront réparties entre la ville d'Alep et la région au nord restée turque de manière à donner équitablement satisfaction aux deux parties ». L'objectif était que l'établissement d'une nouvelle frontière ne prive la ville d'Alep de son approvisionnement (HIRSCH A., op. cit.).

La convention d'Angora[52] du 30 mai 1926, sur l'amitié et les relations de bon voisinage, indique dans son article XIII l'obligation de « satisfaire aux besoins des régions actuellement irriguées par les eaux du Koveik, soit en empruntant une prise d'eau sur l'Euphrate en territoire turc, soit en combinant les deux méthodes ».

Enfin, le protocole du 3 mai 1930 confirme la convention et les accords précédemment signés entre la France et la Turquie.

Le traité turco-irakien de 1946

Après la Seconde Guerre mondiale, l'Irak entreprit avec la Turquie une collaboration qui n'allait pas plus loin qu'un échange d'informations relatives à la prévention des inondations. Toutefois, un traité fut signé en 1946. Ce traité, notamment son Protocole n° 1 relatif à la régularisation du débit des eaux du Tigre et de l'Euphrate et de leurs affluents, consacrera les principes de coopération. Il y est fait mention de l'importance que représente, pour l'Irak, la construction d'ouvrages sur le Tigre et l'Euphrate et leurs affluents, afin de « régulariser le débit des deux fleuves pour éviter le danger d'inondation pendant les périodes annuelles de crue » (UN, 1949). « Dans son esprit, plus que dans sa lettre, le contenu de ce texte reconnaît donc la nécessité d'une collaboration entre pays d'amont et d'aval ainsi que la construction de postes d'observation sur le territoire d'un Etat au profit d'un autre riverain » (MAJZOUB T., 1994).

Ce traité ne sera plus vraiment appliqué, dès le début des années 1960 date des grands travaux hydrauliques en Turquie. Toutefois, la recherche de coordination des projets respectifs aura duré deux décennies, reflétant une évolution importante vers un comportement coopératif.

Ces accords, rares, entres les Etats riverains de l'Euphrate et du Tigre, ne seront plus respectés au fur et à mesure de l'avancement des grands travaux unilatéraux. Cependant, La Syrie et l'Irak continueront d'y faire référence.

De son côté, l'approche officielle turque concernant la question du Tigre et de l'Euphrate est guidée par deux séries de considérations. D'une part la Turquie fait une nette distinction entre cours d'eau internationaux et transfrontaliers.[53] D'autre part, le Tigre et l'Euphrate devraient être considérés comme un seul système d'eau transfrontalier, du moment que leurs eaux communiquent par le canal Tharthar, au niveau de Bagdad, avant de fusionner ensemble et former le Chatt al Arab; permettant ainsi de substituer une demande en eau de l'Euphrate par celle des eaux du Tigre.

---

[52] Ancienne appellation de l'actuelle Ankara.
[53] Un cours d'eau international a ses deux berges sous la souveraineté de deux ou plusieurs Etats, ses eaux sont partagées entre les riverains par la ligne médiane ou le Talweg; par contre si un cours d'eau transfrontalier traverse les frontières étatiques, les eaux devraient être utilisées de manière équitable, raisonnable et optimale.

L'esprit de cette approche officielle turque a été exprimé par feu le Président turc Turgut ÖZAL (Juin 1990) en déclarant que « la Turquie n'accepte pas de partager les eaux de l'Euphrate mais de réglementer leurs utilisations vu que l'Euphrate est un fleuve turc » (AL HAYAT, le 15 juin 1990). Les responsables officiels turcs parlent *d'allocation* et non de *partage* des ressources du Tigre et de l'Euphrate. A ce sujet un ancien Président de l'Etat turc, Süleyman Demirel, déclarait que « de leur côté, les Arabes insistent sur le droit de partager l'eau du Tigre et de l'Euphrate. On rejette le terme « partager ». Ce sont des fleuves turcs, alors il ne nous est pas demandé de partager un quelconque volume d'eau ».

La convention de New York de 1997 n'a pas pu mettre d'accord les trois riverains du Tigre et de l'Euphrate. Toutefois, ces deux fleuves représentent deux *cours d'eau* internationaux, auxquels s'appliquent les règles du droit international. L'Irak et la Syrie, riverains de l'aval, invoquent souvent l'utilisation équitable et raisonnable, désormais établie comme norme coutumière, des eaux du Tigre et de l'Euphrate. L'émergence de ces normes internationales renforce la position de pouvoir de la Syrie et de l'Irak (DAOUDY M., 2005). La Turquie, riverain de l'amont, a voté contre l'adoption globale de la Convention.

Madame Aysegül KIBAROGLU (2002), experte turque, motive le refus de son pays en expliquant que la Turquie n'a pas voulu d'un document qui transforme la convention de New York en « un document qui limite de façon unilatérale, en termes de qualité et de quantité, les droits d'utilisation des Etats dans lesquels naissent les cours d'eau ». Elle ajoute que le rejet de l'article 5 relatif à l'utilisation équitable et raisonnable est motivé par le fait que cette clause doit « s'étendre sous l'angle du principe fondamental des droits souverains des Etats sur le territoire ». Quant à l'interdiction de causer un *dommage significatif*, elle explique que la Turquie n'en désire pas l'élimination mais la « subordination au principe d'utilisation équitable et raisonnable ». Pour conclure, elle lui semble plus « approprié de ne pas prévoir de règles pour le règlement des différends mais de laisser cette décision aux Etats concernés ».

De son côté la Syrie est le premier des seize pays à avoir signé la Convention. Elle fait aussi partie des Etats qui ont procédé à sa ratification. L'Irak, quant à lui, fait partie des quatre pays qui ont signifié leur adhésion à la Convention de New York.

Même si cette Convention n'est pas encore entrée en vigueur en qualité de droit conventionnel, elle codifie certaines dispositions de la coutume internationale, en matière d'utilisation des eaux internationales à des fins autres que la navigation. Pour le Tigre et l'Euphrate, il est difficile d'en tester l'influence directe mais l'analyse de l'évolution des positions des riverains a pu offrir une première évaluation de l'impact des normes de droit international.

4.4 Des pays avec des positions différentes

4.4.1 La Turquie et le Tigre et l'Euphrate

La Turquie, avec une superficie estimée à 783 560 km², est située entre l'Europe et l'Asie. Elle est entourée par la Mer Noire, la Bulgarie et la Grèce au nord, la Mer Egée à l'ouest, la Méditerranée, la Syrie et l'Irak au sud, l'Iran à l'Est et l'Arménie et la Géorgie au nord-est.

Près de 26 millions d'ha, soit 33 % de la superficie totale du pays, sont classés comme cultivables dont 23 millions d'ha sous forme de terres arables et 2,7 millions d'ha réservés aux cultures permanentes (AQUASTAT-FAO, 2003).

La population totale a été estimée en 2004 à 72,2 millions d'habitants dont 33,2 % est rurale et atteindra à l'horizon 2015 les 82,6 millions (PNUD, 2006).

L'agriculture emploie 44,5 % de la population active, soit 14,9 millions de personnes, la part de l'agriculture dans le PIB est estimée à 16 % et sa part dans les exportations avoisine les 15 % du revenu total des exportations (AQUASTAT-FAO, 2004).

La Turquie possède un climat subtropical, semi-aride avec des extrêmes dans les températures. La moyenne des précipitations est estimée à 460 milliards de m³ d'eau par an. Avec un total de 227 milliards de m³ d'eau renouvelable par an soit 3 128 m³ d'eau par habitant et par an et un ratio de dépendance vis-à-vis de l'extérieur d'à peine 1 % (AQUASTAT-FAO, 2007), la Turquie est maîtresse de son destin hydraulique.

Le réseau hydrographique turc s'organise autour des 26 bassins suivants :

- le(s) bassin(s) du Tigre et de l'Euphrate ;
- les bassins de l'Oronte, Ceyhan, Seyhan, la Méditerranée orientale, Antalya et la Méditerranée occidentale ;
- les bassins du Grand Menderes, le Petit Menderes, Gediz, Egée nord et le Meric ;
- les bassins de Marmara et le Susurluk ;
- les bassins de Sakarya, la Mer Noire occidentale, Kizilirmak, Yesiiirmak, et la Mer Noir orientale ;
- le bassin d'Aras ;
- et les bassins de Burdur, Akarcay, le bassin fermé de Konya et le lac Van.

Des spécialistes comme John KOLARS et William MITCHELL (1991) estiment que 110 milliards de m³ d'eau des 227 renouvelables internes sont techniquement mobilisables pour les différents usages économiques. Seulement 40 milliards de m³ d'eau des 110 milliards exploitable sont utilisés dont 72,5 %

pour l'agriculture, 16,4 % pour les usages domestiques et 11 % pour des usages industriels.

Toutefois, selon différents scénarios établis par ces mêmes spécialistes, le développement de la pleine irrigation par la Turquie dans le bassin du Tigre et de l'Euphrate pourrait amener à des manques d'eau dans les pays de l'aval et la solution devra être trouvée au niveau du bassin à travers une coopération régionale entre les différents riverains.

4.4.2 L'Irak, le Tigre et l'Euphrate

L'Irak, avec une superficie de 438 320 km², est entouré par l'Iran à l'est, la Turquie au nord, la Syrie et la Jordanie à l'ouest, l'Arabie saoudite et le Kuweit au sud et le Golfe persique au sud-est.

La FAO (2003) estime que 6 millions d'ha, soit 14 % de la superficie totale du pays, sont considérés comme cultivables dont 5,75 millions d'ha sous forme de terres arables et 269 000 ha réservés aux cultures permanentes.

La population totale a été estimée en 2005 à 26,55 millions d'habitants dont 8,5 millions des ruraux (AQUASTAT-FAO, 2005). L'agriculture emploie près de 600 000 personnes, soit 20 % de la population active. En 1989, la contribution du secteur agricole au PIB était seulement de 5 % (AQUASTAT-FAO, 1997).

L'Irak possède un climat principalement de type continental, subtropical semi-aride avec un climat méditerranéen dans les régions montagneuses. La saison de pluie commence de décembre jusqu'en février et l'été est sec et extrêmement chaud avec des températures pouvant dépasser 43 °C durant les mois de juillet août.

La moyenne des précipitations est estimée à 94,7 milliards de m³ d'eau par an. Avec un total de 75,4 milliards de m³ d'eau renouvelable par an, soit 2 840 m³ d'eau par habitant et par an et un ratio de dépendance vis-à-vis de l'extérieur de 53,3 % (AQUASTAT-FAO, 2007) l'Irak est à la merci des stratégies hydrauliques turques et syriennes.

En 1990, 42,8 milliards de m³ ont été utilisés en Irak dont 92 % dans le secteur agricole, 3 % pour l'usage domestique et 5 % pour l'usage industriel.

Le principal problème de l'Irak est la qualité de l'eau plutôt que la quantité. Si ses ressources sont relativement abondantes, de graves problèmes de gestion de l'eau et de salinisation du sol y ont affecté les projets d'irrigation de la Mésopotamie.

4.4.3 La Syrie, le Tigre et l'Euphrate

La Syrie, avec une superficie estimée à 185 180 km², est entourée au nord par la Turquie, à l'est et au sud-est par l'Irak, au sud par la Jordanie, au sud-ouest par Israël et à l'ouest par le Liban et la Méditerranée.

En 2003, la FAO a estimé les terres cultivables à 5,421 millions d'ha dont 4,593 millions d'ha sous forme de terres arables et 828 000 ha destinées aux cultures permanentes.

La population a été estimée en 2004 à 18,6 millions d'habitants dont 49,5 % est rurale et atteindra en 2015 les 23,8 millions (PNUD, 2006). L'agriculture emploie 22,5 % de la population active, représente à peu près 28 % du PIB et 60 % des revenus des exportations hors hydrocarbures (FAO, 2005).

La Syrie possède un climat méditerranéen avec des influences continentales. La moyenne des précipitations est estimée à 46,7 milliards de m³ d'eau par an. Avec un total de 26,3 milliards de m³ d'eau renouvelable par an soit 1 408 m³ d'eau par habitant et par an et un ratio de dépendance de 80,3 % (AQUASTAT-FAO, 2007), la Syrie doit établir des ponts pour une coopération à long terme dans le domaine hydraulique avec son voisin Turc.

Le réseau hydrographique syrien est composé de 16 fleuves principaux dont 6 internationaux et leurs affluents :

- L'Euphrate le plus long fleuve syrien. Il prend sa source en Turquie et coule en Irak. Sa longueur totale est estimée à 2 330 km dont 680 km en Syrie;
- l'Afrin, situé dans le nord-est du pays, vient de Turquie et traverse la Syrie;
- l'Oronte, situé dans la partie occidentale du pays, vient du Liban et se dirige vers la Turquie;
- le Yarmouk, situé dans la partie sud-ouest du pays, possède sa source en Syrie et en Jordanie et forme une frontière entre les deux pays avant de finir son parcours dans le Jourdain;
- el Kebir prend ses sources en Syrie et au Liban avant de former une frontière entre les deux pays et se dirige ensuite vers la mer;
- le Tigre forme une frontière entre la Syrie et la Turquie dans la partie de l'extrême nord-est.

Sur les 26,3 milliards de m³ d'eau renouvelable, seuls, 20,6 milliards sont techniquement mobilisables pour les différents usages économiques. Près de 70 % de cette eau mobilisable a été utilisée en Syrie durant la décennie 90' dont 94,4 % pour l'agriculture, 3,7 % pour des usages domestiques et 1,9 % pour un usage industriel (FAO, 1997).

4.5 Les aménagements du Tigre et de l'Euphrate et leurs conséquences

Les aménagements hydrauliques du Tigre et de l'Euphrate pour la maîtrise de l'eau remontent à l'empire arabe abbasside. Avec les invasions mongoles des 12e et 13e siècles, les canaux et les champs ont été détruits et abandonnés et les terres d'Irak se sont transformées en une masse marécageuse et devenues, aussi, salées et désertes.

4.5.1 Les aménagements en Irak : des tentatives de la réhabilitation de la Mésopotamie au contrôle du territoire

Il faut attendre le début du 20e siècle pour que des efforts réels pour la réhabilitation de la Mésopotamie soient entrepris. La première tentative remonte à l'époque ottomane. En 1911, les Turcs font appel à un expert britannique, William Willcooks, qui avait fait ses preuves, dans le domaine de la construction hydraulique aux Indes et en Egypte (VAUMAS E., 1958). Le barrage d'Hindiya sur l'Euphrate est construit de 1911 à 1913 et modernisé par les Britanniques en 1927.

Durant le 20e siècle, on peut distinguer trois phases dans les chantiers de gestion de l'eau en Mésopotamie.

Dans un premier temps, entre les deux guerres mondiales, des barrages de dérivation sont édifiés. Ces ouvrages avaient pour objectif d'orienter les eaux vers les canaux d'irrigation. De 1937 à 1939 le barrage de Kut a été réalisé sur le Tigre et celui de Muqdadiya sur la Diyala.

Dans un deuxième temps, après la Seconde guerre mondiale, les Britanniques veulent contrôler les eaux du Tigre et de l'Euphrate pour protéger la plaine irakienne des inondations. La construction du barrage de Ramadi, achevé en 1956, a permis le détournement des crues de l'Euphrate vers les dépressions naturelles d'Habaniya et d'Abu Dibis dont les capacités de stockage s'élèvent à 6,7 milliards de m³. Les eaux du Tigre, quant à elles, sont orientées vers l'immense dépression de l'oued Tharthar grâce au barrage de Samara, achevé en 1956, et dont la capacité de stockage est de 85 milliards de m³.

Dans un troisième temps, celui de l'Irak indépendant, le nouvel objectif consiste à lutter contre l'irrégularité interannuelle en construisant des barrages de retenue en dehors de la plaine mésopotamienne soit sur le plateau de la Geziré irakienne soit dans les régions montagneuses parcourues par les affluents de la rive gauche du Tigre. Comme le signale Tarek MAJZOUB (1994) un stockage de 40 milliards de m³ est prévu grâce à 6 barrages qui sont aussi producteurs d'électricité. Actuellement, seuls quatre de ces barrages sont achevés.

Cependant, l'eau peut être utilisée comme une arme très efficace contre ses voisins ou une partie de sa propre population et l'Irak ne fait pas exception. « La gestion de l'eau n'est jamais aussi innocente qu'on le prétend » (AYEB H., op. cit.).

En 1992, le président Saddam Hussein inaugura ce qui fut appelé le troisième fleuve rebaptisé après la deuxième guerre du Golfe, fleuve Saddam. C'est un canal artificiel de 565 km de long, navigable entre le Tigre et l'Euphrate qui prend sa source à 30 km au sud de Bagdad et débouche dans le sud du pays à proximité de la ville shiite de Bassora. L'objet officiel de cet ouvrage est de permettre l'assainissement des terres polluées par un lavage, grâce au surplus des eaux d'irrigation. Le drainage de ces terres est censé, selon les responsables du projet, évacuer annuellement 80 tonnes de sel et régénérer près de 1,5 million d'ha durant 5 à 10 ans (BULLOCH J., et DARWISH A., 1993).

Toutefois, la face cachée du projet est l'assèchement total des marais où vivent des populations shiites entre la ville d'Aamara et celle de Bassora. Ces aménagements avaient pour objectif le contrôle militaire et policier, et donc un contrôle politique, de cet espace difficile d'accès par les moyens habituels et où se sont réfugiés des milliers d'opposants irakiens. Il est estimé qu'environ 30 000 chiites se sont réfugiés en 1991 dans ces marais (BULLOCH J., et DARWISH A., *op. cit.*). « Pour les populations locales, l'assèchement de ces terres signera la fin de toute chance d'indépendance et/ou d'autonomie » (AYEB H., *op. cit.*).

Nous devons souligner que la construction et la mise en fonctionnement de ce canal durant les années 1990, en période d'embargo, sont une conséquence directe de la politique des vainqueurs de la seconde guerre du Golfe. La coalition occidentale a interdit à l'armée de l'air de Saddam de survoler la région au sud du 36e parallèle. Grâce au canal et sans utiliser aucun avion, Saddam Hussein a réussi à mettre fin à l'insurrection shiite.

Avec la poursuite des aménagements hydrauliques dans les cours syrien et turc du Tigre et de l'Euphrate, l'Irak se trouve placé dans une inconfortable position de dépendance.

4.5.2 Des aménagements syriens de la sécurité alimentaire à la consolidation de la base idéologique du parti au pouvoir

La politique de construction des barrages en Syrie a été souvent associée à la sécurité alimentaire. Jusqu'à la fin des années 1980, 90 % des surfaces cultivées en Syrie dépendaient des eaux de pluie, dont l'irrégularité influe sur la production agricole (HANNOYER J., 1985).

Pour réaliser les objectifs de la sécurité alimentaire, la Syrie a privilégié la construction des barrages, des réseaux d'irrigation et l'introduction de la technologie de l'irrigation (GHADBAN A., 1995). Les barrages les plus importants pour le développement du pays ont été édifiés sur l'Euphrate dans les provinces de Raqqa et Deir-ez-Zor. Trois barrages ont déjà été construits sur le fleuve : al Thawra (la révolution en arabe) ou al Tabqa, le barrage al Baath et le barrage de Tichrin (Voir tableau 4.2).

Tableau 4. 2: Barrages construits ou en cours de réalisation sur l'Euphrate syrien

Barrages	Province	Capacité de stockage (millions de m³)	Production d'électricité (Mégawatts)	Irrigation projetée (ha)
Al Thawra (1973)	Raqqa	14 100	800 – 1 100	644 000
Al Baath (1990)	Raqqa	90	75	Non (Régulation des flots pour turbines du barrage al Thawra)
Tichrin (1999)	Alep	1 900	630	Non
Sajour (en cours)	Alep	9,8	Non	A déterminer

Source : (DAOUDY M., 2005)

Le barrage al Thawra a été réalisé avec l'aide technique et financière de l'Union soviétique et inauguré en 1973. En dehors du fait qu'il représente le symbole auquel s'identifie le régime de Damas, ce barrage devait être la pièce principale du projet de la vallée de l'Euphrate, avec comme objectif : l'irrigation de 644 000 ha, l'élimination des risques de crues et la production de l'hydroélectricité. Le barrage al Thawra est important pour le pays, puisque 60 % de l'électricité consommée en Syrie en dépend. Cependant, « les terres de la région de Tabqa se sont dégradées pour plusieurs raisons : trop forte concentration de gypse dans le sol, salinisation due au surpompage, et affaissement des canaux par suite de fuites » (BESCHORNER N., 1992). De plus, les plans du barrage al Thawra, dûs aux Soviétiques, ne sont pas adaptés à la topographie locale. En conséquence, les basses eaux de l'été réduisent considérablement la production de l'électricité, entraînant des coupures de courant dans les grandes villes du pays, en particulier Damas et Alep.

L'objectif ultime de ce barrage est l'augmentation de l'offre d'eau et l'expansion des surfaces irriguées, afin d'assurer une autosuffisance alimentaire.

Les deux autres barrages, al Baath et Tichrin, auront pour fonction principale d'assurer un débit constant pour les huit turbines électriques du barrage supérieur.

Le barrage al Baath construit dans la région de Raqqa et inauguré en 1990 possède une capacité de stockage de 90 millions de m³ d'eau, assure une production électrique de 75 Mégawatts et sert, aussi, de régulateur des flots pour les turbines du barrage supérieur.

Le barrage de Tichrin, le dernier-né des barrages syriens, se situe à la frontière syro-turque. Sa construction a débuté en 1993 et s'est achevé en octobre 1999. Il n'a été pleinement opérationnel qu'en 2005. Ce barrage possède une capacité de stockage de 1,9 milliard de m³ et assurera une production électrique de 630 Mégawatts.

Un autre barrage, le barrage du Sajour sur l'affluent de l'Euphrate, est prévu depuis 1992 mais la nécessité d'en purger les fondations a retardé la réalisation (DAOUDY M., *op. cit.*).

La situation hydraulique de la Syrie en position de dépendance relative vis-à-vis de la Turquie nécessite un contrôle de l'offre de l'eau du pays. Ce contrôle de l'offre passe par une transformation des économies et des politiques de développement hydraulique du pays.

Cette situation est progressivement aggravée par les retraits d'eau opérés en amont, résultant des grands projets hydrauliques turcs sur l'Euphrate et le Tigre. Comme le signale Marwa DAOUDY : « Ainsi une évaluation globale des facteurs de contraintes sur la position de la Syrie ne peut être complète sans tenir compte de l'impact des facteurs exogènes, incarnés par le projet GAP en amont. Il s'agit donc de cerner la réalité de ce projet, qui se trouve au cœur des enjeux de partage des eaux communes ».

4.5.3 Les aménagements hydrauliques turcs entre développement et instrumentalisation

Les aménagements du Tigre et de l'Euphrate ont attiré l'attention des planificateurs turcs dès la première décade de la jeune république kémaliste. Une station de jaugeage fut établie à Kemaliye, tout près de l'actuel site du barrage de Keban, en 1936. Cependant le développement hydraulique de la Turquie fut retardé par le déclenchement de la Seconde guerre mondiale.

En 1953, un directoire d'Etat pour les travaux hydrauliques (Devlet Su Isleri (DSI)) fut mis en place. Ce dernier envisageait la réalisation d'un plan hydroélectrique à grande échelle, dans lequel le barrage de Keban et le GAP devaient avoir une place très importante.

Le développement des grands projets hydroélectriques turcs a pu voir le jour de facto grâce à deux hommes : Süleyman Demirel et Turgut Özal.

Süleyman Demirel, sept fois premier ministre, ancien président du parti de la justice et neuvième président de la Turquie, a obtenu un diplôme d'ingénieur en hydrologie de l'université technique d'Istanbul et a pu continuer ses études aux Etats-Unis grâce à une bourse de recherche dans le cadre du programme d'échange Eisenhower. De retour au pays en 1955, il devient, à l'âge de 31, le directeur de la DSI où il sera surnommé *Roi des barrages*. La victoire de son parti en 1965 le ramène au poste de premier ministre. Suite à ces élections, il a pu réunir 300 millions de dollars pour la construction du barrage de Keban. Le 18 octobre 1976, Süleyman Demirel présida à la mise sur pied des fondations du barrage Karakaya. C'est durant cette période que les plans du GAP ont été préparés et la recherche des crédits pour le barrage Atatürk a commencé (KOLARS J., F., et MITCHELL W., A., *op. cit.*).

Turgut Özal, ancien premier ministre et huitième président de la Turquie, fut diplômé en électrotechnique de l'université technique d'Istanbul en 1950. Entre 1950 et 1952, il a travaillé dans l'administration d'Etat pour la planification du courant électrique. Entre 1952 et 1953, il part aux Etats-Unis pour entamer des études de troisième cycle sur la gestion et la technologie de l'énergie électrique. De retour au pays, Özal exerça la fonction de directeur général adjoint aux études électriques et à la recherche administrative à Ankara jusqu'à la fin des années 1950. Durant cette période, il dirigea des études sur le potentiel hydroélectrique du Tigre et de l'Euphrate. Un certain nombre de rapports mettant l'accent sur le potentiel régional ont été publiés par le gouvernement turc. Le potentiel régional de l'Euphrate a été reconnu et les projets pour la bonification des terres et le développement des ressources hydriques dans la vallée de ce fleuve ont commencé en 1961.

Au même moment, les travaux préliminaires sur le barrage de Keban ont commencé entre 1964 et 1965, la même année où le Ministère de l'énergie et des ressources naturelles fut établi. Ce barrage se situe au milieu de la région Elazig, lieu de confluence des deux affluents de l'Euphrate, le Firat Su et le Murat Su. Le Keban possède une hauteur de 210 m, un réservoir d'une surface d'environ 675 km², un volume de retenue de 30,6 milliards de m³ d'eau, et une puissance électrique installée d'environ 1 240 Mégawatts. Ce barrage a été conçu pour assurer l' « irrigation de 1,65 million ha de terre et une production électrique de 600 millions de kWh en 1972 » (HERSHLAG Z., Y., 1968).

Le contrat principal pour la construction du barrage Keban a été signé le 19 février 1966, entre le gouvernement turc et SCI-Impreglio, un consortium franco-italien. Le coût total du barrage a été estimé en 1974 à 85 millions de dollars (GRAHAM-BROWN S., et BARCHARD D., 1981). Les travaux ont été financés par l'European Investment Bank, USAID et les gouvernements français, allemand et italien (HERSHLAG Z., Y., *op. cit.*). Les travaux débutèrent le 12 juin 1966 et la production de l'énergie électrique a commencé en 1974 la même année que la mise à l'eau du barrage. Ce barrage qui a pour fonction la production de l'énergie électrique n'a jamais été perçu comme faisant parti du projet GAP.

Le GAP[54], quant à lui, répond à plusieurs objectifs économiques, politiques et militaires qui relèvent de la géopolitique interne et externe de la Turquie.

Le GAP, en aval de Keban, est considéré par les observateurs comme « une gigantesque opération hydraulique », par le gouvernement turc comme « un projet de développement régional intégré, parmi les plus ambitieux du monde » et comparé par des spécialistes à la Tennessee Valley Authority (KOLARS J., F., et MITCHELL W., A., *op. cit.*). Ce projet comporte 13 sous-projets principaux, dont 6 sur le Tigre et 7 sur l'Euphrate et ses affluents, la construction de 22 barrages (Voir la carte 4.2) et de 19 centrales hydroélectriques. Les 22 barrages ont pour objectif l'irrigation de 1 693 027 ha et les 19 centrales ont pour objectif la production de 27 milliards de kWh (KIBAROGLU A., *non publié*) (Voir tableau 4.3).

Au centre du GAP le barrage Atatürk se positionne comme le cinquième plus grand barrage du monde par son volume de retenue. Opérationnel depuis 1992, il retient 48 milliards de m^3 d'eau, deux fois le débit moyen annuel de l'Euphrate, et crée un lac artificiel de plus de 800 km^2. Depuis la mise à l'eau de ce barrage, d'autres barrages ont été achevés, notamment, Karakaya et Bireçik sur l'Euphrate, Ilisu sur le Tigre (Voir tableau 4.4). A partir de la retenue Atatürk, le tunnel hydraulique le plus long au monde permettra l'écoulement de 328 m^3/s et l'irrigation de la plaine d'Urfa-Harran.

---

[54] GAP: originellement cet acronyme reflète l'appellation turque du Guneydogu Anadolu Projesi mais on lui a trouvé un correspondant anglais le Great Anatolian Project.

Carte 4. 2: Les différents sous projets du GAP

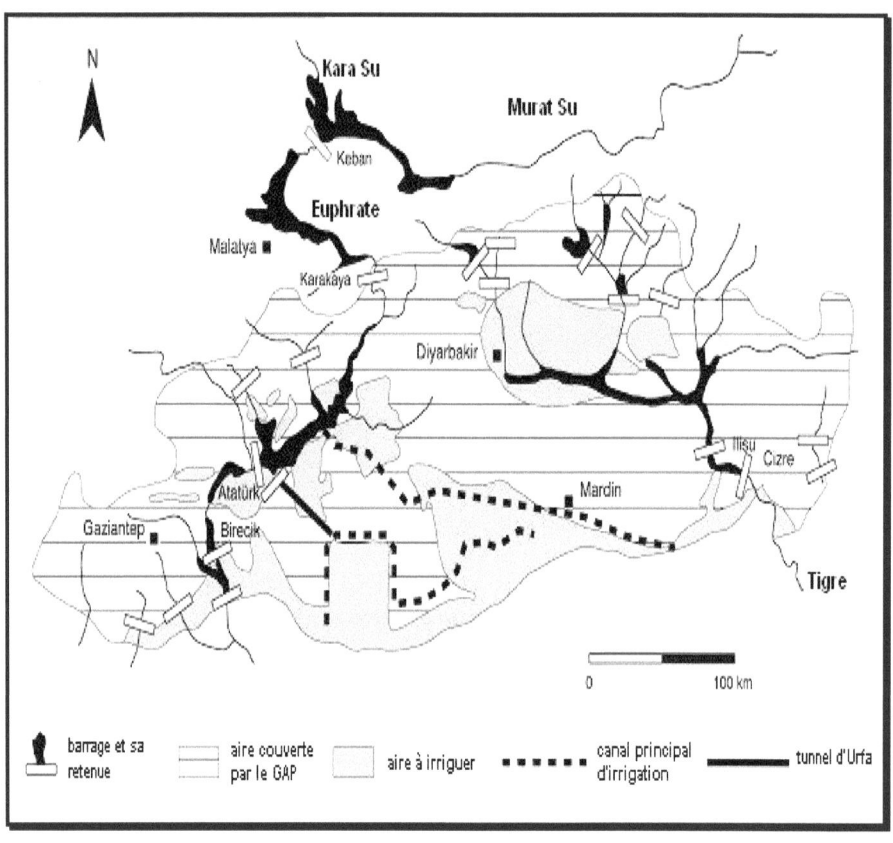

Source : MUTIN G., (2003)

Tableau 4. 3: Les projets GAP sur le Tigre et l'Euphrate

	Euphrate	**Tigre**
Sous – projets	7	6
Barrages	14	8
Centrales électriques	11	8
Capacité	5 304 MW	2 172 MW
Production	20,098 milliards de kWh	7,247 milliards de kWh
Irrigation	1 091 203 ha	601 824 ha

Source : DSI, GAP, République de Turquie, 2004

Tableau 4. 4: Les barrages prévus par le GAP réalisés ou en cours de constructions

Barrages	Projets	Capacité de Stockage (en milliards de m³)	Irrigation (ha)	Energie/ capacité (MW)	Energie Prod. année (en GWh)	Le fleuve
Keban (1975)	Pré -GAP	31	Non	1 330	6000	Euphrate
Karakaya (1987)	Karakaya Project	9,58	Non	1 800	7 354	Euphrate
Hancagiz (1988)	Gaziantep Project	1	10 736	Non	Non	Euphrate
Atatürk (1992)	Lower Firat Project	48,7	872 385	2 400	8 900	Euphrate
Karkamis (1999)	Border Firat Project	0,157	Non	189	652,5	Euphrate
BireçIk (2000)	Border Firat Project	1,22	92 700	672	2 518	Euphrate
Camgazi (en cours)	Adiyaman kahta Project	–	7 430	Non	Non	Euphrate
Kayacik (en cours)	Gaziantep Project	-	14 746	Non	Non	Euphrate
Dicle (1997)	Dicle-Krakilzi Project	0,595	126 080	110	298	Tigre
Krakilzi (1997)	Dicle-Krakilzi Project	1,919	Non	90	483	Tigre
Batman (1998)	Batman Project	1,175	37 744	198	Non	Tigre
Ilisu	Ilisu Project	1,175	37 744	198	Non	Tigre

Source : DAOUDY M., (2005)

Le GAP est avant tout un projet à usage interne visant à mettre sur pied un projet de développement agricole et socio-économique du Sud-Est anatolien, une des régions les plus pauvres de la Turquie. Le développement économique y a été plus lent que dans la partie occidentale du pays : la croissance démographique y est plus élevée, le PIB par habitant plus bas, et le revenu par tête n'atteint que 40 % de la moyenne nationale (BESCHORNER N., op. cit.). Le projet couvre les provinces de Gaziantep, Diyarbakir, Sanliurfa, Mardin, Adiyaman, Killis, Batman, Sirnak et Siirt. Ces provinces correspondent à 10 % de la superficie de la Turquie, 75 000 km² soit plus de deux fois la superficie de la Belgique, et représentent 10 % de la population totale turque (KIBAROGLU A., *non publié*).

En essayant de créer 90 000 emplois publics, d'attirer des investissements internationaux dans la région et la transformer en grenier à blé du Moyen-Orient, Ankara espère mettre fin au sous-développement de la partie kurde du pays et donner, ainsi, une réponse économique aux revendications autonomistes de ses habitants.

Marwa DAOUDY (2005) parle d'un projet à « visée de sécurité sociétale ».

Un des objectifs internes du GAP est d'affaiblir les séparatistes du PKK (Partiya Karkaren Kurdistan ou Parti des travailleurs du Kurdistan) en répondant aux revendications des modérés du mouvement kurde qui réclament une amélioration des conditions de vie dans le Sud-Est anatolien. Dans le même ordre d'idée MICHEL S., (1999) déclare que ce projet « viserait à éparpiller les mouvements de résistance, en offrant une réponse aux revendications économiques des populations, tout en sapant leurs bases par des déplacements massifs ».

Le projet vise officiellement à lutter contre l'exode rural massif de la population kurde de la région du GAP vers l'Ouest du pays, surtout vers Istanbul. La guerre entre le PKK et l'armée turque a abouti à *l'exode rural forcé* de près de trois millions de villageois, originaire de 3 600 villages. Contrairement, à ce qui a été annoncé, le GAP a provoqué le déplacement de plus de 100 000 personnes à majorité kurde dont les villages ont été *noyés* par la construction des barrages. Cette politique a favorisé l'exode vers les bidonvilles des grandes villes turques et a fait disparaître la structure sociale et régionale, basée sur une tradition rurale, au profit de la centralisation complète par l'appareil de l'Etat (BIEGALA E., *op. cit.*). Le GAP a fait émerger une nouvelle classe d'agriculteurs, des nouveaux capitalistes éloignés des soucis des villageois, qui représente 8 % de la population de la région et qui détient 50 % des terres. Pour Marwa DAOUDY : « Le paradoxe en sera une augmentation de la richesse régionale, avec une accentuation des inégalités socio-économiques ».

Un autre objectif du projet est la sécurité des frontières avec l'Irak, la Syrie et l'Iran. Le déplacement de ces populations frontalières rompra la continuité culturelle entre les Kurdes de Turquie et les Kurdes des Etats limitrophes et coupera les militants du PKK à la fois de leurs bases arrières et leurs terrains d'action contre les autorités d'Ankara. Selon un rapport de l'Assemblée parlementaire du Conseil de l'Europe (22 mars 2002), il resterait 1 000 militants armés dans le Sud-Est de la Turquie et 5 000 combattants le long des frontières en Irak et en Syrie.

L'arrestation du leader kurde Abdullah Öcalan[55] le 15 février 1999 et la décision prise par les dirigeants du PKK, en août 1999, de cesser leurs activités ont fait tomber la tension.

Le coût financier du GAP est estimé de façon optimiste à 32 milliards de dollars dont 16 milliards sont déjà investis (KIBAROGLU A., *non publié*). Ce coût qui représente 20 % du PNB annuel du pays est un grand sacrifice pour le peuple turc. Ce coût très élevé représente un frein à la réalisation rapide des différents sous-projets. De plus, la communauté internationale hésite à soutenir officiellement un projet qui fait l'objet de campagnes de dénonciations internationales. L'hostilité des mouvements écologistes internationaux et des différents mouvements de soutien au peuple kurde, a empêché le GAP de bénéficier d'investissements internationaux très larges. Les pays impliqués financièrement tels que l'Allemagne, la France, la Suisse, les Etats-Unis, l'Italie, l'Autriche et moins officiellement Israël ainsi que les institutions financières internationales ont apporté un soutien au projet très maigre par rapport aux attentes turques. Il apparaît dans les publications officielles, que 2,1 milliards de dollars d'investissements qui ont aidé à la réalisation du GAP ont une origine étrangère (Voir le tableau 4.5) auxquels il faut ajouter 1,5 milliard de dollars nécessaire pour la construction du barrage Bireçik. La Banque mondiale qui, d'habitude, ne finance jamais des projets litigieux a participé au financement du barrage et de la centrale électrique de Karakaya à hauteur de 120 millions de dollars. Des fonds américains et canadiens, ainsi que des crédits suisses allemands et israéliens destinés au financement du GAP apparaissent dans des publications officielles turques. En 2000, Ehud Barak, alors premier ministre du gouvernement israélien, exprimait l'intention de son pays de prendre part à six projets d'irrigation dans la région du GAP. Un projet de coopération entre Ankara et le centre de coopération international du ministère israélien des Affaires étrangères (MASHAV) a été mis en place (GRUEN G., E., 2000). La contribution financière israélienne à ces différents projets s'élève à 120 000 dollars.

---

[55] Abdullah Öcalan, leader indépendantiste kurde et chef du PKK, a été capturé au Kenya au cours d'une opération menée conjointement par les services secrets turcs (MIT), américains (CIA) et israéliens (Mossad).

Tableau 4. 5: Investissements étrangers dans le GAP

Origines	Montants (en millions de dollars)
Banque US Exim	111
Commercial Suisse	467
Commercial Suisse – Allemagne	782
Banque européenne d'investissement	104
Banque mondiale	120
Fonds du développement social du Conseil de l'Europe	183
Gouvernement italien	85
Gouvernement français	33
Gouvernement allemand	15
Gouvernement autrichien	200
Total	**2 100**

Source : DAOUDY M., (2005)

Après avoir exposé les contraintes internes du GAP, nous tenterons, à présent, d'identifier d'autres objectifs poursuivis par Ankara.

Au départ, la raison d'être des différents projets hydrauliques turcs s'explique dans une large mesure par le souci de produire une énergie bon marché et réduire ainsi la dépendance énergétique de la Turquie vis-à-vis des Etats pétroliers de la région. Durant les années 80', la Turquie importait 50 % de ses besoins annuels en énergie, et 25 % de sa production d'électricité, pour la même période, dépendaient de combustibles importés (BESCHORNER N., octobre-décembre 1992). En 2001, les barrages à production d'énergie hydraulique (Voir tableau 4.4) auraient contribué à 50 % de la production nationale totale (République de Turquie, Latest Point Reached in GAP, 2004).

Un deuxième objectif découle du premier. Pour réduire sa dépendance énergétique vis-à-vis des Etats du Moyen-Orient, la Turquie a essayé de leur vendre son eau mais en vain. Elle a vu dans le GAP un moyen détourné pour atteindre cet objectif. Avec ce projet, la Turquie veut passer à une agriculture intensive et industrielle à des fins commerciales avec l'intensification de la culture des céréales, du coton et des vergers. Grâce à ce projet la Turquie est devenue le premier exportateur de produits alimentaires en Méditerranée orientale (SAHINÖZ A., 1996). Ce statut de premier exportateur de produits alimentaires va-t-il permettre à la Turquie de vendre l'eau autrement à savoir l'eau virtuelle ? (Voir le chapitre 5)

Les données existantes ne permettent pas d'avoir une image fidèle de l'état d'avancement des travaux et des réalisations du GAP. Dans une période de négociation, les sources officielles turques révisent à la baisse la consommation totale de la Turquie post GAP, estimée à 9 milliards de m³ d'eau par an pour l'Euphrate et 3,7 milliards de m³ par an pour le Tigre. Ces montants ne prennent pas en considération les pertes d'eau des réservoirs par évaporation, ni l'utilisation industrielle et domestique (BAGIS A. I., 1989). De plus, ces sources officielles ne donnent aucune information sur les détails opérationnels, la progression des travaux ou le choix des plantations qui déterminent la quantité d'eau nécessaire par hectare (DAOUDY M., *op. cit.*). Un certain nombre d'experts internationaux mettent en avant trois avantages découlant du GAP. Waltina SCHEUMANN (1998), John KOLARS et William MITCHELL (1991) font mention de la fonction de régulation et de stockage temporaire des différents barrages construits dans le cadre de ce projet. Ces derniers contribuent à limiter les effets néfastes des inondations. Ils ajoutent que le stockage de ces barrages en Turquie représente une réserve d'eau pour les pays de l'aval, lors des années de sécheresse. Ils terminent en signalant que ces barrages retiennent des sédiments et améliorent ainsi la qualité des eaux pour les riverains de l'aval[56].

Outre les aspects socio-économiques soulignés auparavant, la construction du GAP s'est faite avec des dégâts considérables sur un certain nombre de sites archéologiques de la Mésopotamie ancienne. L'inauguration du barrage de Bireçik sur l'Euphrate a entraîné la disparition des villes de Halfeti, dont les traces historiques remontent à 1000 ans av. J-C. et de Zeugma et ses mosaïques gréco-romaines (Rapport de la Commission de la culture, de la science et de l'éducation, Conseil de l'Europe, 2001).

Les sources officielles turques annoncent que 90 000 ha de terres ont été irrigués en 1998 et 215 080 hectares sont aujourd'hui irrigués dans toute la région du GAP sur les 1,6 million d'ha planifiés (République de Turquie, Latest Point Reached in GAP, 2004). Alors que d'autres sources internes et externes révèlent que seuls 140 000 à 150 000 ha seraient irrigués en Turquie depuis les

---

[56] MCCULLY (1996), quant à lui, relève qu'une accumulation des sédiments dans les grands barrages modifie la température de l'eau et sa qualité en direction des pays de l'aval, tout en modifiant le processus géologique d'érosion naturelle des terres et en affectant la flore et la faune de l'écosystème.

eaux de l'Euphrate, dont seulement 40 000 hectares à partir des infrastructures du GAP (SCHEUMANN W., 1998). De plus ces sources signalent que les barrages à production d'énergie hydroélectrique ont contribué à hauteur de 50 % à la production nationale totale.

Les spécialistes internationaux annoncent que la réalisation définitive du GAP impliquerait une dégradation de la qualité de la ressource et une perte non récupérable des eaux de l'Euphrate pouvant atteindre 16,9 milliards de m³ d'eau soit près de 70 % de son débit naturel, 40 % de son débit observé (KLIOT N., *op. cit.*).

Les impacts, qualitatifs mais aussi quantitatifs du GAP, remettent non seulement en cause la politique syrienne de l'autosuffisance alimentaire, mais aussi le fonctionnement optimal des centrales de production d'énergie hydraulique de ce pays.

L'Euphrate représente 64,3 % des ressources hydrauliques syriennes. Le débit de ce fleuve à la frontière turco-syrienne, serait passé de 33 milliards de m³ d'eau par an en 1982 à 18,3 milliards de m³ d'eau par an en 1995, suite au remplissage du barrage d'Atatürk en 1990 et l'ouverture des canaux de Sanliurfa en 1994. Selon les précipitations et les retraits en Turquie, le débit annuel de l'Euphrate à la frontière turco-syrienne varierait, à la fin des années 1990, entre 15,7 et 22 milliards de m³ d'eau.

Cette situation s'est considérablement dégradée, entre 2000 et 2001, puisque la Syrie fait alors état d'un débit à la frontière avec la Turquie de 14 milliards de m³ d'eau par an (*Le journal officiel syrien*, 28 novembre 2001).

Si la situation continue à se dégrader, la Syrie ne sera pas en mesure d'atteindre les objectifs d'une *sécurité alimentaire relative* qui consisterait à satisfaire la moitié des besoins alimentaires de sa population grâce à la production domestique à l'horizon 2010 (SHAPLAND G., 1997). De plus, la diminution du débit du Tigre et de l'Euphrate en Syrie aggravera les problèmes de salinité. Cette mauvaise qualité des sols forcera les Syriens à revoir leurs objectifs de bonification des terres. Ils ne pourront pas procéder au lavement des sols gypseux qui nécessitent 50 % des flots d'une eau non polluée (DAOUDY M., *op. cit.*).

Sur un autre plan, les barrages de production hydroélectrique de Tabqa ne fonctionnent déjà qu'à 40 % de leur capacité en raison de problèmes de maintenance interne mais aussi par manque d'eau. En temps de sécheresse ceux-ci ne tournent qu'à 10 % de leur capacité occasionnant ainsi des coupures électriques régulières.

Il est encore temps de limiter les dégâts en Syrie. Dans le contexte actuel, un impact conséquent du GAP sur Damas implique des conséquences graves pour l'Irak.

La réalisation complète des travaux syriens sur l'Euphrate privera l'Irak de 30 % du débit du fleuve en provenance de Syrie. A la fin du GAP, l'Irak ne se retrouvera qu'avec 20 % de son débit habituel sur l'Euphrate (KLIOT, op. cit.), pour assurer l'irrigation d'un million d'ha. Il est estimé, aussi, que l'Irak perdrait près de 50 % des eaux du Tigre. Ayant favorisé l'aménagement du Tigre qui représente 61,3 % des ressources hydrauliques du pays, l'Irak a établit la déviation du canal Tharthar depuis les eaux du Tigre vers l'Euphrate pour compenser la diminution du débit et assurer l'irrigation de deux millions d'ha. De plus, le pays a orienté sa gestion hydraulique vers le développement des ressources non conventionnelles. Il existait jusqu'à l'occupation de l'Irak par les forces américaines 207 unités de dessalement de l'eau de mer pouvant traiter jusqu'à 152,67 millions de m³ d'eau par an (The Middle East Desalination Research Center, octobre 2000). Ce choix s'explique par la situation d'embargo imposé par les Nations-Unies puisque le pays cherche à augmenter la production agricole afin de limiter sa dépendance vis-à-vis de l'extérieur et par la présence de gigantesques réserves de pétrole et de gaz.

Il est encore tôt pour évaluer les politiques hydrauliques adoptées par le nouveau régime irakien établi à la chute de Saddam Hussein. Toutefois, on peut noter la mise sur pied de deux nouveaux ministères, celui des Ressources en eau et celui de l'Electricité. Le premier a annoncé l'allocation d'un milliard de dollars à divers projets hydrauliques pour l'année 2004, et le deuxième a pour mission la reconstruction des infrastructures hydroélectriques avec l'US Army Corps of Engineers.

La fin du régime de Saddam Hussein en 2003 suite à l'occupation américaine de l'Irak conditionnera l'évolution du partage des eaux du Tigre et de l'Euphrate, soit vers la paix et la coopération soit vers l'exacerbation de l'état actuel.

Conclusion

En guise de conclusion, nous pouvons avancer que la question du partage des eaux du Tigre et de l'Euphrate ne peut pas être dissociée des autres dimensions de la politique régionale. Pour la Turquie l'eau est un moyen indispensable tant pour assurer l'approvisionnement énergétique du pays à long terme, que pour régler définitivement la question kurde.

Avantagée par sa situation géographique en amont du Tigre et de l'Euphrate, la Turquie, puissance économique et politique, bénéficiait avant l'occupation de l'Irak en 2003, d'une position de *pouvoir renforcé* face aux régimes de Damas et de Bagdad. Cette position lui a permis de développer, au détriment de ses riverains de l'aval des deux fleuves, son potentiel hydraulique en lui donnant un rôle central dans le décollage économique du Sud-Est anatolien.

Contrairement à la Syrie et l'Irak, la Turquie récuse le statut de fleuves internationaux au Tigre et à l'Euphrate afin de les soustraire aux conventions du droit international et de se poser comme le maître des eaux qui s'écoulent sur son territoire. Afin de signifier sa souveraineté sur ses ressources, Ankara n'hésite pas à les comparer au pétrole des Etats arabes. Suleyman Demirel déclarait au journal israélien Haaretz (21 mars 2001) que « l'eau turque est comme le pétrole arabe : elle n'est pas partagée, elle est vendue ». De plus Ankara comme Damas, contrairement à Bagdad, optent pour l'unicité du bassin du Tigre et de l'Euphrate et proposent que l'Irak s'approvisionne à partir du Tigre, difficilement aménageable sur sa partie turque et syrienne, et laisse ainsi l'Euphrate pour les besoins turcs et syriens.

La position de la Turquie est consolidée par ses nouvelles alliances avec les nouvelles républiques d'Asie centrale et son rapprochement avec l'Etat d'Israël. L'arrestation du leader kurde Abdullah Öcalan et la décision prise par les dirigeants du PKK de cesser leurs activités ont fait tomber la tension et réduit le poids politique de la Syrie dans les négociations sur le Tigre et l'Euphrate. Pour combien de temps ?

Cependant, la Turquie doit garder à l'esprit que la paix ne se décrète pas par la force. Derrière l'Irak post Saddam « se profilent aussi les intérêts économiques et stratégiques des Kurdes irakiens soutenus par la puissance américaine, et non plus par un gouvernement irakien affaibli par des guerres successives et un embargo international » (DAOUDY M., *op. cit.*). Cette carte peut être utilisée par la Syrie et l'Iran, en paix avec leurs Kurdes, pour faire renaître le PKK de ses cendres et affaiblir et déstabiliser le régime d'Ankara. De plus, si un régime islamique shiite se met en place à Bagdad, la situation peut se compliquer pour la Turquie, l'alliance entre la Syrie et l'Irak peut s'étendre à l'Iran pour constituer un bloc contre la Turquie, alliée de l'Occident dans la région. La Turquie doit garder à l'esprit qu'elle doit gérer ce conflit de façon pragmatique car elle est membre de l'OTAN et candidate à l'adhésion à l'Union européenne.

Une issue positive à ce conflit serait d'orienter les négociations entre les Etats riverains du Tigre et de l'Euphrate vers des garanties offertes par la Turquie sur la qualité et la quantité des eaux qui arrivent en Syrie et en Irak et de ne plus considérer le GAP comme un obstacle aux négociations. Damas et Bagdad pourraient renoncer à s'opposer au GAP en tant que projet, axer leurs revendications sur les enjeux des futurs barrages et mettre sur pied un comité conjoint, formé des techniciens des différents Etats riverains du Tigre et de l'Euphrate, qui serait chargé de la supervision et de l'amélioration de la qualité des eaux de drainage et d'irrigation en provenance de la Turquie. Cette issue permettrait l'installation d'un climat de confiance et la redynamisation des relations commerciales entre Ankara et Bagdad qui avaient souffert de l'embargo onusien. De plus, les différents riverains devraient séparer les dossiers qui relèvent des conflits territoriaux de ceux relatifs aux contentieux hydrauliques.

L'achèvement du GAP par Ankara est subordonné à une situation financière équilibrée. La hausse des prix des hydrocarbures et la demande du pays en énergie pèsent sur l'économie turque. Les spécialistes de la théorie de la négociation estiment que ces coûts croissants infléchiront peut-être la position de la Turquie vers la recherche d'un financement international. Pour la communauté internationale, aucun financement extérieur n'est envisageable en dehors d'une solution humaine et viable pour les Kurdes de Turquie et respectueuse de l'environnement.

La signature d'un accord définitif entre les différents riverains du Tigre et de l'Euphrate, la Turquie, la Syrie, l'Irak, l'Iran et l'Arabie saoudite, permettrait l'émergence d'une coopération bidimensionnelle (eau, pétrole) et installerait les fondations d'une Communauté de l'eau et de l'énergie au Moyen-Orient (CEEMO).

« Le progrès humain n'est ni automatique ni inévitable. Nous n'échapperons pas désormais au fait que demain est déjà là. Nous sommes confrontés à l'urgence aiguë du ‹ maintenant ›. Dans cette énigme qui se déroule devant nous en mêlant la vie et l'histoire, nous ne pouvons pas nous permettre de retard... Nous pouvons supplier le temps de suspendre son vol, mais il n'écoute aucun grief et continue sans ralentir. Au-dessus des os blanchis et des ruines de nombreuses civilisations, on peut lire ces mots pathétiques : trop tard. »

Martin Luther King Jr, « Where do we go from here: chaos or community »

CHAPITRE 5

LES OPTIONS TECHNIQUES ET POLITIQUES POUR UNE GESTION EFFICACE DE L'EAU AU MOYEN-ORIENT

Introduction

Le scénario de la crise de l'eau repose en partie sur la peur que provoque la projection des tendances démographiques et de consommation dans le futur. Cependant, le fait même de projeter ainsi les tendances actuelles de consommation dans l'avenir représente une hypothèse selon laquelle il n'est possible ni d'accroître, la ressource en eau, ni de réduire la pression de la demande. En réalité, de très nombreuses possibilités s'offrent en ce sens.

Les pays du Moyen-Orient connaissent de rapides changements démographiques, sociaux, culturels et économiques. Où mènent ces changements ? Quel sera l'avenir pour les Etats du Moyen-Orient ? Comment vont-ils s'organiser pour faire face à leurs difficultés croissantes de gestion des ressources en eau ?

Face à cette situation, beaucoup de pays de la région tentent de mettre de façon unilatérale des modèles de gestion macroéconomiques. Les solutions techniques, économiques et politiques proposées par les différents spécialistes pour faire face aux pénuries d'eau, ont toutes pour objectif l'augmentation de l'offre ou la réduction de la pression de la demande de l'eau (voir le tableau 5.1).

Ces modèles se heurtent à des obstacles de nature économique, politique, sociologique et culturelle. Dans un objectif de conception de nouveaux modèles de gestion de l'eau, ce chapitre propose un modèle coopératif, projets de transfert inter-bassins, pour faire face à la mauvaise répartition de cette ressource au Moyen-Orient. Cette technique permet de ramener l'eau des pays les mieux dotés en eau vers ceux qui le sont moins. Nous nous appuyons sur la méthodologie multicritère d'aide à la décision pour pouvoir comparer les différents projets.

Tableau 5. 1: Les différentes options pour la gestion de l'eau

Options unilatérales
Réduire la demande
• Contrôle démographique
• Une agriculture efficiente
• Importation d'eau virtuelle
• La tarification de l'eau
• Les programmes de sensibilisation de la population
Augmenter l'offre
• Le traitement des eaux usées
• Construction de barrages, de lacs de retenue, de puits, de canaux, etc.
• Le dessalement
• L'exploitation des aquifères fossiles
• Transport d'eau par des aquatiers et des grands sacs plastiques
Option coopérative
• Transfert inter bassins

5.1 La gestion de la demande

La gestion de la demande de l'eau peut prendre de nombreuses formes, depuis le contrôle de la croissance démographique, l'utilisation des techniques efficaces d'irrigation, l'importation de l'eau virtuelle et la tarification de l'eau jusqu'à des mesures d'incitations financières, programmes de sensibilisation de la population…

L'accroissance démographique

Le Moyen-Orient après une croissance démographique explosive durant trois décennies semble être résolument entré dans la transition démographique. L'accroissement maximum de la population dans cette région s'est situé au cours des années 1980 aux environs de 3 % par an et, actuellement, il est en recul inégal selon les pays. Il est en moyenne de l'ordre de 2 à 2.3 % l'an. Cette diminution de la fécondité traduit des changements sociaux importants et notamment la croissance du taux de scolarisation des femmes. Face à ce constat on ne doit pas tomber dans un optimisme béat quant à la question de la population et plus particulièrement de son impact sur les ressources en eau. Ne nous méprenons pas : si on a, en la matière, quelques certitudes à moyen terme, l'avenir de la population du Moyen-Orient à long terme n'en reste pas moins largement indéterminé. Le mouvement démographique est un processus lent doué d'une inertie certaine. La baisse de la fécondité ne va donc avoir des effets qu'à moyen terme sur la croissance de la population. La grande majorité des spécialistes affirment que cette dernière continuera de s'accroître. Toutes les projections concordent pour estimer que la population du Moyen-Orient doublera entre 1997 et 2025 (PNUD, 2004). Le développement démographique conduira à une aggravation incontestable du problème de l'eau dans les prochaines décennies dans tous les Etats du Moyen-Orient.

Cependant, si les tendances actuelles de la chute de la fécondité se confirment, cette évolution semble être réellement un maximum et sans doute ne sera-t-elle pas atteinte. Mais il faut s'attendre à une demande d'eau beaucoup plus importante que le simple accroissement démographique en raison des bouleversements économiques et sociaux qu'enregistre la société moyenne orientale : la croissance urbaine et l'augmentation des superficies irriguées.

L'agriculture efficiente

Au Moyen-Orient l'eau et la sécurité alimentaire sont étroitement associées. Pour faire face aux problèmes de la dépendance alimentaire, l'amélioration des performances dans le domaine agricole est devenue une priorité.

Le FAO (2004) estime que dans cette région on dépense beaucoup d'eau pour une faible production. Il ajoute que le Moyen-Orient consacre 88 % de ses ressources en eau à l'irrigation alors que la moyenne mondiale se situe à 67 %.

La population du Moyen-Orient augmente rapidement grâce aux progrès de la médecine et de l'hygiène. Une telle augmentation de la population implique des besoins alimentaires qu'il faudra satisfaire.

De plus, n assiste à un changement des régimes alimentaires au fur et à mesure que les revenus augmentent. La part des aliments de base, comme les céréales, par exemple, diminue, alors que celle de la viande, des produits laitiers et des oléagineux s'accroît. Entre 1966 et 1999, la consommation de viande par habitant dans les Etats de la région a augmenté de 150 %, et celle de lait et de produits laitiers de 60 %. D'ici 2030, la consommation par habitant de produits animaux pourrait augmenter encore de 44 %. Comme par le passé, c'est la consommation de volaille qui connaîtra la plus rapide croissance. L'amélioration de la productivité sera probablement une source principale de croissance. Les rendements laitiers devraient s'améliorer et, dans un même temps, la sélection animale et une meilleure gestion vont entraîner une hausse du poids d'abattage et des taux d'exploitation moyens. Ceci permettra une production accrue avec une augmentation limitée du nombre d'animaux, et un ralentissement correspondant de l'impact néfaste du pâturage ou des déchets sur l'environnement.

Dans les pays du Moyen-Orient, la demande va croître plus rapidement que la production, ce qui va augmenter le déficit de la balance commerciale.

Ce mode de consommation de type occidental va avoir des répercussions négatives sur les quantités d'eau renouvelables disponibles dans la région. L'élevage est un grand consommateur d'eau. Ce choix alimentaire implique la mobilisation de plus grandes quantités d'eau. « L'occidentalisation des habitudes alimentaires, qui supposent des rations plus importantes de la consommation de plus grandes quantités de viande, est donc un facteur d'augmentation de la demande en eau » (LASSERRE F., 2003).

Beaucoup d'experts suggèrent des méthodes d'irrigation plus efficaces, le goutte à goutte par exemple, pour faire face à cette situation. Mais le goutte-à-goutte n'est cependant pas une solution miracle. En effet, cette technique d'amélioration des rendements implique des investissements très élevés que les agriculteurs, surtout Palestiniens, Jordaniens et Syriens, ont rarement les moyens de financer. Par exemple équiper un hectare de terre avec un système de goutte à goutte revient à environ 2 000 dollars (FAO, 2002).

Au Moyen-Orient, les agriculteurs utilisent deux fois plus d'eau par hectare que dans les pays de la Méditerranée nord pour une production agricole deux fois et demi inférieure en valeur. Dans cette région, à l'exception des Territoires occupés par Israël, les gouvernements ne contrôlent pas le pompage des eaux souterraines, même lorsque les nappes sont surexploitées. De plus, les gouvernements n'utilisent pas d'incitants financiers pour encourager les agriculteurs à se tourner vers des modes d'irrigation qui consommeraient moins d'eau.

Malgré la maîtrise de ces techniques d'irrigation par les Israéliens - même dans un contexte de paix - son utilisation au Moyen-Orient pour des raisons économiques et politiques restera faible.

Toutefois, la recherche israélienne dans le domaine du génie génétique végétal pour la résistance contre la sécheresse et la salinité des sols (genetic engeneering for drought and salinity resistance), représente un grand espoir pour les agriculteurs du Moyen-Orient. Un certain nombre de pays arabes utilisent, d'une manière discrète, les fruits de ces recherches génétiques en achetant les graines israéliennes. Dans un contexte de paix, cette pratique se généralisera et les agriculteurs de la région bénéficieront d'une économie d'échelle dans ce domaine.

L'eau virtuelle

Le concept d'eau virtuelle (ALLAN T., 2001) est une solution qui permettra de réduire la production des denrées agricoles là où elle induit de très fortes consommations d'eau, pour se tourner vers l'importation de ces mêmes denrées, et de consacrer cette eau ainsi économisée à des usages plus rentables. Tony ALLAN (1999) observe qu' « importer un millions de tonnes de blé équivaut donc à importer un milliard de tonnes d'eau. Depuis la fin des années 1980, le Moyen-Orient et l'Afrique du Nord ont importé 40 millions de tonnes de céréales et de farine par an. En terme d'eau virtuelle, c'est plus que la quantité d'eau du Nil utilisée pour l'agriculture dans toute l'Egypte ».

Cette possibilité n'est donc pas négligeable d'autant que la ressource est immédiatement disponible et abondante sur un marché des céréales abondamment approvisionné par l'Amérique du Nord et l'Europe Occidentale (DUGOT P., 2001). Elle permet l'essor d'autres activités pourvoyeuses de devises, tel le tourisme qui dispose encore de possibilités de développement importantes dans les Etats du Moyen-Orient.

Selon le FAO, 1 300 mètres cubes d'eau permettent de produire une tonne de blé, d'une valeur marchande d'environ 123 dollars en 2004, alors que la même quantité d'eau permet de dégager une valeur industrielle d'environ 14 000 dollars.

Cette réponse aux pénuries d'eau, si elle semble rationnelle, heurte les sensibilités au Moyen-Orient pour des raisons sociales, politiques et géopolitiques.

Pour des raisons sociales tout d'abord : la population rurale qui travaille dans le secteur agricole est encore très importante dans la région. Supprimer leur activité économique signifie les pousser à l'exode vers les villes dont les infrastructures ne suffisent déjà plus à la demande et où ils finiront par faire le lit des intégristes.

Pour des raisons politiques ensuite. Adopter l'eau virtuelle revient à faire une croix sur l'indépendance alimentaire ; même si ce défi semble aujourd'hui difficile à relever dans la plupart des pays du Moyen-Orient, beaucoup ne sont pas prêts à y renoncer. L'autosuffisance alimentaire au Moyen-Orient n'est pas seulement un slogan post-indépendance, mais aussi un axiome politique pour les peuples de la région et plus particulièrement après l'embargo économique vécu par le peuple irakien durant les années 1990.

Cependant, des pays comme l'Egypte et la Jordanie, alliés des Etats-Unis, oeuvrent pour que leur taux de dépendance vis-à-vis de l'eau virtuelle soit le plus faible possible. De plus, comme le fait remarquer Philippe DUGOT (2001) « il faut aussi pouvoir assumer économiquement ces importations en s'appuyant sur des activités pérennes ».

Comme nous l'avons expliqué dans les chapitres sur le Nil, le Jourdain, le Tigre et l'Euphrate, des considérations géopolitiques entrent dans les calculs des dirigeants des Etats du Moyen-Orient. Pour eux, l'agriculture est une forme de gestion de l'espace et des territoires. Développer ce secteur peut avoir des conséquences sociales importantes, mais peut constituer aussi une marque de souveraineté sur un territoire que l'on cherche ainsi à mettre en valeur et un moyen pour mettre fin aux aspirations autonomistes ou rebelles d'une frange de la population. L'aménagement du plateau du Golan, annexé par l'Etat hébreu en 1981, constitue l'un des principaux arguments israéliens pour résister aux demandes de la Syrie relatives à la restitution du territoire. Le développement du Sud-Est anatolien par la Turquie représente à son tour une réponse économique à un problème sociétal. Enfin, le détournement d'une partie des eaux du Nil par le gouvernement égyptien vers le désert du Sinaï est un moyen pour noyer la population bédouine, base arrière des mouvements intégristes responsables des attentats de ces dernières années en Egypte selon la police du Caire.

Actuellement, l'eau virtuelle ne coûte pas cher mais pour combien de temps ? Sur le marché actuel dominé par les Etats-Unis et l'Union européenne, le blé se vend à environ la moitié de son prix de revient (ALLAN T., op. cit.). Cette faiblesse des prix des céréales est peut être conjoncturelle. De plus en plus de pays en voie de développement dénoncent ces pratiques de dumping, contraires aux règles de l'OMC, pratiquées par les agriculteurs américains et européens. De plus, si le secteur céréalier du nord de la Chine se dégrade, si les réserves d'eau de l'Ouest américain et canadien continuent de décliner et si une partie des grains est transformée en biocarburant, on risque fort de voir les prix flamber. Resteraient-ils encore abordables pour les pays du Moyen-Orient qui auraient fait le choix de l'eau virtuelle ?

Enfin, opter pour l'eau virtuelle suppose l'augmentation du prix de l'eau afin de décourager les usages agricoles les moins productifs et afin que le défi d'une industrialisation, doublée de la mise en place d'une capacité exportatrice, soit relevé à côté d'activités tel le tourisme. Ce n'est pas le plus petit des défis où nombre de secteurs sont déjà saturés par l'offre.

Cette solution qui est déjà une réalité dans nombre d'Etats du Moyen-Orient gros importateurs de céréales n'apparaît guère souhaitable pour les populations. Il est à craindre que pour toutes les raisons énoncées ci-dessus cette tendance se confirme en espérant que ces Etats puissent dégager les revenus nécessaires.

La tarification de l'eau

La question du prix de l'eau, de sa tarification est souvent posée en termes pressants par de nombreux experts, notamment les spécialistes de la Banque mondiale, dans la logique d'économie libérale du FMI et les auteurs de la nouvelle économie des ressources (NER)[57]. Les partisans de cette thèse voient l'eau comme un bien économique, donc commercialisable et par conséquent soumis aux règles de la rentabilité (CAMDESSUS et al. 2004). Ces derniers se basent sur un principe économique fondamental, toute ressource rare et pour laquelle il existe une demande a un prix.

Les adversaires de cette thèse considèrent l'eau comme un patrimoine mondial de l'humanité et l'accès à cette ressource comme un droit inaliénable (PETRELLA, 1996).

Un *consensus international* en matière de gestion de l'eau fut trouvé lors de la conférence du Programme des Nations Unies pour l'Environnement (PNUE) sur l'eau qui s'est tenue à Dublin en Irlande en 1992. Les principes souvent avancés et sur lesquels il y eut alors accord sont les suivants :

- l'eau est un bien commun;
- l'eau est un bien économique;
- la gestion de l'eau doit être participative et intégrée;
- les femmes jouent un rôle de première importance dans la gestion de l'eau.

Étant donné le caractère général de ces principes ou objectifs, les professionnels de la gestion de l'eau ont formulé des politiques susceptibles d'aider à concrétiser ces principes, notamment les tarifs pour des quantités minimales vitales de l'eau, la conservation de l'eau, la hausse des tarifs, la réutilisation des eaux usées, la privatisation, les marchés de l'eau ainsi que la gestion communautaire de l'eau. Les responsables des politiques croient, en général, avec certaines réserves, que ces pratiques sont valables et qu'elles aideront à promouvoir l'équité. Cette tendance a été confirmée lors du deuxième Forum mondial de l'eau qui s'est tenu à la Haye en mars 2000. La déclaration ministérielle conclusive a proposé un concept de gestion de l'eau global (Integrated Water Ressource Management (IWRM)) et considéré l'eau comme un bien économique.

---

[57] «La nouvelle économie des ressources (ou New Ressource Economics) est un courant formé d'économistes, de politistes et de juristes réunis, pour la plupart, au sein du Centre de recherches PERC (Property and Environment Research Center) de l'Université de Montana (USA), dirigé par Terry Anderson.(….) Les auteurs de ce courant soutiennent l'instauration systématique de droits de propriétés privés pour l'allocation des ressources naturelles renouvelables, au motif d'une plus grande efficience des mécanismes marchands» (PETIT O., 2004).

Si depuis la conférence de Dublin, la dimension économique de l'eau est nettement affirmée, il n'est pas facile de prendre en considération ses multiples facettes. « En effet, l'eau est clairement une ressource, mais cette ressource est multifonctions et multiusages. Elle est aussi un milieu et un produit. Les enjeux la concernant peuvent différer selon qu'on considère des pays développés ou en développement, mais la nature des problèmes économiques posés est fondamentalement la même » (POINT P., 2000).

Au Moyen-Orient, certains pays s'opposent à la vente de l'eau et à la réutilisation des eaux usées. Dans cette région, l'eau est administrée en termes de distribution et non de conservation et d'économie. L'eau, *don de Dieu*, est considérée comme un bien naturel, inépuisable et gratuit. Cependant, le sentiment de disposer d'une ressource abondante n'encourage pas à la modération. A Riyad, en Arabie Saoudite, la consommation de l'eau est de 286 litres par jour et par personne, presque deux fois plus qu'en France. Le prix du mètre cube à Riyad, largement subventionné par l'Etat, est trois fois moins cher qu'à Paris. Sur les rives du Nil, l'irrigation d'un hectare de terre demandait, avant la mise en eau du barrage d'Assouan, entre 4 500 et 5 500 m³ d'eau par an. Depuis que l'eau du réservoir Nasser est disponible, les paysans égyptiens utilisent deux fois plus d'eau pour irriguer les mêmes parcelles de terres.

Bon nombre de spécialistes estiment que le meilleur moyen, dans ces conditions, pour transmettre l'idée de la valeur de l'eau reste encore l'aspect monétaire qui passe soit par la réduction des subventions contreproductives soit par la tarification de la ressource. Comme le signale Frédéric LASSERRE (2003) « Cet outil soulève une forte controverse, car le public effectue souvent un double amalgame : la tarification entraîne la privatisation, la tarification va exclure les plus pauvres ». Fort heureusement, la réalité est plus subtile.

Prendre en considération la valeur de l'eau peut, également, faire surgir d'éventuelles solutions. L'option des échanges intersectoriels peut ouvrir la voie de la coopération. Si les investissements destinés à rationaliser l'usage agricole de l'eau au Moyen-Orient coûtent cher, pourquoi ne pas les faire financer par les industries et les villes ?

Les industries et les villes disporont, ainsi, d'une quantité d'eau suffisante à un coût inférieur à celui des eaux usées traitées ou des eaux déssalées, les agriculteurs verront leur production améliorée et les campagnes ne seront pas désertées.

Entre la privatisation de l'eau, ce qui est inacceptable, et une eau totalement gratuite ou peu chère ce qui est source de gaspillage, il existe une autre voie socialement et économiquement responsable. Une solution économiquement rentable peut aussi comporter une dimension de justice sociale. La tarification de l'eau n'implique pas forcément la vendre à un prix très cher ni la privatiser à de grandes multinationales. La tarification peut permettre de dégager des sommes pour développer des systèmes de recyclage, amener les exploitants agricoles à investir dans des techniques plus économes en eau et planifier des investissements pour conduire l'eau potable à ceux qui en sont privés. COSINE S., (2000) signale qu'à Durban en Afrique du Sud, la municipalité a exigé, dans son contrat avec Vivendi, l'instauration d'un service minimum permettant aux plus pauvres de puiser 6 m³ d'eau par mois par personne (200 litres par jour) gratuitement dans un réservoir à moins de 200 m de chez eux. De fait, c'est la facturation des plus aisés qui permet de financer la construction des infrastructures et d'assurer une eau potable aux plus défavorisés.

Cependant il ne faut pas considérer la tarification comme un remède miracle. Certes, dans le cas de grands projets agricoles, comme dans le désert du Sinaï en Egypte ou comme dans le Sud-Est anatolien en Turquie, elle pourrait devenir un instrument pour introduire une « certaine rationalité économique dans des projets qui tiennent parfois plus des ambitions géopolitiques que de la réelle logique économique » (LASSERRE F., op. cit.).

De plus, la tarification n'est pas sans conséquences politiques. Comme le fait remarquer à juste titre Frédéric LASSERRE le développement « d'un marché strictement financier pour l'eau en Israël n'implique-t-il pas la confiscation, au bénéfice des Israéliens, avec des arguments économiques et non plus militaires, de l'eau de la région, dans la mesure où les fermiers palestiniens n'ont absolument pas les moyens financiers de leurs homologues israéliens ».

La rareté de la ressource, les perspectives d'une réelle pénurie ont conduit quelques Etats de la région à encourager une meilleure gestion de la ressource et à une modification de la politique de tarification. Les mentalités des populations évoluent peu à peu.

5.2 La gestion de l'offre

Des techniques pour accroître le volume d'eau disponible existent : la construction de barrages, de lacs de retenue, de puits, de pompes, de canaux, etc. Or, ces techniques ne sont pas nécessairement les plus simples, ni les moins coûteuses. De plus, elles soulèvent parfois de graves questions politiques.

En règle générale, ce sont les ressources de surface qui sont exploitées en premier. Au fur et à mesure que les nouvelles sources d'approvisionnement en eau de surface deviennent moins accessibles et que les coûts d'exploitation deviennent plus chers, d'autres sources d'alimentation, notamment les eaux souterraines, y compris les eaux fossiles, prennent de l'importance. Au fur et à mesure que l'on se rapproche de la pleine exploitation des ressources en eau douce renouvelables, les méthodes non conventionnelles d'approvisionnement en eau, telles que le traitement des eaux usées, le dessalement et les importations d'eau par transport ou par transfert inter-bassins, peuvent devenir les seules méthodes permettant d'obtenir de nouvelles ressources.

Les eaux usées traitées

Les possibilités d'utilisation pour l'irrigation des eaux usées traitées ont été étudiées en détail dans un rapport publié en 1994, par la Banque mondiale. La conclusion de ce rapport est que le recyclage des eaux usées peut à la fois augmenter l'approvisionnement en eau et avoir d'importants effets écologiques dans la mesure où cette utilisation est soigneusement contrôlée. Le volume total des eaux usées augmente rapidement et, bien que dans la plupart des pays il reste faible par rapport à l'ensemble des ressources renouvelables, dans les pays de la péninsule arabique où l'eau manque, les eaux usées peuvent représenter à long terme la principale source d'approvisionnement en eau pour l'agriculture à fort coefficient d'irrigation.

De grandes superficies en bénéficient déjà dans plusieurs pays - Israël, Jordanie, Arabie saoudite - et d'autres projets pilotes s'étendent largement dans toute la région.

Le coût de l'épuration des eaux usées, selon les indications fournies dans le rapport de la Banque mondiale, se situe entre 0,12 et 0,40 dollar par mètre cube selon les techniques employées, un prix qui se compare favorablement à celui du dessalement.

Le dessalement de l'eau de mer

A ces débuts, le dessalement de l'eau de mer a été perçu comme un luxe que seuls certains pays riches pouvaient s'offrir. Les pays riches en pétrole, notamment les Etats de la péninsule arabique, produisent plus de 50 % de l'eau dessalée au monde.

Les techniques de dessalement consiste à extraire le sel dissous dans l'eau de mer ou saumâtre. Plusieurs procédés existent : les technologies thermiques classiques, la filtration membranaire et l'osmose inverse.

En 2002, 1 % de l'eau potable à travers le monde est produit par dessalement soit une capacité totale de traitement dans le monde de 16 millions de m^3 par jour (GOUBA A., et al., 2007). En 2004, cette capacité a triplé pour atteindre 50 millions de m^3 par jour. Les coûts de dessalement de l'eau de mer ont baissé de plus de 84 % depuis 1978. Les gains de productivité dans la technologie permettent une rapide baisse du coût de revient du mètre cube. La hausse des besoins et les progrès technologiques dans le domaine font du traitement de l'eau de mer un marché en plein développement. Une aubaine pour les cinq acteurs[58] qui dominent le marché mondial.

---

[58] Le marché mondial est dominé par Veolia Water System avec un chiffre d'affaires de 1,135 milliard d'euros, Ondeo Degrémont (Suez) avec un chiffre d'affairesde 854 millions d'euros, Ionics avec un chiffre d'affaires 389 millions d'euros, Pridesa (Iberdrola) avec un chiffre d'affaires de 84 millions d'euros et Cadagua (Ferrovial) avec un chiffre d'affaire de 80 millions d'euros.

Actuellement, la technique la plus utilisée est l'osmose inverse. Depuis 2005, 250 installations de dessalement de l'eau de mer par osmose inverse[59] ont été réalisées dans le monde, uniquement, par la filiale de Suez environnement, Ondeo Degrémont.

Certes, de très nombreuses usines de dessalement sont construites au Moyen-Orient, à la fois parce qu'il y a peu d'alternatives et parce que le coût de l'énergie et la disponibilité des moyens financiers ne sont pas un obstacle pour les pays producteurs de pétrole.

L'eau dessalée peut être distribuée aux consommateurs à des prix compris entre 0,8 et 4,6 dollars le m³, selon la qualité d'eau à dessaler, du type de centrale de dessalement et des économies d'échelle que permet la production.

Les niveaux de prix de l'eau dessalée sont encore loin de la rendre propice à tous les usages : il s'agit vraiment d'une eau à usage domestique ou industriel. Elle ne peut convenir aux usages agricoles car, par exemple, les agriculteurs israéliens ne paient que de 0,12 à 0,16 dollar par m³. De plus, la transporter sur des grandes distances augmenterait son coût. L'eau dessalée convient pour des besoins locaux, dans des régions côtières.

Les adversaires des techniques du dessalement de l'eau de mer estiment que même si ce processus apporte une solution efficace à un problème humain réel, il ne faut néanmoins pas perdre de vue l'impact environnemental engendré par les centrales de dessalement. Les techniciens de leur côté, tout en comprenant les craintes des adversaires de ces techniques, expliquent que les effets environnementaux d'une usine de dessalement sont en général très localisés, 200 à 300 mètres autour de l'usine. Ils ajoutent que ces effets doivent être considérés principalement à travers quatre niveaux afin d'être anticipés au mieux (EINAV, R., et al., 2002) : au niveau de l'occupation du sol, au niveau de l'écosystème marin, au niveau des ressources énergétiques et au niveau de la couche aquifère. Ils affirment que ces effets sont totalement maîtrisés et sans aucun danger sur l'environnement.

Les adversaires du dessalement de l'eau de mer avancent d'autres arguments. Pour eux, construire une usine de dessalement implique des zones côtières à des fins industrielles qui donc ne peuvent pas être utilisées comme réserves naturelles ou zones touristiques. Ils mettent aussi en avant les effets des

---

[59] «L'osmose est un principe naturel. Si deux solutions aqueuses, ayant une concentration saline différente, sont séparées par une membrane, l'eau passe spontanément de la solution la moins concentrée en sel vers la plus concentrée. L'osmose inverse est basée sur le principe opposé. Elle consiste à appliquer à cette eau salée une pression importante, qui nécessite une consommation énergétique élevée, pour la faire passer à travers une membrane. Au terme de l'opération, seules les molécules d'eau traversent la membrane, fournissant ainsi de l'eau douce» (http://www.veoliaeau.com/dossiers/technologies/51402OKM5x96I1VK9m0R.php).
La concentration des sels dissous de l'eau produite par cette technique sera de 30 mg/l contre 35 000 mg/l dans l'eau de mer. Les normes pour les eaux destinées à la consommation humaine sont de 400 mg/l (Le magazine de la chronique scientifique, juillet–août 2005).

saumures, obtenus après dessalement, sur l'environnement. La dissolution partielle de la saumure aboutit à *un désert salé* au niveau de la sortie des canalisations d'évacuation. Cette situation agit directement sur la vie de la flore et de la faune sous marines présentes aux abords de la sortie des canalisations. Ces adversaires rappellent que la construction d'une usine de dessalement est un pôle de consommation d'énergie et de pollution supplémentaires. Dans le cas d'Israël et de la Turquie s'engager dans des projets de construction d'usine de dessalement revient à augmenter leur dépendance énergétique vis-à-vis des Etats producteurs de pétrole et de gaz. Enfin, ils mettent en avant une autre menace qui concerne la couche aquifère. Cette menace s'explique par le risque de fuite ou de reflux de l'eau de mer vers les couches souterraines.

Transport de l'eau par des navires-citernes et des aquatiers

Des navires-citernes modifiés, ou aquatiers, peuvent transporter de grandes quantités d'eau douce sur de longues distances. Cette pratique a déjà été utilisée entre la Turquie et Israël et entre Marseille et la Sardaigne.

Les coûts de transport par navire-citerne sur de longues distances rendent encore cette option peu avantageuse, si on la compare au dessalement.

Quant à la technologie des grands sacs plastiques, elle présente un coût de revient théorique plus avantageux que les aquatiers. Le coût de fabrication des sacs varie entre 125 000 et 275 000 dollars, soit nettement moins qu'un navire, et leur entretien moins coûteux.

Une étude de faisabilité de l'importation de 50 millions de m^3 d'eau par remorquage de grands sacs plastiques entre la Turquie et Israël par mer, a permis d'évaluer les coûts à 0,22 dollar par m^3 Pour l'autre mode de transport, les aquatiers, les coûts ont été évalués à plus de un dollar par m^3.

Mais les sacs d'eau présentent un inconvénient : outre le remorquage, ils ont besoin d'une infrastructure d'accueil, pour le remplissage puis le pompage. Infrastructure d'autant plus spécifique que le volume est imposant. De plus, leur capacité à supporter les contraintes de traversées en haute mer reste à démontrer sur le long terme.

Malgré la nécessité des modèles de gestion de l'eau par la réduction de la demande ou l'augmentation de l'offre, leur mise en œuvre se heurte encore à des obstacles de nature économique, politique sociologique et culturelle.

5.3 Option coopérative

Si l'eau est abondante dans les *régions périphériques* du Moyen-Orient, pourquoi ne pas la transférer vers les *régions du centre* où elle se fait rare ?

Les techniques permettant la mobilisation de très grands volumes d'eau des régions fortement dotées en cette ressource vers d'autres qui en manquent, existent.

Le projet espagnol de dérivation des eaux de l'Ebre prévoit le transport de 2,9 millions de m³ par jour, essentiellement (82 %) vers le sud de l'Espagne, le reste vers la Catalogne.

Les Soviétiques et les Américains ont fait de cette technique un élément central de leur stratégie de mise en valeur de terres agricoles, avec les canaux issus des fleuves Syr et Amou en Asie pour les premiers, avec les multiples canaux du Midwest et de la Côte Ouest pour les seconds.

5.3.1 Méthode d'aide multicritère à la décision pour une gestion de l'eau au Moyen-Orient

Sous le triple choc de la sécheresse, de la pollution, de la croissance démographique et urbaine, l'eau qu'on croyait inépuisable devient un bien rare dans nombre de pays du Moyen-Orient. Toutefois, cette situation n'est pas la conséquence d'une pénurie généralisée, mais plutôt, une question de mauvaise répartition de l'eau entre le centre et la périphérie.

Face aux faiblesses des différents modèles macroéconomiques, la mise en œuvre de chantiers hydrauliques permettant le transfert de l'eau des régions les plus dotées de cette ressource vers celles qui le sont moins, s'impose.

Au Moyen-Orient, des projets qui préconisent la réduction des tensions autour de l'eau par l'importation de cette ressource existent. Même si aucun accord n'est intervenu entre les Etats de la région, rien ne peut justifier leur abandon.

Durant ces trente dernières années, plusieurs projets de transfert inter-bassins ont vu le jour au Moyen-Orient. Nous n'avons retenu que ceux qui sont en conformité avec le droit international à savoir : pipeline Euphrate-Jordanie, pipeline de la paix, mini-pipeline de la paix, mini-mini-pipeline de la paix et le canal de la paix de Sadate.

5.3.1.1 Méthodologie

Pour pouvoir comparer ces différents projets et déterminer le plus optimal parmi eux, nous avons utilisé la méthode PROMETHEE. Pour ce faire, nous avons fixé un certain nombre de critères et associé un poids ainsi qu'un critère généralisé à chaque critère.

Sept critères d'évaluation ont été pris en considérations : la quantité d'eau en millions de m³, le coût total en milliards de dollars, le prix de revient en dollars, l'implication sociale du projet, évaluée sur une échelle de **1** à **10**, les effets du projet sur l'environnement, évalués sur une échelle de **0** à **5**, la faisabilité politique du projet, évaluée de **0** à **1** et les implications du projet pour la coopération régionale, évaluées sur une échelle de **1** à **10**.

Pour le calcul de la faisabilité politique, nous avons adapté « The Political Accounting System (PAS) » (COPLIN et al., 1972), connu aussi sous le nom du système de PRINCE, à la réalité hydropolitique régionale.

Certains critères sont à maximiser (la quantité d'eau à transporter, l'implication sociale du projet, la faisabilité politique du projet et les effets du projet pour la coopération) d'autres à minimiser (le coût total du projet, le prix de revient et l'effet du projet sur l'environnement).

Un poids, souvent de façon subjective, est attribué à chaque critère. Plus un critère a de l'importance aux yeux du décideur, plus son poids est élevé. Nous attribuons un poids de : **25 %** pour la quantité d'eau, **10 %** pour le coût total, **10 %** pour le prix de revient, **10 %** pour l'implication sociale, **5 %** pour l'effet sur l'environnement, **30 %** pour la faisabilité politique et **10 %** pour l'implication du projet pour la coopération.

« Un critère généralisé » est associé aussi à chaque critère. Il permet de fixer le seuil de préférence et le seuil d'indifférence[60]. Ces seuils ne sont pas des valeurs expérimentales, mais, quand même subjectives. Donc, le choix des critères généralisés est délicat et nécessite une réflexion attentive.

Pour la quantité d'eau à transporter, on estime que si un projet peut transporter plus, il est préférable. Cette préférence est croissante jusqu'à ce qu'un seuil de **25 %** soit atteint. Au-delà de ce seuil, la préférence devient stricte ($p = 25\%$).

Pour le coût total nécessaire à la mise en œuvre du projet, on estime que 5 % de plus ou de moins conduit à une indifférence, et que au-delà de ce seuil, il y a préférence stricte pour le projet le moins cher ($q = 5\%$).

Pour le prix de revient d'un mètre cube d'eau, on estime que si un projet peut transporter une eau moins chère, il est préférable. Cette préférence est croissante jusqu'à ce qu'un seuil de **15 %** soit atteint. Au-delà de ce seuil, la préférence devient stricte ($p = 15\%$).

Pour l'implication sociale et les effets environnementaux du projet, on estime qu'une plage d'indifférence doit être considérée. Pour l'implication sociale nous avons choisi ($p = 1,5$ et $q = 1$) et pour les effets environnementaux nous avons pris ($p = 0,75$ et $q = 1$).

Pour la faisabilité politique, on estime que si un projet possède une faisabilité politique élevée, il est préférable. Cette préférence est croissante

---

[60] «Le seuil d'indifférence (q) est la valeur en dessous de laquelle deux projets résultent équivalents. Le seuil de préférence (p) définit la limite inférieure de la zone où existe des raisons claires qui justifient une préférence stricte d'un projet par rapport à l'autre quant au critère de dispute» (ROY, B., 1985).

jusqu'à qu'un seuil de **5 %** soit atteint. Au-delà de ce seuil, la préférence devient stricte (**p = 5 %**).

Avant de procéder à l'analyse multicritère par PROMETHEE, nous essayerons de compléter notre tableau d'évaluation (Tableau 5.2). Pour ce faire, nous exposerons les différentes caractéristiques de chaque projet.

Le pipeline Euphrate-Jordanie

Ce projet, proposé par la société Sir Hamilton Gibb, consiste à établir un pipeline entre le fleuve Euphrate situé en Irak et la capitale jordanienne, Amman.

L'idée originale est basée sur l'existence d'un pipeline pétrolier, propriété de la TAP Petroleum. Ce pipeline, long de 610 km, devrait transporter environ 160 millions de m³ d'eau par an, son prix a été estimé à 1,8 milliard de dollars et sa faisabilité politique est de 0,39.

Le pipeline de la paix

L'idée du pipeline de la paix avait été lancée en 1987 par Turgut Özal, ancien Premier ministre turc. Deux énormes canalisations de 3 900 et 2 650 km partiraient du sud de la Turquie. L'une, vers l'est, alimenterait le Koweït, les Emirats Arabes Unis et Oman ; l'autre vers l'ouest, aboutirait dans les villes saintes de Médine et de la Mecque après avoir au passage arrosé quelques villes israéliennes et quelques villes arabes : Alep, Damas, Amman. L'eau serait pompée dans le surplus des fleuves Ceyhan et Seyhan.

Chargée d'étudier la faisabilité du projet en 1990, la société américaine Brown and Root avait conclu à la parfaite faisabilité du projet, à condition d'y consacrer de 8 à 10 ans de travaux et d'y injecter 21 milliards de dollars. La longueur approximative du pipeline de la paix serait de 5 000 km, la quantité d'eau transportée serait de 3,5 milliards de mètres cubes par an et la faisabilité politique est de 0,52.

Les premiers contacts diplomatiques, pris en 1988, avaient révélé tout de suite la réticence des pays du Golfe de se placer en situation de dépendance pour une ressource aussi stratégique que l'eau.

La guerre du Golfe de janvier 1991 n'a fait qu'aggraver la crainte de certains pays de la région. En revanche, la menace qu'a fait peser la marée noire sur les usines de dessalement de l'eau de mer saoudiennes a modifié le jugement de ces derniers. Les Saoudiens qui, auparavant, avaient été hostiles au projet, de peur de se trouver un jour à la merci de la Turquie, semblent aujourd'hui voir le pipeline de la paix d'un bon œil.

Le mini-pipeline de la paix

Ce projet est une version réduite du pipeline de la paix. Il a été proposé par le professeur John Kolars (1994) à un séminaire de la Banque mondiale sur la gestion de l'eau au Moyen-Orient. Ce pipeline qui représente une faisabilité politique de 0,89, transporterait 600 millions de m^3 d'eau par an vers la Syrie et la Jordanie et coûterait à peu près 5 milliards de dollars. La Syrie et la Jordanie seraient les premiers bénéficiaires. Toutefois, un effet domino permettant de lever la pression sur le fleuve Yarmouk peut se produire. Cet effet rendrait l'eau disponible pour les Palestiniens et les Israéliens.

Le mini-mini-pipeline de la paix

Ce projet a été proposé par Hillel Shuval comme un affinage de l'idée du mini-pipeline de la paix de John Kolars. Le mini-mini-pipeline de la paix fournirait de l'eau pour la ville de Damas et ses environs. En alimentant la capitale syrienne par ce pipeline, le professeur Hillel Shuval espère que le régime de Damas lèvera la pression sur le fleuve Yarmouk. Ce pipeline, qui ne traverserait qu'une seule frontière et dont la faisabilité politique est estimée à 0,90, serait en mesure de transporter 500 millions de m^3 et coûterait 3,2 milliards de dollars.

Le canal de la paix de Sadate

Ce projet, rendu public par la parution dans la presse égyptienne (Al Ahram, 23 mai 1980) d'une correspondance entre l'ancien Président égyptien, Al-Nouar Sadate, et l'ancien Premier ministre israélien, Menahem Begin, a focalisé l'attention publique en Egypte. L'opinion publique égyptienne refusait toute tentative d'acheminer l'eau du Nil en Israël et considèrait un tel transfert comme anticonstitutionnel.

L'assassinat du Président Sadate a enterré le projet de vente de l'eau du Nil à l'Etat Hébreu. Mais l'Egypte a entrepris néanmoins de creuser un canal, sur le tracé originel de celui du canal de la paix, en le destinant uniquement à l'irrigation du Haut-Sinaï. C'est sur ce canal que les chercheurs israéliens (KALLY E., 1991) ont basé leurs travaux, estimant qu'il pourrait, techniquement du moins, aller au delà d'el-Arish, sa destination finale, pour s'ouvrir sur Gaza, le Néguev et continuer en Israël même. Malgré cet échec, le projet de détournement des eaux du Nil semble rester à l'ordre du jour israélien. Ce canal qui représente une faisabilité politique de 0,73, transporterait 700 millions de m^3 d'eau par an et coûterait 1,9 milliard de dollars.

Les données et les évaluations relatives aux différents projets sont reprises dans le tableau 5.2.

Tableau 5.2: Données et évaluations relatives aux différents projets du transfert inter-bassins

	Critère d'évaluation technique	Critères d'évaluation financière		Critères d'évaluation sociale	Critères d'évaluation environnementale	Critères d'évaluation politique	
Seuils	Quantité d'eau (millions de m³) $p = 25\%$	Coût total du projet (milliards de $) $q = 5\%$	Prix de revient du m³ d'eau (en $) $p = 15\%$	$p = 1,5$ et $q = 1$	$p = 0,75$ et $q = 1$	Faisabilité politique du projet $p = 5\%$	Implication du projet sur le plan de la coopération régionale $p = 1$
Poids	25 %	10 %	10 %	10 %	5 %	30 %	10 %
Pipeline Euphrate - Jordanie	160	1,8	0,42	1	0,5	0,39	1
Pipeline de la paix	3 500	21	1,35	8	3	0,52	9
Mini pipeline de la paix	600	5	0,57	3	1	0,89	1,5
Mini - mini pipeline de la paix	500	3,2	0,48	2	0,5	0,90	1
Canal de la paix de Sadate	700	1,9	0,38	3	0,5	0,73	4

5.3.1.2 L'analyse de PROMETHEE

Nous pouvons voir immédiatement que le canal de paix de Sadate arrive en tête de classement. De plus, ce classement partiel met en évidence trois projets incomparables[61] : le pipeline de la paix, le mini-pipeline de la paix et le mini-mini-pipeline de la paix. Prenons à titre d'exemple le pipeline de la paix et le mini-pipeline de la paix.

En regardant le tableau d'évaluation, il apparaît que le pipeline de paix est un grand projet, très coûteux, avec des effets sur l'environnement très élevés, une faisabilité politique très faible, un impact social intéressant, et un effet très élevé sur la coopération. En revanche, le mini-pipeline de la paix est un petit projet, moins coûteux, avec une implication social moyenne, faible implication en termes de coopération, très peu d'effets négatifs sur l'environnement et une faisabilité politique élevée par rapport au pipeline de la paix

Le classement partiel PROMETHEE I (Voir la figure 5.1) ne permet pas de comparer les projets conflictuels. Toutefois, PROMETHEE II fournit un classement total.

Figure 5. 1: Classement partiel PROMETHEE I

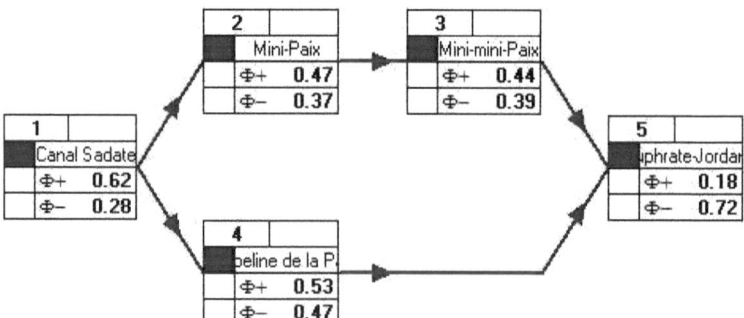

---

[61] «L'incomparabilité est une relation entre deux projets, pour lesquels il n'est pas possible de dire que ces projets sont différents ou que l'un est préféré à l'autre. Une autre manière de définir cette relation consiste à dire que les critères sont en conflit: certains sont clairement en faveur du projet a, alors que d'autres le sont en faveur du projet b» (PICTET et al., 2001).

Figure 5. 2: Classement complet PROMETHEE II

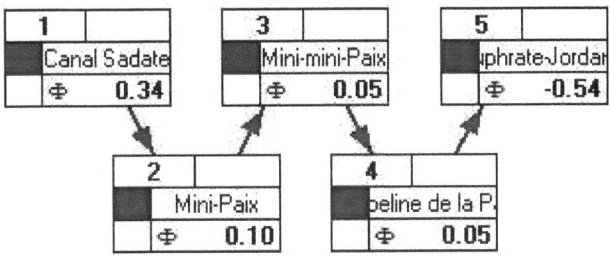

La figure 5.2 présente le classement complet fournit par PROMETHEE II. Dans ce classement, nous remarquons que les petits projets avec une faisabilité politique très importante sont situés en début de classement, tandis que ceux dont la faisabilité politique est faible, se retrouvent en fin de classement.

Si nous avons à choisir un seul projet, nous serons évidemment amenés à choisir le canal de paix de Sadate. Il ne s'agit pas ici d'une problématique de choix traditionnelle. Pour répondre à la pénurie d'eau qui sévit dans les Etats du centre du Moyen-Orient, nous pensons que le canal Sadate qui transportera l'eau vers Gaza et le Néguev, sera incapable de relever le défi.

Dans ce cas, en effet, nous serons amenés à choisir aussi le mini-pipeline de la paix et le mini-mini-pipeline de la paix qui se classent respectivement en deuxième et troisième position. Ce choix permettra de faire face à la pénurie qui frappe des Etats engagés dans un processus de paix fragile à savoir : Israël, la Jordanie, l'Autorité nationale palestinienne, voire la Syrie.

Ces trois projets présentent des atouts non négligeables: des faisabilités politiques très élevées, des coûts de réalisation évalués à moins de la moitié que ceux nécessaires à la mise en œuvre du pipeline de la paix et leur durée de travaux ne dépassera pas deux ans alors que celle prévue pour le pipeline de la paix est estimée à 10 ans.

Cette Communauté d'eau voire d'énergie posera, peut être, les premiers jalons d'une coopération régionale comme ce fut le cas pour la Communauté du charbon et de l'acier.

Conclusion

La situation actuelle de l'eau au Moyen-Orient est lourde de menaces, source d'inquiétudes et obstacle à la coopération. La rareté de cette ressource dans certains Etats de la région est réelle, même si elle côtoie souvent le gaspillage et l'utilisation inconsidérée. Dans un contexte où la mobilisation de ressources nouvelles est incertaine, cette rareté ne fera que s'aggraver avec l'accroissement démographique, l'urbanisation, la pollution.

En 2025, à l'exception de la Turquie et de l'Irak, les pays du Moyen-Orient se trouveront tous en dessous du seuil de pénurie fixé par l'OMS à 1 000 m³ par habitant et par an.

Certes, la question de l'eau peut être un obstacle majeur à la paix et à la coopération régionale, comme dans le cas de la question du Jourdain, du Nil ou du Tigre-Euphrate.

Seul le triomphe de la volonté de paix et de coopération autour d'une ressource rare, peut faire face aux futures pénuries qui menacent la région.

L'accroissement de la quantité d'eau disponible est une condition nécessaire mais pas suffisante. Un potentiel pour une meilleure gestion de la ressource existante se trouve à la portée des gestionnaires et des décideurs politiques. Mais il faut mobiliser ce potentiel grâce à la négociation entre les différents Etats riverains et à l'arbitrage politique de la communauté internationale. Ce qui nous fait dire que la question de l'eau au Moyen-Orient est, avant tout, une question politique.

« Vous en savez déjà suffisamment. Moi aussi. Ce ne sont pas les informations qui nous font défaut. Ce qui nous manque, c'est le courage de comprendre ce que nous savons et d'en tirer les conséquences».

Sven LINDQVIST (PNUD 2007 / 2008)

CONCLUSION GENERALE

Beaucoup a été dit et écrit au sujet des futures guerres de l'eau au Moyen-Orient annoncées pour le XXIe siècle. Longtemps ignorée, la question du partage de l'eau a pris durant les années 1990 le devant de la scène avec des déclarations politiques et de nombreux ouvrages et articles publiés sur la question, en général assez alarmistes. Tout le monde s'accorde sur le fait que le Moyen-Orient est la région du monde où la disponibilité en eau par habitant est la plus faible. Tout comme tout le monde s'accorde à dire que les pressions croissantes sur la ressource, renforcées par la pollution, la croissance urbaine, l'augmentation de la population et les pressions que cette dernière exerce sur l'agriculture irriguée, dans un contexte de sécheresse prolongée, conduiront le Moyen-Orient, dont les Etats affichent déjà des signes de tension croissante, à s'affronter pour régler des différends sur le partage d'une ressource vitale.

Aux partisans de la guerre de l'eau répondent ceux, pour qui l'absence des guerres de l'eau entre Etats dans le passé est gage de leur caractère improbable dans le futur. Pour Aaron WOLF (2002) un pourfendeur de la guerre de l'eau : il n'y a jamais eu de guerre de l'eau depuis 4 500 ans, il y a donc peu de chances qu'il y en ait une prochainement. Cet argument historique nous laisse perplexe. Si dans le passé peu de guerres ont éclaté à cause de conflits sur l'eau, nous estimons que ce n'est pas un gage pour le futur.

Dans cette recherche nous avons établi dans le premier chapitre, à travers une réappréciation de la géopolitique régionale, une relecture de la carte politique du Moyen-Orient et une lecture prudente des données hydrologiques, que la guerre de l'eau n'aura pas lieu. La démonstration s'est appuyée dans un premier temps sur la simple analyse quantitative des données hydrologiques relatives à chaque Etat. L'évaluation des ressources en eau peut se faire à partir de multiples approches. La plus simple consiste à rapporter la totalité des volumes disponibles dans une aire donnée – État ou bassin fluvial – à la population, soit le ratio ressource/habitant tous usages confondus. Selon les normes internationales, au demeurant contestables, les situations de pénurie se font sentir à partir d'une dotation de 1 000 m³/hab/an et en dessous de 500 m³/hab/an s'instaurent des situations critiques. Si on prend la disponibilité hydraulique totale des différents pays du Moyen-Orient, visés par l'étude, et qu'on la divise ensuite par l'ensemble de la population, on arrive à une disponibilité hydraulique moyenne de 2 787 m³/hab/an. Ce chiffre est largement supérieur à celui considéré par l'OMS comme nécessaire pour un développement stable et durable. Cette analyse quantitative a ensuite été renforcée par la modélisation de la relation entre la guerre de l'eau et le pouvoir global des riverains des différents bassins du Moyen-Orient. Grâce à l'adaptation de la « Power Matrix Model » (FREY and NAFF, 1985) au contexte géopolitique régional, nous avons expliqué la faible probabilité d'une future guerre au Moyen-Orient autour de l'eau.

Même si la question du partage des ressources en eau du Jourdain et des nappes phréatiques des Territoires occupés par Israël est au cœur du conflit israélo-arabe, l'Etat hébreu qui contrôle depuis 1967 l'ensemble des sources du haut Jourdain ne peut pas, dans le contexte géopolitique régional et international actuel, se permettre d'occuper les sources du Yarmouk qui échappent à son contrôle. Les Syriens, quant à eux, n'ont pas les moyens militaires et financiers pour affronter Israël et récupérer le Golan.

Le projet turc de développement de l'Anatolie suscite beaucoup d'inquiétude chez les voisins de l'aval. Cependant, ni la Syrie et encore moins l'Irak n'ont les moyens de déclencher une guerre pour empêcher la réalisation de ce projet et imposer un partage des ressources du Tigre et de l'Euphrate. De son côté, la Turquie, pays de l'amont des deux fleuves, n'a aucun intérêt à occuper l'aval puisqu'elle dispose des moyens militaires pour se protéger contre toutes agressions. De plus, la Turquie dispose des moyens financiers et matériels pour mener à terme ses projets hydrauliques.

La dépendance extrême de l'Egypte envers les eaux du Nil conduit Le Caire à user de son poids diplomatique pour faire pression sur les autres pays riverains afin de maintenir le statu quo du partage des ressources en eau du bassin versant, mais les tensions demeurent vives avec le Soudan et l'Ethiopie. L'Egypte ne peut pas se permettre d'intervenir directement sur les sources du fleuve. Une telle opération est politiquement et militairement inconcevable. La situation politique, militaire et financière du Soudan ne lui permet pas de déclarer une guerre à l'Egypte. De son côté, l'Ethiopie ne peut pas engager de façon unilatérale la construction de barrages sur le Nil bleu sans provoquer la colère des responsables égyptiens.

Cependant, si on considère des conflits locaux, ceux du Sud-Soudan et du Kurdistan turc, comme des guerres de l'eau, alors, on peut dire en effet que nous vivons depuis plusieurs années une guerre de l'eau. Par contre, si on entend par guerre de l'eau, une guerre dont la seule et unique cause serait l'eau, « nous ne pouvons lui trouver d'acteurs et encore moins de terrain physique et politique favorable » (AYEB, H., 1998).

Ces conclusions peuvent être étendues au débat général sur la relation entre l'eau et l'émergence de conflits. Il apparaît clairement que le partage de la ressource hydrique aggrave les conflits d'intérêts entre les Etats riverains, sans être la cause directe de l'émergence de conflits militaires.

En guise de conclusion au premier chapitre, nous pouvons avancer que les liens établis entre l'eau, le pouvoir global et la probabilité de déclenchement d'un conflit offrent une réponse pertinente aux questions conceptuelles qui auront guidé notre démarche.

Nous avons expliqué comment l'eau est devenue et demeure un enjeu de géopolitique régionale incontournable. Et comment le partage de cette ressource vitale est devenu un élément majeur dans la définition des politiques de sécurité des pays de la région. Certes, le droit international de l'eau qui vise à permettre un partage équitable et raisonnable pour chaque Etat riverain d'un cours d'eau international ne suffit pas en lui-même pour atteindre cet objectif puisque tout accord sur le partage d'eaux internationales requiert au préalable une entente, voire même un climat de confiance. Nous restons convaincus, contrairement aux nombreux auteurs qui considèrent la paix comme une condition préalable à la mise en œuvre de la législation internationale, que le droit international est un facteur de paix. En effet, pour nous, les traités et conventions internationaux permettent qu'une habitude de négociation s'installe entre les pays qui tentent de résoudre un conflit par le biais d'un encadrement juridique international. L'objet de cette approche n'est pas de contester la vision selon laquelle la paix est nécessaire pour une véritable mise en œuvre du droit international. Nous essayons de présenter le droit international comme un facteur incitatif pour l'entrée en négociation. La négociation est indispensable à la réussite d'un processus de paix. La négociation est facilitée lorsque cette dernière se réfère à des normes entérinées par la communauté internationale. Le droit international de l'eau consacré en 1997 par l'adoption de la Convention de New York peut aider en ce sens.

En cas de conflit entre deux ou plusieurs pays, s'entendre sur le thème de la répartition des eaux transfrontalières est essentiel et peut les inciter à s'asseoir à la table de négociation, et ainsi traiter d'autres thématiques. En nous inspirant de l'article 6 de la Convention de New York, nous avons proposé un modèle de répartition des eaux entre les différents Etats riverains d'un cours d'eau international pour apporter notre contribution à l'édifice de la paix au Moyen-Orient.

Sans verser dans un pessimisme démesuré, nous avons démontré dans le chapitre cinq de cette thèse que le partage de l'eau au Moyen-Orient est une question politique dont la gestion comprend de multiples dimensions et dont la complexité ne se laisse pas réduire à des solutions technicistes (modèles de gestion unilatérale), présentées comme définitives. A l'encontre de ces modèles de gestion unilatérale, nous avons proposé un modèle coopératif, projets de transfert inter-bassins, pour réanimer le débat et mettre en avant les forces et les faiblesses des différents projets. Proposés par les hommes politiques de la région et par des ingénieurs, ils permettent de ramener l'eau de la périphérie du Moyen-Orient, riche en eau, vers son centre, riche en pétrole. La mise en commun de ces richesses peut créer une interdépendance entre ces différents Etats.

La paix en Europe fut acquise au fur et à mesure du renforcement de l'intégration et de la coopération économique entre les pays au sein de l'Union Européenne. La réalisation des projets de transfert inter-bassins permettrait l'émergence d'une coopération bidimensionnelle (eau, pétrole) entre les différents pays de la région et installerait les fondations d'une Communauté de l'eau et de l'énergie au Moyen-Orient (CEEMO). Dans un monde qui tend vers l'ouverture des frontières économiques et culturelles au nom de la mondialisation, il ne s'agit pas moins que de mettre en avant un partenariat régional et global.

Notre thèse pourrait servir les besoins des décideurs politiques, des technocrates, du secteur privé et de la communauté académique, au Moyen-Orient comme ailleurs, et ses résultats permettraient d'affirmer ou non la validité de cette recherche sur un plan plus général que celui du seul Moyen-Orient.

Les résultats de notre recherche et de notre thèse plaident en faveur du développement d'un Centre transdisciplinaire de recherche sur la prévention et la gestion des conflits autour de l'eau.

Au-delà des missions de recherches fondamentales, un tel Centre pourrait contribuer efficacement à la compréhension et au dénouement des situations hydriques conflictuelles. Il s'occuperait de collecter, analyser et coordonner les données principales, nécessaires pour une bonne recherche empirique. Il identifierait les indicateurs et les régions d'un éventuel conflit. Enfin, le Centre se chargerait de former les hydrogestionnaires de demain à une approche multidisciplinaire qui s'inscrit dans une logique de développement durable.

Un tel Centre permettrait également d'établir des ponts entre les chercheurs des différentes universités à travers le monde pour échanger les informations et améliorer la collaboration.

Etant le premier en Belgique, un tel Centre pourrait se donner comme objectif de coordonner les efforts d'autres universités du pays tout en établissant des liens solides avec les autres universités étrangères qui se sont spécialisées dans le domaine.

LISTE DES ABREVIATIONS

ACDI: Agence Canadienne pour le Développement International
BIRD: Banque Internationale de Reconstruction et de Développement
BRGM: Bureau Français de Recherches Géographiques et Minières
CDI : Commission du Droit international
CEEMO: Communauté de l'Eau et de l'Energie au Moyen Orient
CSIS: Center for Stratégique and International Studies
ENSAP: Eastern Subsidiary Action Program
FAO: Food and Agriculture Organisation
GAP : Great Anatolian Project
IBN: Initiative du Bassin du Nil
IDH: Indicateur du Développement Humain
IDI: Institut du Droit International
JVA: Jordan Valley Authority
JWC: Joint Water Commission
NESAP: Nile Equatorial Lakes Region Subsidiary Action Program
OMS: Organisation Mondiale de la Santé
PAS: Political Accounting system
PJTC: Permanent Joint Technical Commission
PNUD: Programme des Nations Unies pour le développement
PWAM: PROMETHEE Water Allocation Model
SAP: Subsidiary Action Program
SVP: Shared Vision Program
TECCONILE: Technical Co-operation Commission for Promotion and Development of the Nile
TFDD: Transboundary Freshwater Dispute Database

BIBLIOGRAPHIE

ABD AL-TAWAB, A. (1988), *Le Nil et l'avenir*, Centre de traduction et de publication d'Al – Ahram, Le Caire. (en arabe)
ABDELHADI, A. W., HATA, T. et HUSSEIN, A. (2002), *Promotion of participatory water management in the Gezira scheme in Sudan*, FAO-ICID, Montréal.
ABU AMIR, (2004), *Le conflit hydraulique en Palestine entre histoire et réalité*, BAHETH FOR STUDIES, Beyrouth. (en arabe)
AÏDA ALI, S. D. (1998), *Le Soudan et le Nil*, Ed. Dar al Afak al Jadida, Beyrouth. (en arabe)
ALAM, U., APPELGREN, B. et KLOHN, W. (2000), *Water and agriculture in the Nile basin*, AGL/MISC/29/2000, FAO, Rome.
AL ASHRAM, M. (2001), *Les économies de l'eau dans le Monde et le Monde arabe*, Centre des études de l'Unité arabe, Beyrouth (en arabe).
AL BAZRI, A. (1984), *Israël et les eaux arabes*, Dar al-Hakaik, Beyrouth. (en arabe)
AL BILBASI, M. et BANI HANI, M. (1990), *La ressource hydraulique et son utilisation en Jordanie*, Université de Jordanie, Amman.
AL IMAM, H. (2006), *Le Nil : l'avenir et les croisés du chemin*, Dar al Jamiaa al Jadida, Alexandrie. (en arabe)
AL KOUBLAN, M. (1998), Crise de l'eau dans le monde arabe, Dar al Moltaka, Beyrouth. (en arabe)
ALLAN, J. A. (1999), The Nile Basin : *Envolving approaches to Nile waters management*, Occasional Paper 20, SOAS Water Issue Group, University of London, London.
ALLAN, J. A. (2001), *The Middle East water question*, I. B. Tauris Publishers, London – New York.
AL MAWID, H. S. (1990), *La guerre de l'eau au Moyen – Orient*, Eds. Knaan, Damas. (en arabe).
AL RAB, H. J. (2005), *La géographie de l'Afrique et le bassin du Nil*, Dar al Ouloum, Le Caire. (en arabe)
AL SABAWI, O. A. (1997), *Israël et les projets hydrauliques turcs*, Markaz Al Imarat li Al Dirassat wa al Bohouth al Istratigia, Abu Dabi. (en arabe)
AL TAMIMI, A. (1992), L'eau et son rôle dans l'élaboration de la paix au Proche-Orient, *Maghreb – Machrek*, N° 138, 44-47.
AL TAMIMI, A. (1999), *Les eaux arabes: défis et attentes*, Markaz Dirassat al Wahda al Arabia, Beyrouth. (en arabe)
AMERY, H. (2000), and WOLF, A., *Water in the Middle East: A Geography of Peace*, The University of Texas Press, Austin.
ARAD, A. et MICHAELI, A. (1967), Hydrological Investigation in the Western Catchment of the Dead Sea, *Israel Journal of Earth Sciences,* 16, 181-196.

ARSANO, Y. et TAMRAT, I. (2005), Ethiopia and the Eastern Nile Basin, *Aquatic Sciences*, 67, 15-27.
ASIT, K. B., KOLARS, J., MASAHIRO, M., WATERBURY J., and WOLF A. (1997), *Core and periphery: a comprehensive approach to Middle Eastern water*, Oxford University Press.
ASSOULINE, J. et S. (2007), Géopolitique de l'eau: nature et enjeux, Ed. Studyrama perspectives, Levallois-Perret.
ATTUR, I. et PIKE, J. (1996), *Ressources hydrauliques en Jordanie*, Central Water Authority, Amman. (en arabe)
AWARTANI, H. (1991), *Les puits artésiens dans les Territoires occupés Palestinians: réalités et ambitions*, Al Najah National University, Naplouse. (en arabe).
AYEB, H. (1998), *L'eau au Proche – Orient : la guerre n'aura pas lieu*, Eds. KARTHALA – CEDEJ, Paris – Le Caire.
AYMAN, O. (2004), *L'eau arabe et les convoitises israéliennes*, Librairie Assaih, Tripoli (Liban). (en arabe)
BAGIS, A. H. (1997), Turkey's hydropolitics of the Euphrates-Tigris Basin, *Water Resources Development*, Vol. 13, N° 4, 567-581.
BAKER, M., BETHEMONT, J., COMMERE, R. et VANT, A. (1980), *L'Egypte et le barrage d'Assouan: de l'impact à la valorisation*, Presses de l'Université, Saint Etienne.
BAKIR, A. et HADDAD, M. (1998), An Evaluation of Public Concerns About Water Management in the Palestinian Territory Pre, During, and Post the National Uprising, *Water Resources Management*, 12, 359-374.
BALBAA, A. M. M. (2006), *Le Nil*, Ed. Bostan al Maarifa, Alexandrie. (en arabe)
Banque mondiale (1995), *Une stratégie pour la gestion de l'eau au Moyen – Orient et en Afrique du Nord*, Banque Mondiale, Washington.
BARBERIS, J. (1991), The Development of International Law of Transboudary Groundwater, *Natural Resources Journal*, 31, 167-186.
BARLOW, M. et CLARKE, T. (2002), *L'or bleu, l'eau, le grand enjeu du XXIe siècle*, Ed. Fayard, Paris.
BAR-ON, M. (1996), Conquering the Wasteland: Zionist Perceptions of the Arab-Israeli Conflict, *Palestine-Israel*, 3, 13-23.
BAR-OR, Y. (2000), Restoration of the rivers in Israel's coastal plain, *Water, Air, and Soil Pollution*, 123, 311-321.
BASHEER, N. (1990), Water resources in the history of the Palestine – Israel conflict, *Geojournal*, 21, N° 4, 317-323.
BEAUMONT, P. (1978), The Euphrates River – an Inernational problem of water resources development, *Environmental Conservation*, Vol. 5, 30-42.
BESCHORNER, N. (1992), Le rôle de l'eau dans la politique régionale de la Turquie, *Maghreb / Machrek*, N° 138.

BELANGER, M. (1977), L'utilisation des eaux des fleuves internationaux à des fins agricoles, *Revue Générale de Droit International Public*, Vol. 1, 403-404.

BELLISARI, A. (1994), Public Health and Water Crisis in the Occupied Palestinian Territories, *Journal of Palestine Studies*, 23, N° 2, 52-63.

BENVENISTI, E. et GVIRTZMAN, H. (1993), Harnessing International Law to Determine Israeli-Palestinian Water Rights, *Natural Resources Journal*, 33, 543-566.

BENVENISTI, E. (2003), Water Conflicts during the Occupation of Iraq, *The American Journal of International Law*, Vol. 97, N° 4, 860-872.

BERMAN, L. et WITHBEY, P. M. (1999), The New Water Politics of The Middle East, *Strategic Review*, Vol. 27, 1999, 45-52.

BESCHORNER, N. (1992), Le rôle de l'eau dans la politique régionale de la Turquie, *Maghreb – Machrek*, N° 138, 48-63.

BETHEMONT, J. (1999), L'eau, le pouvoir, la violence dans le monde méditerranéen, *Hérodote*, N° 103, 175-200.

BETHEMONT, J. (2003), Le Nil, l'Egypte et les autres, *Vertigo*, Vol. 4, N° 3, 51-58.

BISAWAS, A. K., KOLARS, J., MURAKAMI, M., WATERBURY, J. et WOLF, A. (1997), *Core and periphery: a comprehensive approach to Middle Eastern water*, Oxford University Press, Oxford.

BLAN, P., CHAGNOLLAUD, J-P. et SOUIAH, S-A (2007), *Palestine la dépossession d'un territoire*, L'Harmattan, Paris.

BOCKEL, A. (2000), Le pari perdu d'Oslo : le règlement du conflit israélo-palestinien dans l'impasse, *Annuaire français de droit international*, Vol. 43, 184-198.

BOULEAU, G. (2003), *Comment bâtir une prospective commune pour la gestion d'un fleuve transfrontalier ? L'exemple de l'Escaut*, Vertigo, Vol. 4, N° 3, 39-50.

BOULET, A. (2001), *L'Egypte et le Nil : pour une nouvelle lecture de la question de l'eau*, Eds. L'Harmattan, Paris.

BRANS, J. P. et VINCKE, P. (1985), A preference ranking organisation method : The PROMETHEE method for MCDM, *Management Science*, 31, 6, 647-656.

BRANS, J. P. et MARESCHAL, B. (2002), *Prométhée – Gaia : une méthodologie d'aide à la décision en présence de critères multiples*, Eds. De l'Université de Bruxelles-Eds. Ellipses, Bruxelles – Paris.

BROOKS, D. B. and LONERGAN, C. S. (1994), *Watershed : the role of fresh water in the Israeli – Palestinian conflict*, International Development Research Center, Ottawa – Cairo –Dakar – Johannesburg – Monteviedo – Nairobi – New Delhi-Singapore.

B'TSELEM (2000), Thirsty *for a Solution: The Water Crisis in the Occupied Territories and its Resolution in the Final-Status Agreement*, The Israeli Information Center for Human Rights in the Occupied Territories, Jerusalem.

B'TSELEM (2006), Under the Guise of Security: *Routing the Separation Barrier to Enable the Expansion of Israeli Settlements in the West Bank*, The Israeli Information Center for Human Rights in the Occupied Territories, Jerusalem.

BULLOCH, J. and DARWISH, A. (1996), *Water wars in the Middle East*, GOLLANCZ Publishers, London.

BURETTE, P. (1991), Genèse d'un droit fluvial international general. Utilisation à des fins autres que la navigation, *Revue générale de droit international public,* N° 95.

BYRON, W. (Sous la direction), (1982), *The causes of World Hunger*, Paulist Press. Mahwah.

CAFLISCH, L. (1989), Règles générales du droit des cours d'eau internationaux, *Recueil des Cours de l'Académie de Droit International de la Haye VII*. p. 37.

CAFLISCH, L. (1997), La Convention du 21 mai 1997 sur l'utilisation des cours d'eau à des fins autres que la navigation, *Annuaire Français de Droit International,* Vol. 43, 751-798.

CANS, R. (1997), *La bataille de l'eau*, Le Monde Editions, Paris.

CAPONERA, D. A. (1981), *Le régime juridique des ressources en eau internationales*, Etude législative, N° 23, FAO, Rome.

CASA, K. (1991), *Water: The Real Reason Behind Israeli Occupations*, The Washington Report on Middle East Affairs.

CHEBAANE, M., EL NASSER, H., FITCH, J., HIJAZI, A. et JABBARIN, A. (2004), Participatory groundwater management in Jordan: Development and analysis of options, *Hydrogeology Journal,* Vol. 12, 14-32.

CHENOT, J. (1993), *La bataille de l'eau au Proche – Orient*, L'Harmattan, Paris.

COLLET, A. (2000), Le Golan, un enjeu majeur au coeur du Proche Orient, *Défense Nationale,* N° 21, 84-96.

COLLIN, M. L. et MELLOUL, A. J. (2002), Prioritization of sustainable groundwater management needs: The case of the Israel's stressed coastal aquifer, *Environment, Development and Sustainability,* 4, 347-360.

COLLINS, R. O. (1990), *The Waters of the Nile. Hydropolitics and the Jonglei Canal, 1990-1988*, Clarendon Press, Oxford.

CONCA, K., FENGSHI, W. et NEUKIRCHEN, J. (2003*), Is there a Global Rivers Regim? Trends in the Principled Content of International River Agreement*, A Harrison Program Research Report, University of Maryland.

Convention sur le droit relatif aux utilisations des cours d'eau internationaux à des fins autres que la navigation (1997), Assemblée générale des Nations Unies, New York (A/RES/51/ 229)

DANINOS, A. (1948), L'utilisation intégrale des eaux du bassin du Nil, *Bulletin de l'Institut d'Egypte,* Tome XXX, 229-250.

DAOUDY, M. (2005), *Le partage des eaux entre la Syrie, l'Irak et la Turquie: négociation, sécurité et asymétrie des pouvoirs*, CNRS Editions, Paris.
DAVIES, B. E., JURDI, M., KARAHAGOPIAN, Y. et KORFALI, S. I. (2001), A prototype study for the management of surface water resources, Lebanon, *Water Policy*, 3, 41-46.
DAWOUD, M. (2005), GIS-Based Groundwater Management Model for Western Nile Delta, *Water Resources Management*, Vol. 19, 585-604.
DELLAPENNA, J. W. (1992), *Water in the Jordan Valley: the Potential and Limits of Law*, The Palestinian Yearbook of International Law, Vol. VII, 63-101.
DELLAPENNA, J. et NAFF, T. (2002), Can there be confluence? A comparative consideration of western and Islamic fresh water Law, *Water Policy*, 4, 465-489.
DESCROIX, L. et LASSERRE, F. (2003), *L'eau dans tous ses états : Chine, Australie, Sénégal, Etats-Unis, Mexique et Moyen-Orient*, Ed. L'Harmattan, Paris.
DESCROIX, L. et LASSERRE, F. (2003), *Eaux et territoires : tensions, coopérations et géopolitique de l'eau*, Ed. L'Harmattan, Paris.
DESCROIX, L. et LASSERRE, F. (2007), Or bleu et grands ensembles économiques : une redéfinition en cours des rapports de force interétatique ?, *La revue internationale et stratégique*, 66, 93-103.
DINAR, A., MEYERS, S. et YARON, D. (1987), Irrigation scheduling – Theoretical approach and application problems, *Water Ressources Management*, 1, 17-31.
DINAR, A. et KILGOUR, D. M. (2001), Flexible water sharing within an international river basin, *Environmental and Resource Economics*, 18, 43-60
DINSTEIN, Y. (1995), *The Israel Supreme Court and the Law of Belligerent Occupation : Article 43 of the Hague Regulations*, Israel Yearbook on Human Rights, Vol. 25, 1-20.
DITCHER, H. (1995), The Legal Status of Israel's Water Policies in the occupied Territories, *Harvard International Law Journal*, Vol. 35, 565-594.
DRUMTRA, J. (1998), *The Political Roots of Famine in Southern Sudan*, Middle East Report, N° 208, US Foreign Policy in the Middle East, Washington.
DUGOT, P. (2001), *L'eau autour de la Méditerranée*, Eds. L'Harmattan, Paris.
ECKSTEIN, Y. (2003), Groundwater Resources and International Law in the Middle East Peace Process, *Water International*, Vol. 28, N° 2, 154-161.
ECONOMIC and Social Commission for Western Asia (2002), *Assessment of Légal Aspects of the Management of Shared Water Resources in the ESCWA Region*, United Nations, New York. (E/ESCWA/ENR/2001/3)
EL BATTAHANI, A. et EL TOM HAMAD, O. (2005), Sudan and the Nile Basin, *Aquatic Sciences*, Vol. 67, 28-41.

EL BATTIUI, M. (2007), Le projet sioniste (1867-2007): de la conquête de la terre au contrôle de l'eau, *Revue contradiction,* N° 119-120, 195-215.

EL FADEL, M., JAMALI, D. et ZEINATI, M. (2001), Water resources management in Lebanon : institutional capacity and policy options, *Water Policy,* 3, 425-448.

EL HINDI, J. L. (1990), The West Bank Aquifer and Conventions Regardind Laws of Belligerent Occupation, *Michigan Journal of International Law,* Vol. 4, N° 1, 1400- 1423.

ELISHA, K. (1991), *L'eau et la paix : point de vue israélien*, Eds. Centre des études palestiniennes, Beyrouth (en arabe).

EL KABLAN, M. (1998), *Crise de l'eau dans le Monde arabe*, Eds. Al Moltaka, Beyrouth (en arabe).

EL MUSA, S. (1993), Dividing the Common Palestinian –Israeli Waters: An International Water Law Approach, *Journal of Palestine Studies,* Vol. 22, N° 3, 57-77.

EL MUSA, S. (1997), *L'eau dans les négociations israelo – palestiniennes*, Fondation des études palestiniennes, Beyrouth. (en arabe)

EL MUSA, S. (1997), *Water conflict: Economics, Politics, Law and the Palestinian-Israeli Water Resources*, Institute for Palestine Studies, Washington, DC.

ENCEL, F. (1999), *Le Moyen – Orient entre guerre et paix: une géopolitique du Golan*, Ed. Flammarion, Paris.

Encyclopaedia Judaïca (1978), 4ème édition, Jérusalem. (en anglais)

Encyclopédie palestinienne (1990), Beyrouth. (En arabe)

FAO Legal Office (1998), *Sources of International Water Law*, FAO Legislative Study 65, FAO, Rome.

FATHI, A. H. (1998), *L'eau et les cartes du jeu politique au Moyen-Orient*, Librairie Madbouli, Le Caire. (en arabe)

FEITELSON, E. et HADDAD, M. (edited by) (2000), *Management of Shared Groundwater Resources: The Israeli-Palestinian Case with an International Perspective*, International Development Research Centre et Kluwer Academic Publishers, Boston, Dordrecht, London, Ottawa, Cairo, Dakar, Johannesbourg-Monteviedo, Nairobi, New Delhi et Singapore.

FEITELSON, E. (2000), The ebb and flow of Arab – Israeli water conflicts: are post confrontations likely to resurface?, *Water Policy,* 2, 343-363.

FISCHER, S., HAUSMAN, L. J., KARASIK, A. D., and SCHELLING, T. C. (1994), (edited by), *Securing peace in the Middle East: project on economic transition*, The MIT Press, Cambridge – Massachusetts, London.

FISCHER, S., RODRIK, D., and TUMA, E. (1993), (edited by), *The economics of Middle East peace: views from the region*, The MIT Press, Cambridge – Massachusetts, London.

FISHELSON, G. (1989), *Economic cooperation in the Middle East*, Westview Press, Boulder, San Francisco et Londres.

FOOD and Agricultural Organisation of the United Nations (2003), *Review of World Water Resources by Country*, Water Report 23, FAO, Rome.
FOX, C. et SNEDDON, C. (2006), Rethinking Transboundary Waters: A critical Hydropolitics of the Mekong Basin, *Political Geography*, Vol. 25, N° 2, 181-202.
FREDERIKSEN, H. D. (1998), International community response to critical world water problems: a perspective for policy makers, *Water Policy*, 1, 139-158.
FRENKEN, K. (2005), *Irrigation in Africa in Figures*, Aquatique Survey, FAO Water Reports, N° 29, FAO, Rome.
FREY, F., and NAFF, T. (1985), Water: an emerging issue in the Middle East?, *Annals of the American Academy of Political and Social Science*, Vol. 18, N° 482.
FREY, F. (1993), The political context of conflict and cooperation over international river basins, *Water International*, Vol. 18, N° 1, 55-61.
FRIEDLER, E. (2001), Water reuse – an integral part of water resources management: Israel as a case study, *Water Policy*, 3, 29-39.
FROUKH, L. J. (2002), Groundwater Modeling in aquifers with highly karstic and heterogeneous characteristics (KHC) in the Palestine, *Water Resources Management*, 16, 369-379.
FROUKH, L. J. (2003), Transboudary groundwater resources of the West Bank, *Water Resources Management*, 17, 175-182.
GARRIDO, A. (2000), A mathematical programming model applied to the study of water markets within the Spanish agricultural sector, *Annals of Operations Research*, 94, 105-123.
GEORGEON, F. (1991), De Mossoul à Kirkouk: la Turquie et le Kurdistan irakien, *Maghreb – Machrek*, N° 132, 25-37.
GERSHONI, I. et JANKOWSKI, J. (1997), *Rethinking Nationalism in the Arab Middle East*, Columbia University Press, New York.
GHAZI, I. R. (2002), *Problème de l'eau au Moyen – Orient*, The Emirates Center for Strategic Studies and Research, ABU DABI. (en arabe)
GINAT, J., HAMBRIGHT, K. H. et RAGEP, F. J. (edited by) (2006), *Water in the Middle East: Cooperation and Technological Solutions in the Jordan Valley*, University of Oklahoma Press, Norma.
GIORDANO, A. M., Wolf, T. A et YOFFE, S. B. (2003), *International Waters: Indicators for Identifying Basins at Risk*, Technical Documents in Hydrology, N° 20, UNESCO, Paris. (SC-2003/WS/58)
GIORDANO, A. M., WOLF, T. A., et YOFFE, S. B. (2003), International Water: identifying basins at risk, *Water Policy*, 5, 29-60.
GIRET, A. (2007), *Hydrologie fluviale*, Ed. Ellipse, Paris.
GLEIDDISTCH, N. P. (1998), Armed Conflict and Environment: A critique of the literature, *Journal of Peace Research*, Vol. 35, N° 3, 381-400.
GLEICK, P. H. (1998), The human right to water, *Water Policy*, 1, 487-503.

GLEICK, P. H. (1993), Water and Conflict: Fresh Water Resources and International Security, *International Security,* Vol. 18, N° 1, 79-112.
GLEICK, P. H. (2000), The changing Water Paradigm –A Look at Twenty-First Century Water Resources Development, *Water International,* Vol. 25, N° 1, 127-138.
GOICHON, A. M. (1964), *L'eau : problème vital de la région du Jourdain*, Correspondance d'Orient, Bruxelles.
GOPHEN, M. (2000), Lake Kinneret (Israel) ecosystem: Long – term instability or resiliency?, Water, *Air, and Soil Pollution,* 123, 323-335.
GOUBA, A., HALLER, N., LEMASSON, K. et MENGER, L. (2007), *Eau et paix au Moyen-Orient. La mer à boire : une solution durable ?*, Ed. L'Harmattan, Paris.
GRAY, S. L. et YOUNG, R. A. (1985), Input-Output Models, Economic Surplus, and the Evaluation of State Regional Water Plans, *Water Resources Research 21, N° 12*, 1819-1823.
GREY, D. et SADOFF, C. W. (2002), Beyond the River: The Benefits of Cooperation on International Rivers, *Water Policy,* Vol. 4, N° 5, 389-403.
GREY, D., SADOFF, C. W. et WHITTINGTON, D. (2002), *Africa's International Rivers: An Economic Perspective*, Banque mondiale, Washington.
GROVER, B. (1998), Twenty – five years of International corporation in water – related development assistance, 1972 – 1997, *Water Policy,* 1, 29-43.
GRUEN, G. E. (2000), Turkish waters: Source of regional conflict or catalyst for peace, *Water, Air, and Soil Pollution,* 123, 565-579.
GUERRIEN, B. (2002), *La théorie des jeux*, Ed. Economica, Paris.
GUILLE, N. (1984), La mainmise israélienne sur l'eau dans les territoires occupés, *Revue d'études palestiniennes,* N° 2.
HADDAD, M. (1998), Planning water supply under complex and changing political conditions : Palestine as a case study, *Water Policy,* 1, 177-192.
HADDAD, M., et LINDER, K. (2001), Sustainable water demand management versus developing new additional water in the Middle East : a critical review, *Water Policy,* 3, 143-163.
HADDADIN, M. (2002), Water issues in the Middle East challlenges and opportunities, *Water Policy 4,* 205-222.
HAFTENDORN, H (2000), Water and International Conflict, *Third World Quarterly,* Vol. 21, N° 1, 51-68.
HANNOYER, J. (1985), Grands projets hydrauliques en Syrie : la tentation orientale, *Maghreb – Machrek,* N° 109, 24 – 42.
HARRIS, L. M. (2002), Water and Conflict Geographies of the Southerne Anatolie Project, *Society and Natural Resources,* Vol. 15, 743-759.
HEYKEL, M. H. (1986), *L'affaire de Suez : un regard égyptien*, Eds. Ramsay, Paris.
HILAL, J. (1996), *La stratégie économique israélienne pour le Moyen – Orient*, Ed. de la Fondation des études palestiniennes, 2ème édition, Beyrouth.

HINNEBUSCH, R. (1982), Rural politics in Ba'thist Syria: A case study in the role of the countryside in the political development of Arab societies, *The Review of Politics*, Vol. 44, N° 1, 110-130.
HIRO, D. (1996), *Dictionary of the Middle East*, Macmillan, London.
HIRSCH, A. M. (1956), Utilization of International Rivers in the Middle East, *The American Journal of International Law*, Vol. 50, N° 1, 81-100.
HIRSCH, A. M. (1959), Water Legislation in the Middle East, *The American Journal of Comparative Law*, Vol. 8, N° 2, 168-186.
HISSAM, R. M. (2006), *Israël dans l'agriculture égyptienne*, Centre d'étude Al Mahroussa, Le Caire. (en arabe)
HOF, C. F. (1998), Dividing the Yarmouk's waters: Jordan's treaties with Syria and Israel, *Water Policy*, 1, 81-94.
HOMER-DIXON, T. (1996), Environmental Scarcity, Mass Violence, and the Limits to Ingenuity, *Current History*, Vol. 95, N° 604, 359-365.
HUGON, P. (2007), Vers une nouvelle forme de gouvernance de l'eau en Afrique et en Amérique latine, *La revue internationale et stratégique*, 66, 65-77.
HURST, H. E. (1954), *Le Nil : description générale du fleuve et utilisation de ses eaux*, Ed. Payot, Paris.
HUTCHINS, A. W. et STEEL, H. A. (1957), Basic Water Rights Doctrine and Their Implications for River Basin Development, *Law and Contemporary Problems*, Vol. 22, N° 2, 276-300.
IBRAHIM, A. M. (1984), The Nile : Description, hydrology, control and utilisation, *Hydrobiologia*, 110, 1-13.
IBRAHIM, A. S. (2002), *La stratégie de la sécurité hydraulique arabe*, Ed. Al AWAIL, Damas.
ISSAC, J. et ZAROUR, H. (1994), *A Novel Approach to the Allocation of International Water Resources*, in Water and Peace in the Middle East, Studies in Environmental Sciences 58, 389-398.
JAMALO, A. (1996), L'Euphrate : *la lutte pour l'eau au Moyen-Orient*, Riyad El-Rayyes Books, Londres – Beyrouth. (en arabe)
JIRYIS, S. and KHALIFAH, A. (1997), *Israel: A General Survey*, Ed. Fondation des études palestiniennes, Beyrouth. (en arabe)
JOHNSON, D. H. (1992), Reconstructing a History of Local Floods in the Upper Nile Region of the Sudan, *The International Journal of African Historical Studies*, Vol. 25, N° 3, 607-649.
JONES, P., VINOGRADOV, S. et WOUTERS, P. (2003), *Transforming Potentiel Conflict into Cooperation Potential : The Role of International Water Law*, Technical Document in Hydrology, N° 2, UNESCO, Paris. (SC-2003/WS/67)
JULIEN, F. (2006), Maîtrise de l'eau et développement durable en Afrique de l'ouest : de la nécessité d'une coopération régionale autour des systèmes hydrologiques transfrontaliers, *Vertigo*, Vol. 7, N° 2, 1-18.

KAMERI-MBOTE, P. (2005), *From conflict to cooperation in the management of transboundary waters : the Nile experience*, International Environmental Law Research Center et Environment and Security – Conflict Prevention and Peace Making in East and Horn of Africa, Genève et Washington.
KARTIN, A. (2001), Water scarcity problem in Israel, *Geojournal,* 53, 273-282.
KAVVAS, M. (2002), An appraisal of sewer system problems in developing countries, *Water Policy 4*, 119-135.
KEMPER, K. E. (2004), Groundwater - from development to management, *Hydrogeology Journal,* Vol. 12, 3-5.
KHADAM, M. (2001), *La sécurité hydraulique arabe : réalité et défis*, Markaz al Dirassat al Wahda al Arabia, Beyrouth.
KIBAROGLU, A. et ÜNVER, O. I. H. (2000), An institutional framework for facilitating cooperation in the Euphrates – Tigris river basin, *International Negotiation,* Vol. 5, 311-330.
KINFE, A. (2006), *Imbalance in Water Allocation Stability and Collaboration within the Nile Basin*, Special Paper Series N° 24, African Technology Policy Studies Network (ATPS), Kenya.
KLARE, M. T. (1996), Redefining Security : The New Global Schisms, *Current History* Vol. 95, *N° 604*, 353-358.
KLEIN, L., TINBERGEN, J., GALBRAITH, J., K., ISARD, W., HARTLEY, K. (1993), (sous la direction de FONTAEL, J.), *Les économistes de la paix*, Presses Universitaire de Grenoble, Grenoble.
KLIOT, N. (1994), *Water resources and conflict in the Middle East*, Routledge, London – New York.
KLIOT, N., SHAMIR, U. et SHMUELI, D. (2001*),* Institutions for management of transboudary water resources: their nature, characteristics and shortcomings, *Water Policy,* 3, 229-255.
KLIOT, N., SHAMIR, U. et SHMUELI, D. (2001), Development of institutional framework for the management of transboundary water resources, *International Journal Environmental Issues*, Vol. 1, N° 3-4, 306-328.
KOHN, R. E. (2003), Israel's need to import freshwater, Water, Air, and Soil Pollution, 143, 257-270.
KOLARS, J. F. et MITCHELL., W. A. (1991), *The Euphrates River and the Southeast Anatolia Development Project*, Carbondale and Edwardsville, Southerne Illinois University Press.
KOLAR, J. F. (1992), Les ressources en eau du Liban, *Maghreb – Machrek,* n° 138, 11-26.
LARABI, A. et QAHMAN, K. (2006), Evaluation and numerical modelling of seawater intrusion in the Gaza aquifer (Palestine), *Hydrogeology Journal,* 14, 713-728.
LASSERRE, F. (2003), *L'eau, enjeu mondial : géopolitique du partage de l'eau*, Eds. Le Serpent à Plumes, Paris.

LASSERRE, F. (2007), Conflits hydrauliques et guerres de l'eau : un essai de modélisation, *La revue internationale et stratégique,* 66, 105-117.

LAURENS, H. (2002), *La question de Palestine : 1922-1947. Une mission sacrée de civilisation*, tome deuxième, Fayard, Paris.

LAURENS, H., (2007), *La question de Palestine : 1947-1967. L'accomplissement des prophéties*, tome troisième, Fayard, Paris.

LE PAUTREMAT, P. (2007), Eau et stratégie militaire, La revue internationale et stratégique 66, 119-129.

LIBISZEWSKI, S. (1995), *Water Disputes in the Jordan Valley and their Role in the Resolution of the Arab – Israel Conflict*, Occasional Paper N° 13, Center for Security Policy and Conflict Research Swiss Peace Foundation. Zurich – Berne.

LORENZ, F. M. (2003), *The protection of water facilities under international law*, Technical Documents in Hydrology, N° 1, UNESCO, Paris.

LOWI, M. (1993), Water and Power. *The Politics of a scare Resource in the Jordan River Basin*. Cambridge University Press. Cambridge.

LOWI, M. et SHAW, B. (sous la direction de) (2000), *Environment and Security, discourses and practices*, Macmillan Press, London.

MACCAFFREY, S. C. (2001), *The Law of International Watercourses. Non – Navigational Uses*, Oxford University Press. Oxford.

MADI, R. T. (1990), *La politique hydraulique israélienne dans les Territoires occupés*, Dirassat Ijtimaiya, Publications Ministère de la culture se la République arabe syrienne, Damas. (en arabe)

MAHMOOD, A. (2000), Water pricing and markets in the Near East : policy issues and options, *Water Policy,* 2, 229-242.

MAJZOUB, T. (1994), *Les fleuves du Moyen – Orient*, L'Harmattan, Paris.

MAJZOUB, T. (1998), *Les projets hydrauliques dans la stratégie israélienne*, Eds. Riad El – Rayyes Books, Beyrouth (en arabe).

MANDEL, R. (1992), Sources of International River Basin Disputes, *Conflict Quarterly,* Vol. 12, N° 4, 25-56.

MANSOUR, A. (1983), *Palestine : une économie de résistance en Cisjordanie et à Gaza*, L'Harmattan, Paris.

MARGAT, J. (1992), *L'eau dans le bassin méditerranéen. Situation et prospective*, Eds. Economica, Paris.

MARGAT, J. (1996), L'eau dans le bassin méditerranéen, *Aménagement et nature,* N° 121, 59-63.

MARTINEZ -BELTRA, J., et KOO-OSHIMA, S. (edited by) (2004), Water desalination for agricultural applications, Land and Water Discussion, Paper 5, FAO, Rome.

MATSON, R. C. and NAFF, T. (1984), *Water in the Middle East: conflict or cooperation?*, A Westview Replica Edition, University of Pennsylvania.

MCLNTYRE, O. (2004), The emergence of an 'Ecosystem Approach' to the Protection of International Watercourses under International Law, *Review of*

European Community and International Environmental Law, Vol. 13, Issue 1, 1-14.
MECHLEM, K. (2003), *Water as a Vehicle for Inter-State Cooperation: A Legal perspective*, FAO Legal Paper, N° 32, FAO Development Law Service, Rome.
MEDZINI, A. (2001), *The Euphrates: A shared river*, School of Oriental and African Studies, University of London, London.
MEMETCIK, B. et ILHAN, A. (1997), Water Resources of Turkey : potentiel planning development and management, *Water Resources Development,* Vol. 13, N° 4, 443-452.
METRAL, F. (1987), *Périmètre irrigué d'Etat sur l'Euphrate syrien : modes de gestion et politique agricole*, Travaux de la Maison de l'Orient, N° 14, 111-145.
MEYER, G. (1995), La réinstallation de la population touché par le barrage de l'Euphrate en Syrie, in CONAC, F. (sous la direction de), *Barrages internationaux et coopération*, Ed. Karthala, Paris.
MICHELSON, A. et WARD, F. A. (2002), The economic value of water in agriculture: concepts and policy applications, *Water Policy,* 4, 423-446.
MIMI, Z. A. et SAWALHI, B. I. (2003), A decision tool for allocating the waters of the Jordan river basin between all riparians parties, *Water Resources Management,* 17, 447-461.
MOGHEIR, Y. et SINGH, V. P. (2002), Application of information theory to groudwater quality monitoring networks, *Water Resources Management,* 16, 37-49.
MOMTAZ, D. (1993), Le régime juridique des ressources en eau des cours d'eau internationaux du Moyen-Orient, *Annuaire français de droit international,* Vol. XXXIX, 874-897.
MORRIS, M. (1997), Water and conflict in the Middle East: Threats and opportunities, *Studies in Conflict and Terrorism,* Vol. 20, N° 1, 1-13.
MUHAMMETOGLU, A., MUHAMMETOGLU, H., OKTAS, S., OZGOKCEN, L. et SOYUPAK, S. (2005), Impact Assessment of Different Management Scenarios on Water Quality of Pursuk River and Dam System – Turkey, *Water Resources Management,* 19, 199-210.
MURAKAMI, M., *Managing water for peace in the Middle East: alternative strategies*, United Nations University Press, Tokyo, New-York, Paris.
MUSERREF, Y. (2002), Governing International Common Pool Resources : The International Watercourses of the Middle East, *Water Policy,* 4, 305-321.
MUTIN, G. (2000), *L'eau dans le Monde arabe*, Eds. Ellipse, Paris.
MUTIN, G. (2003), Le Tigre et l'Euphrate de la discorde, *Vertigo,* Vol. 4, N° 3, 59-70.
NAJIB, I. (sous la direction de) (1994), *Problème de l'eau au Moyen – Orient : une étude régionale sur les ressources hydrauliques et leurs utilisations*, Vol. 1, Markaz al Dirassat al Istratigia wa al Bouhouth wa al Tawthik, Beyrouth. (en arabe)

NAJIB, I. (sous la direction de) (1994), *Problème de l'eau au Moyen – Orient : les perspectives développementales et stratégiques et les implications du conflit et de la coopération*, Vol. 2, Markaz al Dirassat al Istratigia wa al Bouhouth wa al Tawthik, Beyrouth. (en arabe)
Nations Unies (1992), Les ressources en eau du territoire palestinien occupé, UN/AC/183, Nations Unies, New York.
NIASSE, M. (2004), Prévenir les conflits et promouvoir la coopération dans la gestion des fleuves transfrontaliers en Afrique de l'ouest, *Vertigo*, Vol. 5, N° 1, 1-13.
NIMROD, Y. (1967), L'eau, l'atome et le conflit, *Les Temps Modernes*, $22^{\text{ème}}$ année, n° 253 bis, 878-909.
Organisation des Nations Unies pour l'alimentation et l'agriculture (1995), *Agriculture mondiale. Horizon 2015 / 2030* (rapport abrégé), FAO, Rome.
Organisation des Nations Unies pour l'alimentation et l'agriculture (2002), *Eau et agriculture : produire plus avec moins d'eau*, FAO, Rome.
PAPPE, I. (2000), *La guerre de 1948 en Palestine : aux origines du conflit isrélo-arabe*, La fabrique éditions, Paris.
PAQUEROT, S. (2005), *Quel droit international pour l'eau douce, POUR*, N° 185, 104-110.
PERVIN, D. J. et SPIEGEL, S. L. (edited by) (1995), *Practicla Peacemaking in the Middle East : The Environment, Water, Refugees, and Economic Cooperation and Development*, Garland Publishing, New York – London.
PETIT, O. (2004), La nouvelle économie des ressources et les marchés de l'eau : une perspective idéologique ?, *Vertigo*, Vol. 5, n° 2, 1-6.
PETIT, O. (2004), La surexploitation des eaux souterraines : enjeux et gouvernance, *Nature Sciences Sociétés*, 12, 146-156.
PICARD, E. (1983), Retour au Sandjak, *Maghreb –Machrek*, N° 99, 52-72.
PICARD, E. (1992), Les problèmes de l'eau au Moyen – Orient : désinformation, crise de gestion et instrumentalisation politique, *Maghreb – Machrek*, n° 138, 3-10.
PICARD, E. (1992), Politiques de développement et impératifs de sécurité dans les Etats de l'Euphrate, *Egypte / Monde arabe*, N° 10, 19-35.
PICARD, E. (1993), Eau et sécurité dans le bassin de l'Euphrate, *Géopolitique*, N° 43, 66-77.
PICARD, E. (1993), Aux confins arabo – turcs : territoires, sécurité et ressources hydrauliques, in PICARD, E. (sous la direction de), *La nouvelle dynamique au Moyen – Orient, les relations entre l'Orient arabe et la Turquie*, Ed. L'Harmattan, Paris, 155-173.
PICTET, J. et BELTON, V. (2001), *Analyse de la compensation et de l'incomparabilté dans la décision vers une prise en compte pratique dans MAVT*, in Aide multicritère à la décision (edited by COLORONI, A., PARUCCINI, M., et ROY, B.), Joint Research Center, European Commission.

PILLAI, C. R. S. et RAJU, K. S. (1999), Multicriterion decision making in river basin planning and development, *European Journal of Operational Research*, 112, 249-257.
POSTELS, S. (1996), *Dividing the Waters : Food Security, Ecosystem Health, and the New Politics of Scarcity*, Worldwatch Papers 132, Worldwatch Institute.
POSTEL, S. (2001), Produire plus avec moins d'eau, *Pour la science*, n° 282, 25-34.
PRUSHANKY, Y. et YAKOBOWITZ, M. (1987), *The water in Israel*, Israel Information Center, Jerusalem.
RADWAN, L. (1998), Water Management in the Egyptian Delta: Problem of Wastage and Inefficiency, *The Geographical Journal*, Vol. 164, Part 2. 129-138.
Rapport mondial sur le développement humain (2006), *Au-delà de la pénurie : pouvoir, pauvreté et crise mondiale de l'eau*, PNUD, New York.
Rapport mondial sur le développement humain (2007/2008), *La lutte contre le changement climatique : un impératif de solidarité humaine dans un monde divisé*, PNUD, New York.
RINGLER, C. et ROSEGRANT, M. W. (1998), Impact on food security and rural development of transfering water out of agriculture, *Water Policy*, 1, 567-586.
RODDA, J. C. et SHIKLOMANOV, I. A. (2003), *World Water Resources at the Beginning of the 21st Century*, Cambridge University Press, Cambridge.
ROGERS, P. and LYDON, P. (1993), (edited by), *Water in the Arab World: perspectives and prognoses*, Published by the Division of Applied Sciences, Harvard University.
ROLEF, S. H. (1987), *Political dictionary of the state of Israel*, Macmillan Publishing Company-Collier Macmillan Publishers, New York-London.
ROUYER, A. R. (1997), The Water Issue in the Palestinian-Israeli Peace Process, *Survival*, Vol. 39, N° 2, 57-81.
ROY, B. (1985), *Méthodologie multicritère d'aide à la décision*, Ed. Economica, Paris.
SAHIN, S. Ö, TOPCU, Y. I. et ÜLENGIN, F. (2001), An integrated decision aid system for Bosphorus water –crossing problem, *European Journal of Operational Research*, 134, 179-192.
SAKIYAN, J. et YAZICIGIL, H. (2004), Sustainable development and management of an aquifer system in western Turkey, *Hydrogeology Journal*, Vol. 12, 66-80.
SALEM, O. M. (1992), The Great Man Made River Project. A Partial Solution to Libya's Future Water Supply, *Water Resources and Development*, 8, N° 4, 270-278.
SALMAN, M. A. S. (1999), Les eaux souterraines d'un point de vue des droits et des politiques, Etude technique de la Banque mondiale, N° 456, Banque mondiale, Washington. (en arabe).

SANDFORD, K. S. (1936), Problem of the Nile Valley, *Geographical Review*, Vol. 26, N° 1, 67-76.
SANDWIDI, J. P. et STEIN, J. A. (2003), *Problem and prospects in utilising international water ressources : the case of the Nile*, Center for Development Research, University of Bonn, Bonn.
SANLAVILLE, P. (2000), *Le Moyen – Orient arabe, le milieu et l'homme*, Armand Colin, Paris.
SAVENIJE, H. H. G., SEYAM, I. M. and VAN DER ZAAG, P., Towards measurable criteria for the equitable sharing of international water resources, *Water Policy*, 4, 19-32.
SCHIFFLER, M. (2004), Perspectives and Challenges for desalination in the 21st century, *Desalination*, Vol. 165, 1-9.
SCHOFIELD, C. H. (1993), Elusive security : The military and political geography of South Lebanon, *Geojournal*, Vol. 31, N° 2, 149-161.
SCHRIJVER, N. (1997), *Sovereignty over Natural Resources. Balancing Rights and Duties*, Cambridge University Press, Cambridge.
SCUDDER, T. Z. (1989), Conservation vs. Development: River Basin Projects in Africa, *Environment*, Vol. 31, N° 2, 27-32.
SEGEV, T. (1998), *Les premiers Israéliens*, Ed. Calmann-Lévy, Paris.
SELIM, M. A. (1965), *Le Problème de l'exploitation des eaux du Jourdain*, Cujas, Paris.
SHAMIR, Y. et SHMUELI, F. D. (2001), Application of international law of water quality to recent Middle East water managements, *Water Policy*, 3, 405-423.
SHAMIR, Y. (2003), *Alternative Dispute Resolution Approaches and their Application, Technical* Documents in Hydrology, N° 7, UNESCO, Paris. (SC-2003/WS/43)
SHAO, H., WANG, H. et WANG, Z. (2003), Interbassin transfer projects and their implications : A China case Study, *International Journal of River Basin Management*, Vol. 1, N° 1, 5-14.
SHAPLAND, G. (1997), *Rivers of Discord. International Water Disputes in the Middle East*, Hurst & Company, London.
SHIMONI, Y. (1987) *Political dictionary of the Arab World*, Macmillan Publishing Company-Collier Macmillan Publishers, New York-London.
SHUVAL, I. H. (1992), Le problème de l'eau entre Israël et les Palestiniens, à la recherche d'une solution équitable, *Maghreb – Machrek*, n° 138, 27-37.
SHUVAL, H. I. (2000), Are the conflict between Israel and her neighbors over the waters of the Jordan river basin an obstacle to peace? Israel – Syria as a case study, *Water, Air, and Soil Pollution*, 123, 605-630.
SIRONNEAU, J. (1996), *L'eau: nouvelle enjeu stratégique mondial*, Economica, Paris.
SMETS, H. (2004), *La solidarité pour l'eau potable : aspects économiques*, Ed. L'Harmattan, Paris.

SOFFER, A. (1999), *Rivers of fire : the conflict over water in the Middle East*, Roman & Littlefield Publishers, New York – Oxford.

STAHL, A. (2005), Influence of Hydroclimatology and Socioeconomic Conditions on Water – related International Relations, *Water International,* Vol. 30, N° 3, 270-282.

STAKHIN, E. Z. (1998), Policy implications of climate change impacts on water resources management, *Water Policy 1*, 159-175.

STEVENS, G. (1965), *Jordan River Partition*, Hoover Institution Studies, N°6, Standford University Press, Standford.

THESIGER, W. (1991), *Les Arabes des marais; Tigre et Euphrate*, Collection Terre humaine, Plon, Paris.

STIKKER, A. (2002), Desal technology can help quench the world's thirst, *Water Policy, 4,* 47-55.

STUCKI, P. (2005), *Water Wars or Water Peace? Rethinking the Nexus between Water Scarcity and Armed Conflict*, PSIS Occasional Paper, N° 3, Programme for Strategic and International Security Studies, Genève.

SUGDEN, R. (1984), Reciprocity: The Supply of Public Goods Through Voluntary Contributions, *The Economic Journal,* Vol. 94, N° 376. 772-787.

SWAIN, A. (1997), Ethiopia, the Sudan, and Egypt: The Nile River Dispute, *The Journal of Modern African Studies,* Vol. 35, N° 4, 675-694.

SWAIN, A. (2001), Water Wars: Facts or Fiction?, *Futures,* Vol. 33, N° 8-9, 769-781.

THOBIE, J. (1979), Le nouveau cours des relations franco-turques et l'affaire du Sandjak d'Alexandrette, 1921-1939, *Relations Internationales*, N° 19, 358.

THOBIE, J. (1996), Rapport de force et forces profondes, in THOBIE, J., PEREZ, R. et KANCAL, S., *Enjeux et rapports de force en Méditerranée orientale*, L'Harmattan, Paris.

THOMPSON, W. S. (1978), *Power Projection: A Net Assessment of U.S and Soviet Capabilities*, National Strategy Information Center, New York.

TIGNINO, M. (2004), *L'eau dans le processus de paix au Proche-Orient: element d'un regime juridique*, Etudes et travaux, HEI Publications, Institut Universitaire de Hautes Etudes Internationales, Genève.

TOUZARD, H. (1977), *La Médiation et la resolution des conflits*, PUF, Paris.

TURAN, I. (1993), Turkey and the Middle East; Problems and Solutions, *Water International,* N° 18, 7-18.

United Nations World Water Development Report (2006), *Water Shared Responsibility*, UNESCO-Berghan Books, Paris, New York.

UNVER, O. (1997), Southeastern Anatolia Project (GAP), *International Journal of Water Resources Development,* Vol. 13, N° 4, 453-484.

VAUMAS, E. (1955), Géographie physique de l'Irak, etudes irakiennes première série, *Bulletin de la Société de Géographie d'Egypte*, Tome XXVIII.

VAUMAS, E. (1958), Le contrôle de l'utilisation des eaux du Tigre et de l'Euphrate, etudes irakiennes, deuxième série, *Revue de géographie alpine*, 46, 235-331.
VERSAILLES, A. (2002), L'éducation comme levier de comprehension et de contagion du développement durable, *Vertigo,* Vol. 3, N° 3, 1-6.
WALLIHAN, J. (1998), Negotiating to avoid agreement, *Negotiation Journal,* Vol. 14, N° 3, 257-268.
WATERVURY, J. (1979), *Hydropolitics of the Nile Valley*, Syracuse University Press, New York.
WATERBURY, J. (1997), Between unilateralism and comprehensive accords: Modest steps toward cooperation in international river basins, *Water Resources Development,* Vol. 13, N° 3, 279-289.
WHITE, G. F. (1998), Reflection on the 50-year international search for integrated water management, *Water Policy 1*, 21-27.
WISHART, D. (1989), An economic approach to understanding Jordan valley water disputes, *Middle East Review,* Vol. XXI, N°4. 15-27.
WOLF, T. A. (1995), *Hydropolitique along the Jordan river: Scare water and its impact on the Arab-Israeli conflict*, United Nations University Press, New York – Paris – Tokyo.
WOLF, T. A. (1996), *Middle East Water conflicts and Directions for Conflict Resolution*, Food, Agriculture, and the Environment Discussion Paper 12, International Food Policy Research Institute (IFPRI), Washington.
WOLF, A. T. (1998), Conflict and Cooperation along International Waterways, *Water Policy 1*, 251-265.
WOLF, A. T. (1999), Criteria for Equitable Allocations: The Heart of International Water Conflict, *Natural Resources Forum, Vol. 23, N° 1*, 3-30.
WOLF, T. A. (2000), Indigenous Approach to Water Conflict Negotiations and Implications for International Waters, *International Negotiation 5*, 357-373.
World Bank Group (1994), From *Scarcity to Security, Averting a Water Crisis in the Middle East and North Africa*, World Bank, Washington.
World Bank (2004), Water Resources Sector Strategy. Strategic Direction for World Bank Engagement, World Bank, Washington.
World Bank (2005), *A Water Sector Assessment Report on the Countries of the Cooperation Council of the Arab States of the Gulf*, Report N° 32539-MNA, Water, Environment, Social and Rural Development Department Middle East and North Africa Region, World Bank, Washington.
ZARTMAN, W. I (1978), *The negotiation process: Theories and applications*, Sage, California.
ZAYADA, R. (2005), *La paix proche. Les négociation syro – israéliennes*, Markaz Dirassat al Wahda al Arabia, Beyrouth. (en arabe)

Sites Internet
Aquastat - FAO (www.fao.org/nr/water/aquastat/main/index.stm)
Banque mondiale (www.worldbank.org)
International Water Law Project (www.internationalwaterlaw.org)
Le Monde Diplomatique (www.monde-diplomatique.fr)
Le programme des Nations Unies pour le développement (www.undp.org
Statistical abstract of Israel (www.cbs.gov.il)
Transboundary Freshwater Dispute Database (TFDD) (www.transboundarywaters.orst.edu)
World Resources Institute (www.wri.org)

TABLE DES TABLEAUX, FIGURES ET CARTES

CARTE 1: LE MOYEN-ORIENT 17
TABLEAU 1. 1: LA QUALITE DE LA FORCE ARMEE 32
TABLEAU 1. 2: LA COMPETENCE DU LEADERSHIP 33
TABLEAU 1. 3: LA FORCE MILITAIRE 35
TABLEAU 1. 4: PART DES EAUX DE L'EUPHRATE ET DU TIGRE DANS LE VOLUME D'EAU TOTAL DES RIVERAINS 37
TABLEAU 1. 5: MODÈLE POUR LA DÉTERMINATION DU POUVOIR RELATIF ET LES CONFLITS POTENTIELS AUTOUR DES IMPORTANTS FLEUVES DU MOYEN-ORIENT 38
TABLEAU 2. 1 : SUPERFICIE DE CERTAINS DES PLUS GRANDS LACS DU MONDE. 55
CARTE 2. 1: LE BASSIN DU NIL ET LES ETATS RIVERAINS 56
FIGURE 2. 1: PROFIL LONGITUDINAL DU NIL 58
FIGURE 2. 2: DEBIT DU NIL 59
TABLEAU 2. 2: APPORTS, DEPERDITIONS ET ECOULEMENTS NATURELS DANS LES PAYS DU BASSIN DU NIL 61
TABLEAU 2. 3: CARACTERISTIQUES GEOGRAPHIQUES, ECONOMIQUES ET POPULATION EN ETHIOPIE 72
TABLEAU 2. 4: RESSOURCES EN EAU ET PRELEVEMENT 74
TABLEAU 2. 5: CARACTERISTIQUES GEOGRAPHIQUES, ECONOMIQUES ET POPULATION DE L'EGYPTE 84
TABLEAU 2. 6: RESSOURCES EN EAU ET PRELEVEMENT EN EGYPTE 86
TABLEAU 2. 7: IRRIGATION ET DRAINAGE 89
TABLEAU 2. 8: PASSAGE EN REVUE DU PROGRAMME DE VISION PARTAGE (SVP) 102
TABLEAU 2. 9: ESTIMATIONS FINANCIERES DES BESOINS DE L'IBN 106
TABLEAU 2. 10: LA COMPARAISON ENTRE LA REPARTITION DES EAUX DU NIL SELON LES ACCORDS DE 1959 ET UN EVENTUEL ACCORD POSSIBLE (EN MILLIARDS DE M^3) 108
FIGURE 2. 3: DIAGRAMME DES PRINCIPAUX PROJETS RELATIFS AU NIL 110
FIGURE 2. 4: LE CLASSEMENT COMPLET PROMETHEE II POUR L'EGYPTE ET LE SOUDAN 120
TABLEAU 2.12: LES DIFFERENTES CLES DE REPARTITION DU DEBIT DU NIL ENTRE L'EGYPTE, LE SOUDAN ET L'ETHIOPIE (EN MILLIARDS DE M^3) 120
FIGURE 2. 5: LE CLASSEMENT COMPLET PROMETHEE II POUR L'EGYPTE, LE SOUDAN ET L'ETHIOPIE 122
TABLEAU 2.13: REPARTITION DES EAUX DU NIL ENTRE L'EGYPTE, LE SOUDAN ET L'ETHIOPIE SUR BASE DE L'ARTICLE 6 DE LA CONVENTION DE 1997 (EN MILLIARDS DE M^3) 122
FIGURE 2. 6: LE CLASSEMENT COMPLET PROMETHEE II POUR LES ETATS RIVERAINS DU NIL BLANC 123

FIGURE 2. 7 : LE CLASSEMENT COMPLET PROMETHEE II POUR LES ETATS RIVERAINS DU NIL BLEU 123
TABLEAU 2. 11: REPARTITION DES EAUX DU NIL ENTRE L'EGYPTE, LE SOUDAN, L'ETHIOPIE, L'OUGANDA, LE KENYA ET LA TANZANIE SUR BASE DE L'ARTICLE 6 DE LA CONVENTION DE 1997 124
TABLEAU 3. 1: LES DÉBITS DU JOURDAIN ET DE SES AFFLUENTS 144
TABLEAU 3. 2: LE POTENTIEL D'EXPLOITATION DES NAPPES SOUTERRAINES DE CISJORDANIE ET DE GAZA (EN MILLIONS DE M^3)..................................149
CARTE 3.1: L'EAU EN ISRAËL ET EN PALESTINE...150
CARTE 3.2: LES FLEUVES ET L'ETAT DE L'AGRICULTURE AU LIBAN 151
TABLEAU 3. 3: CHRONOLOGIE DES PRINCIPAUX PLANS DE MISE EN VALEUR DU JOURDAIN 153
TABLEAU 3. 4: RÉPARTITION DES EAUX DU JOURDAIN ET DE SES AFFLUENTS SELON DIFFÉRENTS PLANS (EN MILLIONS DE M^3)..................................158
CARTE 3. 3: FRAGMENTATION TERRITORIALE DE LA CISJORDANIE 172
TABLEAU 3. 5: FACTEURS PERTINENTS RELATIFS À CHAQUE PAYS RIVERAIN DU BASSIN DU JOURDAIN 175
FIGURE 3. 1: LE CLASSEMENT COMPLET PROMETHEE II POUR LES ETATS RIVERAINS DU BASSIN DU JOURDAIN 176
TABLEAU 3. 6: LES QUOTTE PARTS OBTENUES PAR NOTRE CLÉ DE RÉPARTITION ET CELLES PRÉCONISÉES PAR LE PLAN JOHNSTON VERSUS LA CONTRIBUTION ET L'UTILISATION ACTUELLE DU DÉBIT DU JOURDAIN PAR LES ETATS RIVERAINS 176
FIGURE 3. 2: LE CLASSEMENT COMPLET PROMETHEE II EN CAS D'UNE PAIX ENTRE ISRAËL, LE LIBAN, LA SYRIE ET LES PALESTINIENS......................177
TABLEAU 3. 7: FACTEURS PERTINENTS RELATIFS À ISRAËL ET À LA CISJORDANIE-GAZA 178
FIGURE 3. 3: LE CLASSEMENT COMPLET PROMETHEE II POUR LES RIVERAINS DE L'AQUIFÈRE MONTAGNEUX 179
FIGURE 3. 4: LA CARTE COGNITIVE DE LA PERCEPTION GÉNÉRALE ISRAÉLIENNE DE LA QUESTION DU JOURDAIN 181
CARTE 4. 1: LE TIGRE ET DE L'EUPHRATE, DEBIT NATUREL ET AMENAGEMENT 187
TABLEAU 4. 1: LE SYSTEME TIGRE-EUPHRATE : LONGUEURS DES DEUX FLEUVES ET L'AIR DU BASSIN A L'INTERIEUR DE CHAQUE PAYS.............188
TABLEAU 4. 2: BARRAGES CONSTRUITS OU EN COURS DE REALISATION SUR L'EUPHRATE SYRIEN 206
CARTE 4. 2: LES DIFFERENTS SOUS PROJETS DU GAP..210
TABLEAU 4. 3: LES PROJETS GAP SUR LE TIGRE ET L'EUPHRATE...................210
TABLEAU 4. 4: LES BARRAGES PREVUS PAR LE GAP REALISES OU EN COURS DE CONSTRUCTIONS 211
TABLEAU 4. 5: INVESTISSEMENTS ETRANGERS DANS LE GAP 214
TABLEAU 5. 1: LES DIFFÉRENTES OPTIONS POUR LA GESTION DE L'EAU 224

TABLEAU 5. 2: DONNÉES ET ÉVALUATIONS RELATIVES AUX DIFFÉRENTS PROJETS DU TRANSFERT INTER-BASSIN 239
FIGURE 5. 1: CLASSEMENT PARTIEL PROMETHEE I 240
FIGURE 5. 2: CLASSEMENT COMPLET PROMETHEE II 241

TABLE DES MATIERES

INTRODUCTION GENERALE 9

1. OBJET DE L'ETUDE 11
2. PROBLEMATIQUE 12
3. METHODOLOGIE 13
4. PLAN DE L'ETUDE 14

REVUE DE LITTÉRATURE 19

CHAPITRE 1
L'EAU INSTRUMENT DE GUERRE OU DE PAIX AU MOYEN-ORIENT? 27

INTRODUCTION 27
1.1 UN BILAN HYDRAULIQUE PLUTOT RASSURANT AU MOYEN-ORIENT 28
1.2 LE ENHANCED POWER MATRIX MODEL OU L'IMPROBABLE GUERRE DE L'EAUX AU MOYEN-ORIENT 29
    1.2.1 Méthodologie 31
1.3 LA « BATAILLE » DES CHIFFRES HYDROLOGIQUES AU MOYEN-ORIENT 39
1.4 LE FLOU ET LA PAUVRETE DU DROIT INTERNATIONAL ? 39
CONCLUSION 48

CHAPITRE 2
LE BASSIN NILOTIQUE VERS UNE COOPERATION REGIONALE 53

INTRODUCTION 53
2.2 DESCRIPTION GENERALE DU BASSIN NILOTIQUE 54
2.3 L'HYDROLOGIE DU NIL 58
2.4 LE DROIT INTERNATIONAL, LE BASSIN NILOTIQUE ET LES PAYS RIVERAINS 62
    2.4.1 Les accords entre la Grande-Bretagne et les Etats européens sur le Nil 62
    2.4.2 L'accord anglo-germanique de 1890 63
    2.4.3 Le protocole anglo-italien de 1891 63
    2.4.4 L'accord anglo-belge de 1894 et de 1906 63
    2.4.5 L'accord de 1906 entre la Grande-Bretagne, la France et l'Italie 64
    2.4.6 Les accords entre la Grande-Bretagne et les nouveaux riverains du 64
    2.4.7 L'accord de 1949 entre l'Ouganda et l'Egypte 66
    2.4.8 L'accord égypto-soudanais de 1959 66
2.5 ASPECTS INTERNATIONAUX DE LA GESTION DU CONFLIT D'EAU DANS LE BASSIN DU NIL 70
    2.5.1 L'Ethiopie et le Nil 70
    2.5.2 Le Soudan et le Nil 78
    2.5.3 L'Egypte et le Nil 82
2.6. LE NIL : DU CONFLIT A LA COOPERATION 95
    2.6.1 Vers une coopération dans le bassin du Nil : les tentatives bilatérales 96
    2.6.2 De la coopération multilatérale à l'intégration régionale du bassin du Nil 97

2.7 L'INITIATIVE DU BASSIN DU NIL : UN TRAIT D'UNION DE LA COOPERATION ENTRE ETATS DU FLEUVE 99
    2.7.1 Le Cadre institutionnel de l'Initiative du Bassin du Nil 100
2.8. VERS UN NOUVEL ACCORD SUR LE PARTAGE DES EAUX DU NIL 105
2.9 LA CONVENTION SUR LE DROIT RELATIF AUX UTILISATIONS DES COURS D'EAU . 112
    2.9.1 Le contexte (Rétroacte) 112
    2.9.2 Les facteurs pertinents relatifs au partage des eaux du Nil 113
    2.9.3 Choix et présentation du modèle de répartition 113
    2.9.4 Application du modèle 119
    2.9.5 Les résultats du modèle 119
CONCLUSION 126

CHAPITRE 3
LE BASSIN DU JOURDAIN ENTRE GUERRE ET PAIX   131

INTRODUCTION 131
3.1 LE PROJET SIONISTE: DE LA CONQUETE DE LA TERRE AU CONTROLE DE L'EAU 132
3.2 LES « EAUX DE LA DISCORDE » 141
    3.2.1 Le Jourdain 142
    3.2.2 Le Yarmouk 144
    3.2.3 Le Litani 146
    3.2.4 Les eaux souterraines 148
3.3 LES DIFFERENTS PLANS DE MISE EN VALEUR ET DE PARTAGE DES EAUX DU JOURDAIN : UNE PERSPECTIVE HISTORIQUE 152
    3.3.1 Les plans d'aménagement et de partage internationaux 156
3.4 LES EFFETS DES POLITIQUES D'OCCUPATION ET DE COLONISATION 160
3.5 « LA DIPLOMATIE DE L'EAU » : LE TEMPS DES INCERTITUDES ET DES TENTATIVES DE PAIX 165
    3.5.1 Les accords israélo-palestiniens et la question de l'eau 165
    3.5.2 Le traité de paix israélo-jordanien et la question de l'eau 168
    3.5.3 Le Mur et ses conséquences sur l'approvisionnement en eau des Palestiniens 170
3.6 VERS UN PARTAGE EQUITABLE ET RAISONNABLE DES EAUX DU JOURDAIN ET DES AQUIFERES MONTAGNEUX 171
    3.6.1 La répartition des eaux du Jourdain 173
    3.6.2 Le partage de l'aquifère montagneux de Cisjordanie entre Israël et les Palestiniens 177
3.7 LA FIN DE L'IDEOLOGIE HYDRAULIQUE OU L'ESPOIR D'UN PARTAGE EQUITABLE ET RAISONNABLE DES EAUX DU JOURDAIN ET DE L'AQUIFERE MONTAGNEUX 180
CONCLUSION 183

CHAPITRE 4
LES EAUX DU TIGRE ET DE L'EUPHRATE ENTRE MAUVAISE REPARTITION ET INSTRUMENTALISATION D'UNE RESSOURCE   185

INTRODUCTION .... ERREUR ! SIGNET NON DEFINI.
4.1 GEOGRAPHIE ET HYDROLOGIE DU TIGRE ET L'EUPHRATE.................................... 186
4.2 HYDROPOLITIQUE, CRISES INTERETATIQUES ET DIFFICILE PARTAGE DES EAUX DU TIGRE ET DE L'EUPHRATE 191
4.3 LE DROIT INTERNATIONAL, LE TIGRE ET L'EUPHRATE ET LES ETATS RIVERAINS.. 197
    4.3.1 Les conventions historiques conclues entre riverains du Tigre et de l'Euphrate 198
4.4 DES PAYS AVEC DES POSITIONS DIFFERENTES 201
    4.4.1 La Turquie et le Tigre et l'Euphrate 201
    4.4.2 L'Irak, le Tigre et l'Euphrate 202
    4.4.3 La Syrie, le Tigre et l'Euphrate 203
4.5 LES AMENAGEMENTS DU TIGRE ET DE L'EUPHRATE ET LEURS CONSEQUENCES . 204
    4.5.1 Les aménagements en Irak : des tentatives de la réhabilitation de la Mésopotamie au contrôle du territoire 204
    4.5.2 Des aménagements syriens de la sécurité alimentaire à la à la consolidation de la base idéologique du parti au pouvoir 205
    4.5.3 Les aménagements hydrauliques turcs entre développement et instrumentalisation 207
CONCLUSION 217

CHAPITRE 5
LES OPTIONS TECHNIQUES ET POLITIQUES POUR UNE GESTION EFFICACE DE L'EAU AU MOYEN-ORIENT   223

INTRODUCTION 223
5.1 LA GESTION DE LA DEMANDE.. 224
5.2 LA GESTION DE L'OFFRE 231
5.3 OPTION COOPERATIVE... 234
    5.3.1 Méthode d'aide multicritère à la décision pour une gestion de l'eau au Moyen-Orient.. 235
CONCLUSION 241

CONCLUSION GENERALE   245
LISTE DES ABREVIATIONS   249
BIBLIOGRAPHIE   251
TABLE DES TABLEAUX, FIGURES ET CARTES   269

L'HARMATTAN, ITALIA
Via Degli Artisti 15 ; 10124 Torino

L'HARMATTAN HONGRIE
Könyvesbolt ; Kossuth L. u. 14-16
1053 Budapest

L'HARMATTAN BURKINA FASO
Rue 15.167 Route du Pô Patte d'oie
12 BP 226 Ouagadougou 12
(00226) 76 59 79 86

ESPACE L'HARMATTAN KINSHASA
Faculté des Sciences Sociales,
Politiques et Administratives
BP243, KIN XI ; Université de Kinshasa

L'HARMATTAN GUINEE
Almamya Rue KA 028 en face du restaurant le cèdre
OKB agency BP 3470 Conakry
(00224) 60 20 85 08
harmattanguinee@yahoo.fr

L'HARMATTAN COTE D'IVOIRE
M. Etien N'dah Ahmon
Résidence Karl / cité des arts
Abidjan-Cocody 03 BP 1588 Abidjan 03
(00225) 05 77 87 31

L'HARMATTAN MAURITANIE
Espace El Kettab du livre francophone
N° 472 avenue Palais des Congrès
BP 316 Nouakchott
(00222) 63 25 980

L'HARMATTAN CAMEROUN
Immeuble Olympia face à la Camair
BP 11486 Yaoundé
(237) 458.67.00/976.61.66
harmattancam@yahoo.fr

L'HARMATTAN SÉNÉGAL
« Villa Rose », rue de Diourbel X G, Point E
BP 45034 Dakar FANN
(00221) 33 825 98 58 / 77 242 25 08
senharmattan@gmail.com

654033 - Mai 2016
Achevé d'imprimer par